话说世界

TALKING ABOUT THE WORLD

危机时代

Crisis Age

王新明◎著

主　编：陈晓律　颜玉强

人民出版社

主　　编：陈晓律　颜玉强
作　　者：王新明

编　　委：
高　岱
北京大学世界史教授
梅雪芹
清华大学世界史教授
秦海波
中国社会科学院世界历史研究所研究员
黄昭宇
中国现代国际关系研究院研究员
《现代国际关系》副主编
任灵兰
中国社会科学院世界历史研究所
《世界历史》编审
姜守明
南京师范大学世界史教授
孙　庆
南京晓庄学院外国语学院
世界史副教授

策　　划：杨松岩
特邀编审：鲁　静
杨美艳
陆丽云
刘可扬

图片提供：
中国图库
广州集成图像有限公司
视觉中国

《话说世界》目录

《话说世界》出版说明

希望与探索

为广大读者编一部普及世界历史的文化长卷

今日世界植根在历史这块最深厚的文化土壤中。要了解世界首先要从学习世界历史开始。学习世界历史不仅有助于我们借鉴外国历史上的成败得失，使我们在发展的道路上少走弯路；而且还有助于我们养成全球视野，自觉承担起作为大国对人类的责任；同时还有助于我们更深入地理解和贯彻构建人类命运共同体理念。人类文明发展5000多年来，各地区和各民族国家的文明差异性很大，都有自己独特的发展轨迹和文化，在交往日益密切的今日世界，我们更要努力学习世界历史与文化。因此我们策划出版这套《话说世界》。

世界史方面的读物出版了不少，但一般教科书可读性不强，专题类知识读物则不够系统全面，因此我们在编撰这套《话说世界》时，主要考虑普及性，在借鉴目前已有的世界历史读物的基础上，进行了新的尝试：

首先，史实准确。由著名世界史专业教授和研究员组成的编委会保证学术性，由世界史专业教授和博士为主的创作队伍保证史实的准确性。

其次，贯通古今。从史前一直到2018年12月，目前国内外尚没有时间跨度如此之大的历史读物。本套书内容丰富，传奇人物、探险故事、艺术巨作以及新思潮、新发明等无所不包，以独创的构架，从政治、经济、文史、宗教、思想、艺术、科学、生活等多维度地切入历史，从浩瀚庞杂的史料中，梳理出扼要明晰的脉络，以达到普及世界史知识的作用。

再次，图文并茂。采用新颖的编排手法，将近万张彩图与文字形成了有机组合。版面简洁大方，不失活泼，整体编排流畅和谐，赏心悦目。

最后，通俗易懂。作者秉持中肯的观点，采取史学界主流看法，立论中肯、持平、客观，文字深入浅出，绝不艰涩枯燥，流畅易懂。

这套书总计20卷，各卷书名分别为：《古典时代》《罗马时代》《王国时代》《封建时代》《宗教时代》《发现时代》《扩张时代》《启蒙时代》《革命时代》《民族时代》《工业时代》《劳工时代》《帝国时代》《一战时代》《主义时代》《危机时代》《二战时代》《冷战时代》《独立时代》《全球时代》。

十几年前，上海锦绣文章出版社出版的《话说中国》，以身体作为比喻说还缺少半边身子，缺失世界历史的半边，因此《话说世界》的策划项目在七年前孕育而生。经过近七年的努力，这套图文并茂的普及性世界史《话说世界》（20卷）陆续出版。今年又适逢新中国成立70周年，这套书被列入国家出版基金资助项目，作为一个从事36年出版工作的出版人感到由衷的喜悦。

在本套书行将付梓之际，特别感谢陈晓律、颜玉强、秦海波、刘立群、黄昭宇、任灵兰、鲁静、杨美艳、陆丽云、刘可扬等十几位世界史专家的辛勤劳作，感谢所有参与《话说世界》（20卷）本书的作者、专家、学者、编辑、校对为此作出的贡献。最后，谨以两位世界史专家对本套书的点评作为结束：

徐蓝（中国史学会副会长）：首先要说这套书使得我眼睛一亮。这不是我们通常说的以政治经济为全部内容的世界历史，而是多维度的世界历史解读，其内容涵盖了政治、经济、文史、宗教、思想、艺术、科学、生活等，使世界历史更加充盈饱满、相生相成。特别是将其每卷书的类别单独合在一起，相当于一部部专题史。这在国内世界历史读物中是仅见的，具有很高的出版价值。《话说世界》又是一套通俗读物。全套书5000篇左右的文章，通过人文地理、重回历史现场、特写、广角、知识链接等拓宽了内容的容量，增强了趣味性。可以说这是一套具有“广谱”特性的世界历史普及读物。这套书的社会效益不仅会普及国民的世界历史知识，也拓宽了国际视野，将世界历史作为基础知识之一，才能具备大国的胸怀和责任担当。

吴必康（中国社会科学院世界史所，国家二级研究员）：历史题材类的通俗读物一向是热门读物，富有意义。但其出版物主要是中国史，世界历史通俗读物出版甚少。而且，这些不多的世界历史出版物也多为受众少的教科书式作品。《话说世界》可以说弥补了这方面的缺憾。今天，中国正处于民族复兴之时，作为世界第二大经济体，其世界影响越来越大，责任也更大。广泛了解世界，具有国际视野成为大势所趋。广大人民需要了解世界，知晓世界历史，已是必不可少之举。世界历史虽然内容浩如烟海，但作为文明历程有规律可循，有经验教训可资借鉴。《话说世界》的专业作者梳理千古，深入浅出，从容不迫地娓娓道来，使世界历史清晰明了，趣味盎然。这套丛书应该说是一套全民读物也不为过，可谓老少咸宜，可谓雅俗共赏。尤其是其文体具有故事性，很适合青少年阅读。也望通过这套书能激发青少年阅读世界历史的广泛兴趣，兴起热潮，为我国的各类国际人才打下知识基础，更好地立足祖国走遍世界。知晓天下，方可通行天下。

人民出版社编审　杨松岩

2019 年 8 月 27 日

《话说世界》序一

读史使人明智

在世界历史的洪流中寻找人类的智慧

不知不觉，现在已经是2019年了。在人类几千年有文字记载的历史中，这个时间点或许并没有什么特别之处，但对于处于改革开放进程中的中国而言，这样一个年代显然具有不同寻常的意义。那就是，历经磨难成立新中国以后，中华民族在对外开放的过程中，重新找到了一个与自己国力吻合的位置。

中国是一个历史悠久的国度，创造了十分丰富的物质与精神的财富。尤其是在东亚这一范围，中国几乎就是文明的代名词。然而，在近代以来，中国却被自己过长的衣服绊倒了，结果从鸦片战争开始，中华民族经历了一段屈辱的历史，不仅使天朝上国的心态遭受沉重打击，也迫使我们重新认识外部世界。

从历史的角度看，中国人如何看世界，并不是什么新问题。古代中国人对周边“蛮夷”的看法千奇百怪，但无论是否属实，对自己的生活似乎影响不大。不过近代以来情况有所变化，自1840年始，中国人想闭眼不看世界也难。然而，看似简单的中国人应该如何睁眼看待外部世界，尤其是西方国家，却并不简单，因为它涉及“华夷”之间的重新定位，必然产生重大的观念与思想碰撞，所以它经历了一个几起几落的变化。

从传统的中国视角考察，以中国为天下中心的历史观一直在我国的史学领域占主导地位。因此，在1840年以前，中国还没有今天意义上的世界史，有的只是《镜花缘》一类的异域风情书，或是一些出访周边国家的记录，严肃的史书则只在中国史的范畴内。鸦片战争之后，中国被迫接受中国之外还存在一个世界这一事实。但对外部世界，主要是西方的研究是以急功近利的原则为出发点，缺少系统的基础研究。直到新中国成立前夕，我国的高校中，世界史都还不能算是能与中国史相提并论的学科，一些十分有名望的老先生，也必须有中国史的论文和教中国史的课程才能得到承认。这一事实反映出一种复杂的民族心态和文化背景。人总是从自己已有的知识基础上去发现和分析外部世界的，没有对外部世界知识的系统了解，要正确地看世界的确不易。

实际上，早在100多年以前，张之洞就认为，向西方学习应该是学习西艺、西政和西史。但是如何以我为主做到这一点，则是至今尚需继续解决的问题。

在一个开放的时代，任何一个试图加入现代化发展行列的国家都必须尽量地了解他国的情况，而了解他国最主要和最基本的途径，除开语言外，就是学习该国的历史。就笔者所接触的几所学校看，美国一些著名大学的历史系往往都是文科最大的系，而听课的学生也以外系的学生居多。我的体会是，出现这样的现象无非两点原因：通识教育的普及性与本科教育的多样性，以及学生的一种渴望了解和掌控外部世界的潜意识。相比西方，我们的教育课程设置显然还有许多需要完善的地方。

按北大罗荣渠老师的看法，中国在向西方学习的过程中经历了三次大的起伏。一次是鸦片战争前后，中国是在战争的威胁中开始了解西方的，这种了解带有表面的、实用主义的性质，对西方的了解和介绍都十分片面，社会的大部分人对此漠不关心，甚至国家的若干重要成员对此也十分冷漠。与此相反，日本却密切地关注着中国的情况，关注着中国在受到西方冲击后所作出的反应，以致一些中国介绍西方的书籍，比如《海国图志》，在中国本身尚未受到人们重视时，日本已在仔细地阅读和研究了。尽管如此，第一次学习还是在中国掀起了洋务运动。

由于甲午战争的失败，中国开始了第二次向西方的学习，即体用两方面都要学。但不想全面改革而只想部分变革的戊戌变法因各种原因失败了，最终是以辛亥革命作了一次总结。从此以后，中国的政治实践大体上是在全面学西方，但是又由于历史的机遇不好，中国的这种学习，最终也未成功。尽管我们不能完全说它是失败的，但要成为一个强国的愿望却始终未能实现。

新中国成立以后，由于西方的封锁和我们自己的一些政策，中国经历了一个主动和被动地反对向西方学习的过程。直到改革开放以后，我们才再次开始了向世界强国——主要是西方国家学习的第三次高潮。而这次持续的时间显然要长得多，其内涵也要丰富得多。其中一个最重要的标志也许是，在沉默了几十年以后，中国的学术界终于开始出版一批又一批的世界史教材和专著，各种翻译的世界史著作也随处可见。这是一个令人欢欣鼓舞的现象。在这个意义上，中国人重新全方位看世界是改革开放的产物。

从中国人看世界的心态而言，也先后经历了三种变化：最初是盲目自大式地看世界，因为中国为中央之国，我们从来是当周围“蛮夷”的老师，尽管有时老师完全打不过学生，但在文化上老师终归是老师，我们从未丧失自信心。所以，对这些红毛番或什么其他番，有些“奇技淫巧”我们并没有真正放在心上。然后面临被列强瓜分的危机，我们的心态第二次变化，却是以一种仰视的方式看世界——当然主要是看西方国家，这种格局直到新中国成立后才开始逐渐改变。而改革开放后，中国重回世界舞台中心，成为 GDP 第二大国，自信心再次回归，看世界的态度又一次发生了变化——中国人终于可以平视外部世界了。

心平气和地看外部世界，需要的是一种从容和淡定，而这种心态，当然与自己的底气有关。随着物质生活的丰富和对外交流的日渐频繁，国人已经意识到，外国人既不是番鬼，也不是天使，他们是与我们一样，生活在这个地球上的人类。当然，由于历史、文化、地域、宗教乃至建国的历程各不相同，差异也是明显的，甚至是巨大的。如何客观地认识外部世界，对有着重新成为世界大国抱负的国人而言，已经具有了某种紧迫性。而互联网时代的信息爆炸，对较为靠谱的学理性知识的需求，也超过了任何一个时代。因此，无论于公于私，构建一个起码的对外部世界认识的合理框架，都成为一门必修课而非选修课了。

应该说，国内学界为此做了大量的工作，从学术论文到厚重的专著，从普及型的读物到各类期刊，乃至各种影视作品，有关西方的介绍随处可见，一些过去不常见的国家和地区的研究成果也开始出现。同时，为了增进国人对这些问题的了解，国内出版界也做了很好的工作，出版了很多相关的著作。

大体上看，这些著作可分为以下几类：第一类是关于西方国家、政府等有关政治机构的常识性著作。这些现象我们虽然十分熟悉，但并不等于我们已经从理论上了解了它们。因此很多国内的著作对一些概念性的东西进行了提纲挈领的解析，有深有浅，大致可以满足不同人群的需求。第二类是关于各个国家的地理旅游的书籍。这类书籍种类繁多，且多数图文并茂，对渴望了解国外情况的人群，读读这些书显然不无裨益。第三类是各国的历史著作。这些著作大多具有厚实的学术根基，信息量大，但由于篇幅原因，或许精读的读者不会太多。最后一类则是对各种国际组织和机构的介绍，包括各国概况一类的手册。写作的格式往往是一条一款，分门别类，脉络清晰，这类知识对于我们了解外部世界尤其是西方世界应该也很有帮助。

然而，总体上看，在我国历史学教育中，严格意义上的“世界历史”还是属于小众范畴，由此，这个领域的普及出版物相对较少，这与现在的我国国情和日益全球化的国际形势很不契合。

对于这种不合拍的情况，原因很多，但学界未能及时提供合适的历史读物，尤其是世界史读物，难免是一种遗憾。这不是说目前没有世界史普及读物，而是说我们的学者和出版界未能完全跟上时代对世界史知识的需求，尤其是广大普通民众对世界史知识的需求。随着我国经济实力的不断增强，出国求学和旅游对普通中国民众而言已经不是一种可望而不可即的事情。而踏出国门，中国人通常会有一个共同的感受：在各种聚会或是宴请的活动中，只要有“老外”在，哪怕是一个人，气氛就很难避免那种浓厚的“正式”味道；而一旦没有“老外”，都是华人，气氛会一下轻松起来，无论是吃喝还是交谈，人们的心态转瞬之间就已经完全不同。我常与一些朋友讨论这一现象，大家的基本看法是，中外之间，的确有一种文化上的隔膜。这种隔膜十分微妙，甚至并非是相互不能沟通的问题，而只是一种“心态”。

这种心态往往是只可意会，却难以言传。其难以言传的根源在于，人是生活在一个由文化构筑起来的历史环境中的，这种长期浸润，会不知不觉地对一个人的行为方式、心态产生巨大的、具有强烈惯性的影响，这种影响往往也不是通过一两本学术著作就能轻易加以归纳的东西。

因此，要体验这种微妙的文化隔膜，最好的方式就是对世界的历史文化有一种“全景式”的了解，除了去所在国进行深度体验外（当然，这对很多人而言有些奢侈），读一些带有知识性、系统性和趣味性的世界史读物，应该也是一种不错的选择。而这类读物恰好是我们过去的短板，有必要尽快地将其补上。

为了满足国人对这类读物的迫切需求，本套丛书的策划编辑团队怀着强烈的家国情怀和对中华民族特有的忧患意识，一直在积极地筹编这样一套能满足时代需求的世界史读物。他们虽然是在筹编一套普及性读物，却志存高远，力图要将这样的一套读物做成精品，那就是不仅要使普通读者喜欢，还要经得起学界的检验。历经数年，颜玉强主编总算在全国的世界史学界找到了合乎他们要求的作者团队。这些作者当中，既有早已成名的学术大家，也有领军一方的中青年学者，更有留学归国的青年博士群体。而尤为重要的是，这些学者都长期在我国的高校从事世界史的教学和科研工作，他们对我国学子乃至一般民众对世界史知识的需求有着更深的感受，因此，由这样的一支作者队伍来完成这样的一部大型作品，显然是再合适不过了。

历经数年的讨论和磨合，几易其稿，现在《话说世界》总算问世了。以我的一管之见，我觉得这套书有这样一些特点值得关注。

首先是体例方面的创新。历史当然是某种程度上按照时间顺序发展的，但作为一种世界历史的视野，人们的眼光当然不可能横视全球，而是自然地落在一些关键性的区域和事件上。这样，聚焦和分类就是一个基础性的工作。作者对历史的分类不仅显示出作者的学术功力，也会凸显作者的智慧。本套丛书的特点是将“时代”作为历史发展的主轴，比如古典时代、罗马时代等等。这样的编排，读者自应一目了然。然而，作者的匠心就此展现：因为一些东西并不仅仅是纵向而是横向的，所以，王国时代、宗教时代、民族时代、主义时代这样的专题出现了。

这样的安排十分精巧，既照顾了历史的时代顺序，又兼顾了全球性的横向视野。相对于一般教科书的编排，比如在人类起源部分，从两河文明到尼罗河文明，再到希伯来、印度和中国文明，然后再到古典时代的希腊罗马文明、希腊化文明，固然十分系统，但对于非专业的读者恐怕也有点过于正规，索然无味。所以，丛书的安排看似随意，却有着精心的考虑和布局，在目前的类似书籍中，应该是不可多得，别具一格的。

而对有着更多需求的读者，《话说世界》则又是一种趣味盎然的教科书，因为它将各个时代的内容分门别类，纵向来读，可以说是类别的世界通史。比如可以将政治、经济、文化等串联下来的就是该类别的世界通史，这样读者能够全景式地看到每个历史切面，还能了解整个历史线索和前因后果。

其次是《话说世界》为了达到可读性强的效果而采取了图文并茂和趣味性强的杂志书编撰方式，适合以各种休闲的方式阅读。《话说世界》的图片不仅与文章内容结合紧密，还有延伸文字内容的特点，特别是每本书都有数张跨页大图呈现了历史节点的宏大场面或艺术作品的强烈感染力。这样的布局，显然能使读者印象深刻。实际上，国外的历史教科书，往往也是图文并茂，对学生有着很强的吸引力，使学生即便不是上课也愿意翻阅。我们目前的教科书尚达不到这一水准，但《话说世界》能够开此先河，应该是功德一件。

第三则是强烈的现场感，这是为了增进读者真正理解国外历史文化所做的一次有价值的尝试。从这套丛书的内容看，其涉及面很广，并不单单是教科书式的历史，而是一部全景式乃至百科全书式的历史：从不同文明区域之间的人员交往到风俗习性，从军事远征到兵器工艺，从历史事件到地标和教堂，从帝国争霸心态到现代宣传套路，从意识形态到主义之争，可以说林林总总，斑驳杂陈，十分丰富，具有很强的可读性。一个也许对编辑并不十分重要，但对读者而言却十分重要的事实是，这些读本的作者都是“亲临视察”了所写的对象的，所以除去知性之外，还多了难得的感悟。因为这套丛书的作者，都是亲临所在对象的国家和地区进行过求学乃至工作的。他们对这些对象的了解，或许还做不到完全学理意义上的深刻，但显然已经早就超越纸上谈兵的阶段了。因此，在这个意义上，他们是真正的“中国人看世界”。这种价值，在短期内或许并不明显，但随着时光的流逝，它肯定会越来越闪烁出学术之外的瑰丽光芒。

值得指出的是，今天移动互联的势不可挡，知识碎片化也日益严重，需要学者和出版社联袂积极面对，克服互联网内容的不准确性，做到价值恒定性；克服互联网知识的碎片性，做到整体性。《话说世界》于上述的三个特点，显然是学者和出版社共同合作的成功范例。

如果你是一个依然保持着好奇心，对问题喜欢打破砂锅问到底的人，那么，请阅读这套匠心独具的丛书吧！它既能增加你的知识，又能丰富你的生活，也或许能在紧张的工作与生活中给你带来一丝和煦的清风。

当你拿到这套书，翻开第一页的时候，我们衷心地希望你能够从头至尾地读下去，因为这是在一个全球化时代，使你从知识结构上告别梦幻童年、进入一个绚丽多彩的成人世界的第一步——读史使人明智。

愿诸君在阅读中获得顿悟与灵感。

南京大学历史学院教授、
博士生导师　陈晓律
2019年2月15日

《话说世界》序二

立足学术　面向大众

献给广大读者的具有国际视野的世界历史全景图书

我国的经济总量超越日本，正式成为世界第二大经济体，我国的社会经济文化都日益成为地球村重要的一部分，了解世界成为必要。正如出版说明所言，了解世界首先要从了解世界历史开始，我们不仅可以从外国历史的成败得失中得到借鉴，而且还能从中培养国际视野，从而承担起作为大国对人类的责任。人类文明发展5000多年来，各地区和各民族国家的文化差异性很大，都有自己独特的发展轨迹，在日益融为一体的今日世界，我们在世界历史知识方面也亟须补课。

我国史学界编撰世界史类图书内容有不包括中国史的惯例，加之上海锦绣文章出版社已经在2005年出版了取得空前成功的20卷《话说中国》，所以我们这套《话说世界》就基本不包括中国史的内容，稍有涉及的只有为数几篇中国与外国产生交集的内容。

《话说世界》共20卷，分别是20个时代，时间跨度从史前一直到2018年。基本囊括了各个时代的政治、经济、文史、思想、宗教、艺术、科学和生活娱乐等。

参与《话说世界》编写的作者有教授和博士共30多人，都是名校或研究所的世界史专业学者。学有专攻的作者是《话说世界》质量的保证。我们还邀请了一些世界史的著名专家教授作为编委，确保内容的准确性。

今天读者阅读的趣味和习惯都有变化，业界称为“读图时代”。所以我们在文章的写法和结构都采取海外流行的“杂志书”（MOOK）样式。我曾经为台湾地区的出版社主编过300本杂志书，深得杂志书编撰要领。杂志书的要素之一是图片，《话说世界》以每章配置 3—4 幅图的美观标准，共计配置了 10000 张左右的图片，有古代的历史图片，也有当今的精美图片。在内容的维度上也进行拓展，引入地理内容，增加了历史的空间感；每本书基本都有“重回历史现场”，以增强阅读的现场感；同时每篇文章都有知识链接，介绍诸如人物、事件、术语、书籍和悬案等，丰富了文章内容，使文章更流畅、可读性更强。

当然，不能说《话说世界》就十全十美，但是不断完善是我们的追求。

启动编撰《话说世界》工程之时，我们就抱定了让《话说世界》成为既有学术含量又有故事可读性的优秀著作这个目标，使世界史知识满足大时代的需要。

结笔之际，感蛰居七年，SOHO 生活，家人扶助，终成书结卷。这里要感谢各位作者的辛勤笔耕，特别感谢人民出版社通识分社社长杨松岩慧眼识珠以及编辑们兢兢业业、精雕细刻的工作。“幸甚至哉”！

资深出版人　颜玉强

2019 年 10 月 28 日

《危机时代》简介

第一次世界大战终结了俄罗斯帝国、奥匈帝国、德意志帝国几大欧洲强国的君主制度，传统的强国——英国、法国也被战争大大地削弱。奥匈帝国解体后，新独立的一系列中小民族国家改变了中东欧的政治格局。十月革命后的俄国虽然丧失了不少领土，还一度与德国签订了城下之盟——《布列斯特合约》，在布尔什维克党的领导下却浴火重生，与东欧和中亚以及高加索地区的一些国家在平等的基础上建立了社会主义工业化国家——苏联。德国在十一月革命后也丧失了部分领土和人口，被迫与协约国媾和，接受了《凡尔赛条约》，在政治经济军事方面被全面限制。战后承担的巨额战争赔款令新成立的魏玛政府在应对国内政治经济危机时呈现出软弱的形象，最终被来势汹汹的法西斯势力所取代。一战后，美国国力迅猛增长，在成功地战胜了20世纪30年代的大萧条后，成为了最具世界影响力的强国。日本在这一时期也完成了从先天不足的政党政治向军国主义的转型。第一次世界大战削弱了主要殖民国家的实力，很多殖民地、半殖民地都纷纷掀起了民族解放运动，有些获得了独立，如土耳其成功地从半殖民地

半封建国家转型为独立的民主共和国；有些国家的民族解放势力在民族解放运动中积累了力量，为战后赢得国家彻底的独立奠定了基础。

世界经济在一战后在经历了一段时期的恢复和发展后，遭遇了史上最严重的世界性经济危机。一些国家通过内部改革与调整战胜了极端主义的威胁，捍卫了民主体制，如美国、英国；一些国家无力应对经济危机，从而使法西斯极端势力掌握了国家政权，将国家引向了战争，如德国、日本、意大利、西班牙。建立了社会主义制度的苏联则没有受到经济危机的影响，在严格执行五年计划的基础上，快速发展工业，尤其是重工业、军工业，使得苏联在二战前迅速地完成了工业化，从一个落后的农业国变成了一个工业国。工业发展的积累，为苏联的卫国战争提供了坚实的物质基础。

这一时期，科学技术、哲学社会科学、文学艺术等方面都有了长足的发展，取得了很多辉煌的成就。这个时代充满了危机，又孕育着希望，在一战的废墟上重新建设，又在发展与动荡中走向二战。

目录

战后的平静

第一次世界大战极大地改变了欧洲的政治格局，德意志、奥匈、奥斯曼、俄罗斯四大帝国相继瓦解。以英法为首的协约国集团取得了胜利，协约国通过《凡尔赛条约》、华盛顿会议等，对世界格局进行了重新划分。第一次世界大战使得欧洲开始在这一时期逐渐丧失世界霸主的地位。

在20世纪20年代，英国的自由党走向衰落，工党开始登上政治舞台；这一时期爱尔兰风起云涌的独立斗争，也使得英国的殖民体系开始动摇。出于对德国再次崛起的恐惧，法国在整个20年代将主要精力放在构筑安全防线上。法国处心积虑地削弱德国，联合中东欧小国，力图从战略上防范德国。德国则承担了战后协约国集团强加在它身上的战争赔款，在经济上陷入了困顿，在军事上被限制成为非武装国家。意大利的法西斯势力在这一时期开始走上历史舞台。土耳其在20年代进行了全方位的现代化改革，使得土耳其从政教合一的落后农业国家，一跃走上了工业化的道路。俄国在这一时期经历了内战、国内建设等阶段，建立起了第一个无产阶级专政的社会主义国家，这不仅改变了欧洲格局，也成为具有世界影响力的事件。

总体而言，欧洲在20世纪20年代处于相对平稳阶段，俄国结束了内战，其他欧洲国家也在恢复与发展中，一系列新的民族国家的产生，也成为这一时期的特色。

“十月的炮声”

社会主义革命在俄罗斯的胜利

这震撼世界的十天，
乌托邦的理想得以实现，
挥舞着红色的旗帜，
工农联盟取得政权。

在第一次世界大战期间，以列宁为首的俄国布尔什维克党在国内进行宣传和反战活动。1917 年，时机终于成熟，俄国爆发了震惊世界的十月革命。这一行动改变了第一次世界大战的进程和世界历史的面貌。

二月革命：两个并存的政权

1917 年 3 月 8 日（俄历 2 月 23 日），首都普梯洛夫工厂的工人从郊区走向城市中心，开始游行。在行进途中，其他工厂的工人以及许多排队购买面包的妇女也相继加入到游行的队伍之中。参加游行的人数达 12 万之多，这一天成为二月革命的开始。

二月革命的第一天，起义军攻打沙俄警察局

3 月 10 日，彼得格勒爆发了总罢工，参加人数达 30 万之多。布尔什维克在游行中不断散发传单，呼吁广大工人同沙皇政府进行战斗。3 月 11 日，游行队伍惨遭军警镇压，有近 200 人被打死。3 月 12 日，6 万名沙俄军人倒戈，协助工人占领军工厂，缴获了大批武器；占领警察局和监狱，释放了大批政治犯。3 月 13 日，又有数万名沙俄军人倒戈，经过激战，占领了冬宫和保罗要塞。3 月 15 日，末代沙皇尼古拉二世宣布退位，罗曼诺夫王朝宣告终结。

革命胜利后，俄国建立了苏维埃政权。然而，孟什维克党人和社会革命党的领袖认为，俄国无产阶级没能力领导国家。于是，他们派出代表同沙俄军人、贵族、资本家的代表谈判，建立了临时政府。由李沃夫公爵出任总理和内务部长，人民自由党、民族民主共和党、社会革命党等党派的代表出任了临时政府的各个重要职位。

由此，俄国在二月革命后出现了罕见的两个政权并存的局面。临时政府是俄国的主要政权，掌握着国家各级权力机构。苏维埃政权虽然得到了工农武装的支持，但却将大权交给了临时政府，只是起辅助作用。

“阿芙乐尔”号巡洋舰因参加俄国十月社会主义革命而闻名于世

知识链接：“阿芙乐尔”号

“阿芙乐尔”号巡洋舰原为俄国波罗的海舰队的巡洋舰，1905年5月曾参加过对马战役。“阿芙乐尔”意为“黎明”或“曙光”。1917年10月24日21时45分，“阿芙乐尔”号巡洋舰炮击临时政府所在地冬宫，宣告了“十月革命”的开始。

攻克冬宫：十月革命的胜利

临时政府掌权后，仍继续参加战争，俄国的国内形势进一步恶化。1917年4月，列宁从瑞士归国。随后，列宁在布尔什维克党的会议上作了报告。次日，《真理报》发表了列宁的题为《论无产阶级在这次革命中的任务》的报告提纲，这就是历史上著名的《四月提纲》。提纲指出，革命的根本问题是政权问题，二月革命只是俄国革命的第一阶段，现在应该进行第二阶段革命，即工农代表苏维埃掌握国家政权。列宁提出了“推翻临时政府，一切政权归苏维埃”的口号，他认为布尔什维克党的任务是使“政权转到无产阶级和贫苦农民手中”。

俄历4月，各地民众又爆发了对临时政府的抗议，史称“四月危机”。同年7月，当俄军在战场上失利的消息传来后，俄国爆发了50万人参加的游行，临时政府强行解散工人组织，对革命进行了镇压，这在历史上被称为“七月事件”。

1917年秋，俄国经济形势进一步恶化，各地游行起义不断，临时政府也已陷入一筹莫展的境地。9月，列宁指出，武装革命的时机已经成熟，党必须通过武装起义夺取政权。11月7日，彼得格勒爆发起义，列宁发表了《告俄国公民书》，宣告“临时政府已被推翻。国家政权已经转到彼得格勒工兵代表苏维埃的机关，即领导彼得格勒无产阶级和卫戍部队的军事革命委员会手中”。随后，革命士兵、水兵和赤卫队员攻占了首都大部分地区。7日夜里，停泊在涅瓦河上的“阿芙乐尔”号巡洋舰也向冬宫发起炮击，随后冬宫被攻克。至此，临时政府被推翻，由于这一天是俄历10月25日，故此次革命被称为“十月革命”。

圣彼得堡冬宫建成于1762年，1837年被大火焚毁，1838—1839年得以重建。1905年，沙俄军队在冬宫前面的广场上枪杀前往请愿的群众。“十月革命”中，起义军攻占冬宫，成为推翻临时政府的标志

"斯巴达克的陨落"德国十一月革命失败

从君主政体拆卸下来的材料，
用以建设共和国，
当然是困难的，
不将所有的石头全部打掉，
建设是不可能的，
然而这么做需要时间。

1918年11月3日，德国基尔港的8万水兵起义，建立了德国第一个工兵代表苏维埃，吹响了德国十一月革命的号角。基尔水兵起义导致德国退出战争，从而使第一次世界大战得以结束。图为路易特波尔德号上的水兵委员会

知识链接：卢森堡和卡尔·李卜克内西

卢森堡和卡尔·李卜克内西是德国共产党的创始人。二人都是德国社会民主党和第二国际左派领袖。1918年11月9日，在他们的推动下，德意志自由的社会民主共和国成立。在政权落到艾伯特和谢德曼的手中后，他们团结左派，组织群众，开展了反对艾伯特和谢德曼的斗争。1919年1月，他们组织了大规模的示威游行。1月15日，二人被"自卫民团"逮捕，并于当日牺牲。

对于德国发动的十一月革命来说，它还有一个别称叫作"德国革命"，具体是指德国在1918—1919年发生的一连串事件，最终的结果使得德意志帝国霍亨索伦王朝被推翻以及魏玛共和国建立，这开辟了德国政治的新纪元。

起义：由基尔到柏林

德国十一月革命，首先由基尔水兵高举义旗，打响了推翻霍亨索伦王朝的第一枪。德国于1918年10月调集远洋舰队出海作战，舰艇上的水兵普遍存在厌战情绪。当军方命令舰队出发作战时，水兵们拒绝执行，他们采用散发传单、破坏军舰设备等方式进行抵制，还纷纷走上街头抗议海军当局迫害水兵，海军当局对参加游行的水兵进行了残酷镇

威廉二世是德国霍亨索伦王朝的末代皇帝，他是德国帝国主义政策和第一次世界大战的主要发起者和推动者，德国十一月革命后逃亡荷兰。图为威廉二世的马赛克图像

卡尔·李卜克内西在柏林特累普托的一次群众集会上

知识链接：巴伐利亚苏维埃共和国

巴伐利亚苏维埃共和国是巴伐利亚无产阶级1919年在慕尼黑建立的苏维埃政权，该共和国在巴伐利亚反动势力和德国魏玛共和国国防部长诺斯克的镇压下，归于失败。巴伐利亚苏维埃共和国的失败，也标志着德国十一月革命的最终失败。

压，造成了多人伤亡。1918年11月3日，水兵们爆发了武装起义，建立了苏维埃政权，并同工人联手，控制了基尔城。

基尔水兵起义成为德国革命的第一块多米诺骨牌，革命由此星火燎原，汉堡、不来梅、吕贝克等城市相继爆发起义，纷纷建立了苏维埃政权。慕尼黑则爆发了大规模的游行示威，迫使巴伐利亚国王路德维希三世退位，建立了巴伐利亚苏维埃共和国。巴伐利亚苏维埃共和国的成立，是德国十一月革命建立无产阶级政权的成功模式。

随后，革命烈火波及柏林。在斯巴达克团与社会民主党的领导下，柏林工人在11月9日进行了总罢工，士兵和工人纷纷响应革命党人发出的“号召书”，他们高举“和平、面包、自由”和“兄弟们，别开枪”等标语牌，攻占了皇宫、卫戍司令部和警察局。迫于压力，德皇威廉二世宣布退位，流亡荷兰，德意志第二帝国就此覆灭。

革命的终结：一月革命和巴伐利亚共和国的失败

推翻帝制后，革命集团内部在国家未来的制度问题上产生了纠纷：卡尔·李卜克内西为首的斯巴达克派主张建立苏维埃共和国，把德国引入社会主义道路；而社会民主党人艾伯特则主张建立三权分立的代议制共和国，两种观点逐渐变得难以相容。艾伯特政府回收了起义士兵的武器，并且将起义士兵复员。政府选择同协约国合作，并将苏俄大使赶出柏林。12月，艾伯特政府在柏林发动暴乱，准备逮捕李卜克内西。为反对艾伯特的倒行逆施，一些革命党人成立了德国共产党，开始组织武装起义。

1919年1月，在德国共产党的领导下，柏林爆发了“一月革命”。艾伯特政府调集大量军队，对革命群众进行了残酷镇压，大肆屠杀共产党人，卢森堡、李卜克内西遇害。同时，诺斯克调动大军对巴伐利亚苏维埃共和国展开了进攻。由于革命力量薄弱，在反动军队的进攻下，巴伐利亚苏维埃共和国的革命运动最终失败。从此，德国工人阶级的革命斗争逐渐走向低潮。

图为柏林音乐学院的浮雕。1918年11月9日，卡尔·李卜克内西宣布德国建立自由的社会主义共和国。该浮雕是在德意志民主共和国时期保存下来的众多的社会主义主题系列浮雕之一

后哈布斯堡时代

中欧的革命与倒退

霍亨索伦王朝的皇帝逃亡到了低地，
哈布斯堡帝国的大厦轰然倒塌，
民族国家的纷纷涌现，
古老的中欧焕发了生机。

第一次世界大战使中欧两大帝国土崩瓦解：霍亨索伦王朝丢掉了王位，德意志帝国变成了共和国；历史悠久的哈布斯堡王朝则迅速走向崩溃。奥地利沦为小国，一批新兴的民族国家得以建立，重获独立的匈牙利迎来了革命浪潮。

倒退：中欧的道路

第一次世界大战的洗礼，使得无数农民新兵因战争经历而大大地开阔了视野：他们不仅看到了城市和农村生活之间的差别，而且看到了各国生活水平和社会制度的不同。哈布斯堡王朝、霍亨索伦王朝的崩溃也深深地影响了农民。按照长期以来的传统，这无疑引发了民族主义情绪和阶级意识的膨胀。长期战争所造成的空前破坏和灾难则使革命形势变得日趋严峻，尤其是那些战败国。

约瑟夫·毕苏斯基，波兰革命家、政治家。一战后，任波兰首任总统。毕苏斯基在苏波战争中担任华沙战役的波军指挥官，击败了苏俄图哈切夫斯基元帅的进攻。1926—1935 年，毕苏斯基成为波兰的军事独裁者

在其他大多数中欧国家中，由农民政党替人民大众道出了不满。许多农民领袖曾在战后数年在政府中就职，例如，1926 年文森特·维托斯出任波兰第二届赫耶纳·彼雅斯特政府总理。然而由于奉行和平主义和对暴力的厌恶，他们中没有一个人能够长期保住自己的权力。他们很容易受到那些地位牢固的军人和官僚的伤害，那些人在其利益受到威胁时就会毫不犹豫地全力争夺政权。农民领袖失败的另一个原因在于，为政治机会所吸引的律师和城市知识分子越来越牢固地控制了农民政党。在这种情况下，各农民政党通常都是代表富农利益的，与广大贫农几乎没有什么联系。

一直到第二次世界大战爆发为止，整个中欧都处于独裁统治之下，只有捷克斯洛伐克除外。这个国家之所以如此独特，是因为它拥有以下有利条件：识字率高、有来自哈布斯堡王朝训练有素的官僚扬·马萨里克和爱德华·贝奈斯等人强有力的领导、能比其他以农业为主的中欧国家提供更高水平和更多安全感的稳定的国民经济。

图为匈牙利政治家卡罗伊·米哈伊纪念邮票。他在1918年发布了《告匈牙利人民书》，从而引发了匈牙利人民的革命浪潮，匈牙利建立了共和国，结束了哈布斯堡王朝的统治。1919年，卡罗伊·米哈伊在国际国内形势的双重压力下宣布辞职，将匈牙利的权力交给了匈牙利共产党

知识链接：库恩·贝拉

库恩·贝拉是匈牙利苏维埃共和国的主要创建者和领导者，曾任外交人民委员，后兼任军事人民委员。苏维埃政权被颠覆后侨居奥地利。后任俄共（布）中央驻共青团中央的特派员。1936年被解除一切职务，翌年6月被捕，1939年11月死于狱中。

扼杀：匈牙利苏维埃共和国

1918年10月，布达佩斯工人和士兵举行起义，推翻了哈布斯堡王朝在匈牙利的统治，赢得了匈牙利的独立。11月，匈牙利宣布成立共和国，卡罗伊·米哈伊当选总统。卡罗伊政府没有废除封建土地所有制，保存了旧的国家机构，没有采取有效办法来改善由于战争恶化了的经济形势，引起了人民的强烈不满。

1918年匈牙利成立了以库恩·贝拉为首的匈牙利共产党。在共产党的领导和影响下，匈牙利工人组织了多次罢工，一些城市还建立了赤卫队和苏维埃组织。正当匈牙利革命风起云涌之时，协约国提出了侵犯匈牙利主权和领土完整的要求。此时，卡罗伊政府既无力控制国内局势，也不敢拒绝或接受协约国的最后通牒。于是，卡罗伊把政权交给了社会民主党，而社会民主党也无法凭借一党之力来支撑局面，要求同匈牙利共产党一起执政。

1919年3月21日，卡罗伊宣布联合政府辞职，把"政权转交给无产阶级"。与此同时，匈牙利成立了匈牙利苏维埃共和国。面对这一局面，协约国开始入侵匈牙利。5月，苏维埃政府发布了总动员令，组织了大批军队投入战斗，一些欧洲国家也组织了无产阶级国际旅参加了保卫苏维埃的战斗。由于匈牙利共产党错误地判断了形势，中了协约国的缓兵之计，西方列强对匈牙利实行了全面经济封锁，协约国的干涉军打进匈牙利。社会民主党的右派领袖背地里同协约国达成了妥协，还出卖了红军的作战计划和军情，为干涉军的进攻提供了条件。面对协约国干涉军的强力进攻，苏维埃政府难以招架，宣布辞职，匈牙利苏维埃共和国由此失败。

1918年11月16日，匈牙利总理卡罗伊·米哈伊和匈牙利全国委员会主席约翰·霍克宣布匈牙利民主共和国成立

二元制帝国的瓦解

奥匈帝国解体

横跨中东南欧的二元制帝国，
不离不弃是帝国的格言，
未能经受起一战的硝烟，
多民族的政权烟消云散。

匈牙利国会大厦位于多瑙河畔，长268米，最宽处123米，占地总面积1.8万平方米。正门外是科苏特广场（自由广场），两尊铜狮雄踞正门两旁。大厦内外共有人物雕塑242尊。大厦上部尖顶林立，除了刺破苍穹的锥形中央圆顶外，还有两座高达72.6米的哥特式尖塔和22座小尖塔。大厦正门外的科苏特广场两侧，有两位匈牙利著名的民族英雄雕像。北侧是科苏特，南侧是拉科齐

1918年，由于在战争中不断失利，奥匈帝国内部各民族的离心倾向愈发严重。加之战争导致统治阶层趋于保守，取消了很多战前的开放性的政策，导致国内的民族分离势力的气焰相当高涨。在这种状况下，境内主张民族独立的民族主义势力得到了相当程度的支持，从而导致很多地区宣布独立。1918年11月3日，奥匈帝国与协约国签订停战协议，帝国随之正式宣布解体。

战争：奥匈帝国崩溃的助推剂

奥匈帝国是奥地利哈布斯堡王朝统治下的多民族国家。境内的少数民族人口占帝国总人口的78%。奥匈帝国是一个二元制国家。奥地利和匈牙利分别设有自己的议会和政府，管理自己的事务。帝国内部的其他少数民族处于无权地位。

第一次世界大战爆发后，奥匈帝国同德国结成同盟。大战暴露了奥匈帝国的腐朽反动，使内部矛盾空前尖锐起来。在俄国十月革命的影响下，境内各族人民陆续爆发起义。

1918年1月，维也纳、布拉格、布达佩斯等城市的工人举行罢工，要求政府同苏俄签订民主合约。2月1日，卡托罗爆发水兵起义，有40艘战舰和6万多名水兵参加。起义者建立了水兵苏维埃。6月18日，奥地利再次爆发总罢工。20日，布达佩斯五金工人响应奥地利工人，也举行了罢工，并建立了工人代表苏维埃。

1918年5月，捷克族军人起义被奥匈帝国当局残暴镇压。这次起义被奥匈帝国认定为暴动。1918年5月21日，奥匈帝国在伦布尔克对第七步兵团置换营的兵变领导人执行死刑

"武装起来！武装起来！"1919 年匈牙利共产党的宣传海报。1919 年，匈牙利共产党通过不断斗争取得政权后，面对协约国的武装干涉，向全国发出战斗号召

知识链接：南斯拉夫王国

1918 年，奥匈帝国的统治在巴尔干地区瓦解，该地区建立起了斯洛文尼亚人、克罗地亚人和奥匈帝国统治下的塞尔维亚人的国民委员会，以建立统一国家为斗争纲领。该地区后与塞尔维亚王国合并，建立了塞尔维亚—克罗地亚—斯洛文尼亚王国，其领土面积包括今天的波黑、塞尔维亚、马其顿、黑山以及斯洛文尼亚和克罗地亚的大部分地区。1928 年，该国改名为南斯拉夫王国。

1918 年秋，奥匈帝国的军事失败已成定局。10 月 16 日，奥皇宣布把匈牙利以外的帝国改组为联邦国家，各少数民族拥有完全的自治权。但此举为时已晚，奥匈帝国的崩溃瓦解已是大势所趋。

解体：民族国家的纷纷建立

反对哈布斯堡王朝的革命首先在捷克斯洛伐克爆发。捷克斯洛伐克是奥匈帝国中经济最发达的地区。它的工业产值占全帝国的 3/4。1918 年 10 月，捷克工人举行总罢工，抗议帝国政府关于把捷克的存煤和存粮运往奥地利的决定。布拉格的民族委员会宣布建立独立的捷克斯洛伐克国家，1918 年 10 月 28 日，捷克斯洛伐克共和国正式成立，马萨里克当选为共和国总统。

匈牙利民族独立运动于 1918 年秋掀起高潮。10 月 25 日，匈牙利独立党、激进党和社会民主党联合组建国民议会。国民议会成立后发表宣言，提出要保证少数民族的自决权利，但没有提及召开制宪会议建立共和政体的问题。匈牙利人民对国民议会宣言不满。10 月 29 日，首都布达佩斯工人举行大罢工，提出立即停止战争、宣布独立和建立人民共和国等口号。第二天，10 万工人上街游行。在革命士兵的支持下，罢工游行变成了武装起义。10 月 30 日夜至 31 日早晨，起义者占领了首都的全部战略据点，推翻了哈布斯堡王朝的统治。

1918 年，奥匈帝国战败，军队中的巴尔干半岛的斯拉夫民族士兵纷纷从前线逃回家乡，他们自称是"绿军"，手持武器同帝国官兵对抗。10 月底，驻扎在里耶卡和普拉两地的军队举行起义，成立了革命委员会。在伏伊伏丁那和斯洛文尼亚的一些地区还成立了几个面积不大的苏维埃共和国。在群众运动蓬勃兴起的情况下，斯洛文尼亚、克罗地亚和塞尔维亚代表于 10 月在萨格勒布召开国民议会，宣布脱离奥匈帝国。

帝国的内部民族斗争推动了奥地利本土的革命运动。1918 年 10 月 30 日，维也纳发生工人总罢工，成千上万的群众上街游行示威，要求建立共和国。11 月 12 日，国民议会宣布成立奥地利共和国。

匈牙利苏维埃共和国领导人：蒂保尔·萨麦利、库恩·贝拉、尤金·兰德勒（从左至右）。这座纪念碑坐落在布达佩斯郊外纪念公园的露天博物馆中

战后的新国际组织
国际联盟

随着社会生活和物质文明的发展，国际社会需要一个国际管理机构，协约国策划了一个国际组织计划，于是乎，国际联盟成立了。

国际联盟成立于1920年1月10日，解散于1946年4月。1934年9月28日至1935年2月23日处于高峰时期，曾拥有58个成员国。图为位于日内瓦的国联总部大楼（万国宫）

国际联盟，简称“国联”，是《凡尔赛条约》签订后组成的国际组织，其宗旨是减少武器数量、平息国际纠纷、提高民众的生活水平以及促进国际合作和国际贸易。其存在的26年中，国联曾协助调解某些国际争端和处理某些国际问题。但国联缺乏执行决议的强制力，未能发挥其应有的作用，二战后被联合国取代。

联合国的前身：国际联盟的起源与成立

由于一战所带来的战乱的影响，几乎所有的交战国和中立国的政治家们都认为有必要建立一个新的国际体系来防止如此巨大灾难的发生。于是，建立一个具有政治约束力的国际常设机构的想法应运而生，英美两国都极力主张建立这样一个国际组织。特别是时任美国总统的威尔逊在“十四点原则”中提到“为了大小国家都能相互保证政治独立和领土完整，必须成立一个具有特定盟约的普遍性国际联盟”。到战争结束的时候，不少国家都把“十四点原则”作为媾和的基础，英法美等国都已经研究并制定了组织国际联盟的方案。

1919年1月25日，巴黎和会全体会议通过了最高委员会提出的关于建立国际联盟的建议，随后成立了以威尔逊为主席的委员会起草国联盟约。4月28日，巴黎和会通过了国联盟约，并把它列为《凡尔赛条约》对奥、匈、保各国合约的第一部分内容。1920年1月10日，《凡尔赛条约》生效，国际联盟正式成立。当时的会员国有44个，战败国和苏俄被排除在外。此后，会员国逐渐发展到63个，美国一直未加入国联。

两次大战之间的国际组织：国际联盟的主要功能及其评价

国联的主要机构是会员国全体代表大会、行政院和常设秘书处。代表大会每年9月在日内瓦召开常会一次，必要时可召开特别会议。每个会员国所派代表不得超过3人，但只有1票表决权。行政院有美、英、

由于国际联盟设计不尽完善，美国没有加入国际联盟，这使得国联丧失了重要的支持力量

THE GAP IN THE BRIDGE.

牌子上写着："国际联盟的桥梁是美国总统设计的"

法、意、日五个常任理事国（美国未加入，实际上只有四个常任理事国，后德国于1926年加入）和经大会选出的四个非常任理事国（后来增加到九个），每年至少开会一次。代表大会和行政院有权处理"属于联盟行动范围以内，或关系世界和平之任何事件"，所有决议必须全体一致表决通过。常设秘书处由行政院指定的一位秘书长领导，负责准备大会和行政院的文件、报告和新闻发布工作。除了这三个主要机构外，国联还设立了国际常设法院、国际劳工组织、常设委任统治委员会等六个常设机构和专门委员会以及许多辅助机构。

国联盟约宣称，国联成立的宗旨在于"促进国际合作，保证国际和平与安全"，盟约提出了会员国为实现这一宗旨而应尽的主要义务与职责。

国际联盟是世界上第一个政治性的国际组织，它反映了20世纪世界已发展成为一个息息相关整体的现实。但是它作为凡尔赛—华盛顿体系的有机组成部分，在帝国主义强权政治存在的情况下，实际被英法所操纵，成为维护它们在战后建立的国际政治经济新秩序的外交工具。第二次世界大战使国联名存实亡，1946年4月国联正式宣告解散。

知识链接：李顿调查团

1932年1月21日，国联调查团正式组成李顿调查团，负责调查"九一八"事变真相。调查团由英、美、法、德、意等五个国家的代表组成。团长是英国人李顿爵士，故亦称"李顿调查团"。李顿调查团在中国东北活动了一个半月。1932年9月4日调查团完成调查报告书。10月2日，《国联调查团报告书》在东京、南京和日内瓦同时发表。报告书共分10章，文长272页，约14.4万字，报告书虽然肯定东北主权属于中国，但却颠倒黑白将冲突原因归结为中国抵制日货运动，认为苏联的"共产主义的传播"是造成"九一八"事变的最重要因素。对于"九一八"事变的解决，报告书主张既不应该维持"满洲国"的现状，也不应恢复到"九一八"事变以前的状态，而是应该中、日两国都从中国东北撤出武装力量，甚至建议在中、日两国同时撤军之后由西方共管中国东北。

1932年4月22日，国际联盟李顿调查团中国代表、国民政府驻英大使顾维钧进入奉天城（今沈阳）时，日军在戒严警备。1931年12月10日，国联理事会通过决议，决定派遣一个国联调查团到远东实地调查"九一八"事变情况。调查结束后，国际联盟宣布不承认伪满洲国，日本则宣布退出国际联盟。故此，李顿调查团的调查报告成为一纸空文

战后德国的赔款问题 “道威斯计划”与“杨格计划”

战胜国对战败国的惩罚，
战争赔款是直接补偿；
无力支付赔款的战败国，
需要制定赔款计划。

根据英国提议，协约国赔款委员会于 1923 年 11 月增设两个专门委员会，一个研究如何平衡德国预算和稳定德国金融，另一个调查德国资本外流情况并设计引回的方法。图为 1924 年道威斯委员会合影

一战后，德国作为最主要的战败国，成为各战胜国制裁的对象。德国向战胜国支付赔款，而战后经济衰败的德国如何支付战争赔款？协约国给出了“道威斯计划”与“杨格计划”。

“道威斯计划”

1924 年，协约国制定了关于一战后德国赔款的支付计划，然而由于德国财力衰竭，无力支付巨额赔款，这使得赔款问题成为 20 世纪 20 年代的欧洲国际政治中的一个棘手问题。为此，协约国专门组织了赴德调查团，研究德国金融和经济现状，并成立了专门委员会以研究和解决这一问题。后来，专门委员会拟定了一项赔款计划草案，由于委员会主席是美国的道威斯，故称之为“道威斯计划”。

“道威斯计划”除了对德国的赔偿额度及偿还办法、赔款来源和担保问题做了规定外，还要求协约国向德国提供第一批贷款，用于德国第一年的赔款；还将赔款转外汇的工作交由一个专门的兑换委员会承担，德国政府不再负责；改组德意志银行，摆脱国家控制，发行新马克，建立了一个外国人占 50% 的总理事会，确保银行法规得到尊重；不应存在本计划建议之外的一切外国经济控制或干涉等。

“道威斯计划”实施后，大量外国资本流入德国。90% 以上的贷款都落到了德国的各大公司企业中，德国的经济发展资金短缺问题得到了解决。1927 年以后，德国经济再度遇到了困难。1928 年，德国政府宣称财政濒于破产，将无力执行“道威斯计划”，该计划被后来的“杨格计划”取代。“道威斯计划”事实上从经济上扶持了德国，对一战后的德国经济乃至世界经济的恢复和发展起到了积极的作用。

美国道威斯贷款债券

> **知识链接：金马克**
>
> 统一的德意志帝国建立之前，德国境内有31家中央银行。每一个独立的邦国均可发行他们自己的纸币。1873年，德意志帝国开始发行马克，史称“金马克”，逐渐取代统一前各国的货币，1876年1月1日起，金马克成为德意志帝国境内唯一合法货币。一战爆发后，战争所带来的财政赤字和通货膨胀导致金马克不断贬值，德国遂大量印制纸币以应付困难。一战后，协约国要求德国用金马克支付对战胜国的战争赔款，大量的金马克流入战胜国。

“杨格计划”

1929年，德国借口经济危机，财政濒于破产，无力执行“道威斯计划”，停止了对协约国的赔款。故此，多国代表组成了以美国财政专家欧文·杨格为首的委员会在巴黎召开会议，重新审议德国的赔款问题，意图彻底解决德国的赔款问题。美国在会上支持德国，在协约国德国赔偿委员会会议上通过了取代“道威斯计划”的“杨格计划”。

“杨格计划”的主要内容为：

第一，规定了德国赔款总额和支付的年限。把赔款总额由1320亿金马克削减为1139.5亿金马克，规定第一年支付7.4亿金马克，第二年支付17亿金马克；以后逐年增加，最高点为24.29亿金马克；然后再逐年减少，最后一个年度为8.98亿金马克。赔款在58年零7个月内偿清。赔款来源为德国铁路和政府预算收入。

第二，协约国对德国提供所谓“杨格计划”贷款，总额为12亿金马克。

第三，取消赔偿委员会及有关国家对德国国民经济与财政的一切形式的监督。取消协约国对德国财政经济的直接控制。成立国际清算银行，管理有关德国赔偿的金融业务，以调节债权国和债务国之间的关系。该银行此后实际上成为外国资本主要是美国资本向德国重工业，包括军事工业投资的新机构。

第四，协约国从莱茵河西岸的德国领土撤军。

而德国由于国内的经济问题，一直没有再支付赔款，纳粹党上台后，拒绝承担赔款的义务，“杨格计划”终告流产。“杨格计划”在很大程度上减轻了德国的财政负担，同时也促进了外国资本对德国经济的渗透。

欧文·杨格是美国实业家、商人、律师。1929年，德国声称财政濒临崩溃，无力实行“道威斯计划”。同年，英、法、比、意、日、美、德7国代表组成的专家委员会在巴黎召开会议，重新审议德国赔偿问题，美方代表杨格为主席

重定边界与恢复对德关系

洛迦诺会议与《洛迦诺公约》

为期 4 年的大战，
刀光剑影的挣扎，
对集体安全的期盼，
会议的召开旨在寻求宽容与和解。

“道威斯计划”实施后，德国获得了大量的财政援助，实力与日俱增，法国意欲维持《凡尔赛条约》规定的德法边界，德国也试图调整德法关系，重新谋求大国地位。于是，欧洲各国决定召开洛迦诺会议。

洛迦诺会议

1925 年 10 月 5 日，德、比、法、英、意、波、捷七国代表在瑞士小城洛迦诺举行国际会议，10 月 16 日与会各国草签了“最后议定书”和其他 7 个条约，以及“关于国际联盟盟约第十六条给德国的集体照会”。其中最主要的是《德国、比利时、法国、英国和意大利相互保证条约》，即《莱茵保安公约》。

图为洛迦诺著名的麦当娜·德尔·萨索教堂。该教堂可追溯到 12 世纪末的洛迦诺城堡。从 14 世纪开始归名门魏斯康蒂家所有，以缔结《洛迦诺公约》而闻名。现在是考古学历史博物馆

在会议期间，与会各国对德国加入国联问题展开了激烈的讨论。英、法两国希望通过国联约束德国，防止德苏接近，进而在今后可能发生的对苏战争中使德国参加对苏制裁，因此要求德国无条件加入国联，并以此作为签署《莱茵保安公约》的条件。但德国要求加入国联的根本目的在于修改《凡尔赛条约》，重新恢复大国地位，获得行动的完全自由，因此拒绝无条件承担国际联盟第十六条关于会员国应参加制裁侵略者的义务，以防止介入今后国联可能以苏联“侵略”为借口制造的反苏干涉，从而危及自身的利益。鉴于英、法两国把签订《莱茵保安公约》放在第一位和德国拒不妥协的态度，英法最终对德国的要求让步。在英、法、比、意、波、捷六国草签的“关于国际联盟盟约第十六条给德国的集体照会”中，同意每个会员国“应在符合本国军事情况和照顾本国地理形势的范围内”履行第十六条的义务，实际允许德国有保留有条件地加入国联。

《洛迦诺公约》是一战中欧洲协约国与中欧及东欧新兴国家确认战后领土界线，并争取与战败的德国恢复正常关系的尝试。从左到右依次是德、英、法三国与会代表：古斯塔夫·施特莱斯曼、奥斯丁·张伯伦、阿里斯蒂德·白里安

《洛迦诺公约》

在洛迦诺会议上，德国分别与比、法、波、捷四国签订了仲裁条约，法国分别与波、捷两国订立了相互保证条约。这些文件总称为《洛迦诺公约》。

《洛迦诺公约》的签订，是协约国在政治上正式承认德国作为一个平等国家的前提下，在欧洲安全问题上对凡尔赛体系所做的又一次较大调整。它暂时解决了安全问题，改善了协约国尤其是法国与德国的关系，使欧洲的国际关系进入了相对稳定时期，并为"道威斯计划"的继续实行和20世纪20年代中后期资本主义经济的发展创造了条件。正由于此，"洛迦诺精神"一词一时成为和解与安全的代名词。但是《洛迦诺公约》并不是"战争年代与和平年代的真正分界线"，它自身孕育着新的不稳定因素。

《洛迦诺公约》使德国在未承担新义务的情况下实现了大部分外交目标。德国摆脱了战败国地位，争得了与法国平等的地位，并为收复莱茵兰创造了条件；它成功地拒绝对波、捷边界给予保证，为今后向东侵略打开了方便之门；该公约作为"道威斯计划"在政治上的继续，成为德国恢复政治大国地位的第一步。1926年9月，德国正式加入国联，并成为行政院常任理事国，终于重新跻身于西方大国的行列。随着德国实力的不断增强，靠《洛迦诺公约》建立的欧洲均势终将被打破，德国将成为英国难以对付的强大敌手。1936年3月7日，纳粹德国用重新武装莱茵非军事区的行动，彻底撕毁了《洛迦诺公约》。

知识链接：凡尔赛体系

凡尔赛体系是指帝国主义在宰割战败国和相互妥协基础上安排的战后世界国际体系。《凡尔赛条约》签订以后，协约国又相继同奥地利、保加利亚、匈牙利、奥斯曼帝国签订了和约。这些和约构成了对战败国领土及其殖民地再分割的体系。由于《凡尔赛条约》是其中的主要条约，因此由这些条约共同构成的体系被称为凡尔赛体系。

《洛迦诺公约》遭到波兰的反对，格拉布斯基内阁因此而倒台。《洛迦诺公约》也恶化了波兰和法国之间的关系，削弱了法国与波兰的联盟。图为格拉布斯基

寻求战后和平与安全

《凯洛格—白里安公约》

战后，对和平的渴望，
缔结了保证和平的约定。
和平主义倾向的高涨，
开辟了放弃战争的外交政策的先河。

《洛迦诺公约》签订后，法国感到自身的安全保证问题仍未得到真正解决，因此希望与美国结成同盟，使法国的安全得到美国的保障；美国建议由美、法签署多边非战公约，邀请所有国家参与。

《凯洛格—白里安公约》诞生的背景

在英、美、日三国海军会议和国联裁军筹备会议相继失败后，各主要资本主义强国之间的军备竞赛更加紧张。1927年，法国外长白里安正式提出建立法、美两国“永恒友好”草案，试图从欧洲以外寻找盟友，借助美国的力量同英、德抗争，以巩固法国在欧洲日益衰落的地位。美国深知法国的目的，故此，美国国务卿凯洛格提出，“放弃以战争作为执行国家政策工具”的条约，不仅应由两国缔结，而且还应该由各国缔结。美国想把白里安建议的双边公约变成一个多边的国际公约。这不仅可以树立美国爱好和平的形象，而且可以通过普遍公约的形式来取代英国、法国控制下的国联，以提高美国的国际地位。

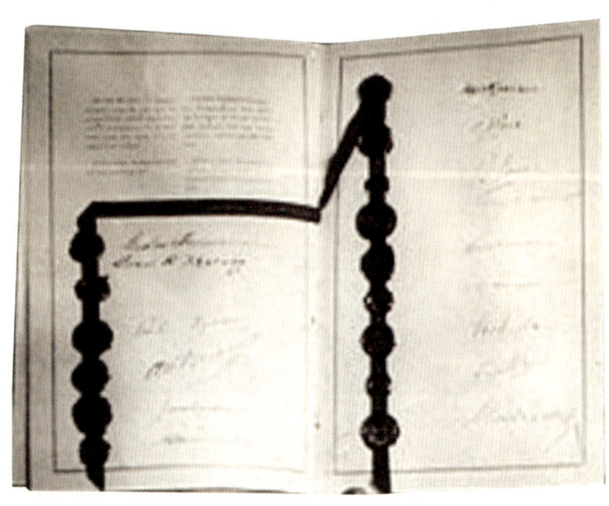

《凯洛格—白里安公约》文本原件

法国对美国的提议不仅提出了保留意见，并且还提出了一个新建议，即法、美两国可首先签订一项并非一般地放弃战争，而是放弃任何进攻性战争的条约。然后，其他国家都可加入这项条约。美国政府并没有接受法国的新建议。

德国明确表示拥护美国的方案，希望借此阻挠法、美关系的改善，赢得爱好和平的声誉，转移战胜国对德国扩军备战的注意力。而英国对美国的建议却怀有戒心。为了消除英国、法国的疑虑，凯洛格于1928年在美国国际法协会的演说中，特地对“自卫”作了解释，称公约草案中没有任何限制或损害自卫的规定。自卫权是每个主权国家固有的权利，每个国家可以在任何时候和不拘于条约之规定自由防守其领土使之免受攻击和侵略。

各国在经过紧张的磋商并相互达成妥协之后，于1928年8月27日在巴黎举行了公约的签字仪式，美、英、法等15个国家在公约上签字，这就是《凯洛格—白里安公约》，又称《非战公约》。

白里安是法国政治家、外交家、法国社会党创始人，多次出任法国总理，因主张对德和解而获得诺贝尔和平奖，以《非战公约》和倡议建立欧洲合众国而闻名于世。图为白里安在演讲

知识链接：华盛顿会议

1918年11月，第一次世界大战结束后，美、英、日等帝国主义国家为重新瓜分远东和太平洋地区的殖民地和势力范围，由美国建议召开的国际会议，亦称太平洋会议。1921年11月12日至1922年2月6日在华盛顿举行。有美、英、法、意、日、比、荷、葡、中的代表团参加。华盛顿会议实质上是巴黎会议的继续，其主要目的是要解决《凡尔赛条约》未能解决的彼此间关于海军力量对比及在远东太平洋地区特别是在中国的利益冲突。

《凯洛格—白里安公约》的影响

《凯洛格—白里安公约》签订后，在国际上引起了一阵和平喧嚣。白里安说，1928年8月27日是“人类历史新纪元的第一天”。自此以后，自私的和敌意的战争都被认为是非法的。凯洛格认为，公约“将是防止第二次世界大战的一个实际保证，这件事本身就是对人类的一个巨大的功绩”。实际上，《凯洛格—白里安公约》并不能有效地制止战争。公约没有提到裁军问题，对于违反公约的国家，也没有实际的制裁办法。而且各个强国还对公约提出了各种保留条件，它们仍然可在“自卫”的幌子下对外发动侵略战争。华尔脱斯在评价《凯洛格—白里安公约》时指出：“既然每个签字国都是自己自卫行动的唯一判断者，既然它们当中的两个最大的国家（英、美）对这个字眼作了广泛的解释，那么就公约而言，采取军事行动的道路还是敞开着的。”

尽管《凯洛格—白里安公约》存在着严重缺陷，但它在国家相互关系中放弃以战争作为执行国家政策的工具，主张和平解决国际争端，并以国际条约的形式否定了侵略战争的合法性，树立了不侵犯原则的法律基础。所以，它还是有一定的积极意义。

1929年巴黎嘉年华的时候，《凯洛格—白里安公约》成为人们取笑的对象

СТРОИТЕЛЬСТВО
БАЙКАЛО-АМУРС
ЗАВЕР
5к ПОЧТА СССР

新生的红色国家

1917年苏俄成立后，马上就面临着内战和世界大战。1918年，苏俄同德国签订了《布列斯特和约》，退出了世界大战，摆脱了外部的战争困扰，从而得以集中精力应对国内问题。而国内则继续进行着内战，苏俄先后实施了战时共产主义政策和新经济政策。苏俄在内战中打败了国内的反动势力和协约国的武装干涉；在同波兰的战争中，划定了两国的边界，正式结束了战争状态。

1922年10月6日俄共（布）中央全会上，列宁提出建立新国家的建议得到通过。同年12月20日，苏俄、白俄罗斯、乌克兰、外高加索联邦等国建立了苏维埃社会主义共和国联盟，简称苏联。在苏联中央执行委员会第二次会议上，成立了以列宁为首的苏联政府——苏联人民委员会。截至二战爆发前，中亚五国相继加入苏联。

列宁逝世后，斯大林获得了苏联的最高权力。在斯大林的领导下，苏联开始了现代化建设，现代化建设主要表现在工业国有化和农业集体化方面。五年计划的实施，使得苏联的工业化程度大大提高，从一战前的农业国家一跃成为工业国家。苏联的重工业，尤其是军工业在20世纪20—30年代有了飞跃性提高。但是工业化和农业集体化也带来了很多弊端，这一切都对苏联后来的发展产生了重要影响。斯大林在这一时期大搞个人崇拜，进行了以排除异己为目的的“大清洗”运动，对国家造成了严重的负面影响。苏联在这一时期逐渐形成了高度集中的政治、经济体制。

用军事手段管理经济

战时共产主义

国家处于危难之中，
所有的俄国人，
需要贡献全部力量，
一切余粮归苏维埃！

战时共产主义宣传画。在政治宣传下，整个社会像一台机器一样发动了起来

苏俄国内战争爆发后，俄国的粮食、煤炭、石油和钢铁的主要产地陷入敌手，苏维埃国家的处境十分困难。苏俄政府为粉碎国内地主资产阶级和帝国主义发动的反苏维埃政权的战争所采取的一系列特殊的临时性的社会经济政策，被称为“战时共产主义政策”。

知识链接：余粮收集制

余粮收集制是苏俄在实行“战时共产主义政策”时实施的一项粮食政策。1917—1922年，刚成立不久的苏俄由于抵抗外国的武装干涉和进行国内战争，粮食日益紧缺。于是，苏俄政府颁布了余粮收集的法令：国家采取粮食垄断政策，农民须按照国家规定的价格将粮食全部卖给国家，不允许私人买卖。该政策保证了战争困难时期红军的口粮，但是却严重损害了农民的利益，激起了农民的反抗与不满。

“战时共产主义政策”的核心：余粮收集制

第一次世界大战对俄国的生产带来了严重破坏，在与国内外反动势力进行斗争的同时，饥荒威胁着苏维埃俄国。1918年初，彼得格勒等很多大城市，粮食供应严重不足，黑市上粮食投机盛行。在严峻的形势下，为了解决面临着的严重困难，苏维埃政权采取了一系列非常措施，这些措施后来被称为“战时共产主义政策”。

“战时共产主义政策”的主要内容是：实行粮食垄断和余粮收集制，用强制手段迫使中农和富农交出余粮（贫农的余粮实际也经常一起征集）；将大企业收归国有，建立中央集权的工业管理体系；

1919年的苏俄货币，黑龙江省黑河市瑷珲历史陈列馆馆藏文物。该货币印有中文“全方贫工之联合”字样，是苏俄在“战时共产主义”时期发行的

一座纪念 1921 年为镇压喀琅施塔得叛乱而战死的布尔什维克士兵的纪念馆

取消市场、禁止贸易，实行食物配给制；实行普遍劳动义务制和劳动军事化。从 1918 年夏到 1921 年初实行的这些非常措施，的确使苏维埃政权有效地征集到了必需的人力和物力，保证了战时供应，对打败国内外反革命军队的进攻起了重要作用。但是，这些政策本质上不利于生产的发展，余粮收集制等措施也激起了农民的广泛反抗，甚至使苏维埃的工农联盟一度面临破裂的危险。

更重要的是，列宁等布尔什维克党领导人曾经一度对“战时共产主义政策”抱有不切实际的幻想。“战时共产主义政策”规定生产资料共有，取消商品经济和货币流通，实行义务劳动制，这些实践与马克思主义对共产主义社会的描述非常接近。因此列宁认为，实行“战时共产主义政策”不只是为了解决当时的困难，它已经超越了“一般革命”的任务，是共产主义的任务，是推进社会主义的“真正的主要的途径”。在当时布尔什维克党第八次代表大会通过的党纲中，也非常明确地体现了列宁的这种思想。然而，实践证明，在俄国这样一个落后的国家里，企图通过建立高度集中的生产、分配和管理体制，实现由资本主义向共产主义的“直接过渡”，是根本行不通的。对此，列宁在后来曾多次坦率地承认这是一个错误。因此，1921 年以后，“战时共产主义政策”便逐步被新经济政策所取代。

知识链接：喀琅施塔得叛乱

由于“战时共产主义政策”严重侵害了广大民众的利益，在 1920—1921 年的苏俄，俄国境内爆发了很多叛乱和起义。1921 年，驻扎在彼得格勒附近喀琅施塔得的水兵爆发叛乱，起义者谴责苏俄的政策，要求给予国民各项自由权利，取消布尔什维克党一党执政的地位。图哈切夫斯基率红军平叛，在全俄肃反委员会的帮助下，叛乱被平息。叛乱事件最终促使苏俄用新经济政策取代了“战时共产主义政策”。

对“战时共产主义”的评价

“战时共产主义”实施两年期间，受到冲击最大的是农业部门和农民阶层，而所遇到的最大的抵触也正是来自农民阶层，所遭受的经济损失最严重的部门也是农业部门。由于政府实行粮食垄断和余粮收集制，使占全国人口绝大多数的农民的基本生活受到了极大的影响。

喀琅施塔得军港位于距圣彼得堡市约 30 公里的科特林岛，是俄罗斯的重要军港、波罗的海舰队的基地。在彼得大帝时期，就被开发为海军要塞。此地曾发生过著名的“喀琅施塔得事件”，在二战中，喀琅施塔得军港对苏军保卫列宁格勒发挥了巨大作用

理性的调整

新经济政策

余粮收集制造成了农民的愤怒，
战时共产主义走向了尽头，
如何安抚愤怒的工人与农民，
新经济政策化解了危机。

切尔文银行券，即金卢布，1922年的早期苏俄货币。为了重建稳定的货币，有黄金作为支撑的切尔文券是苏俄回归货币经济必要政策的组成部分

知识链接：外高加索联邦

外高加索联邦全称“外高加索苏维埃社会主义联邦共和国”。该联邦建立于1922年，由格鲁吉亚、亚美尼亚、阿塞拜疆组成。1922年，外高加索联邦加入苏联。1936年，根据苏联新宪法，外高加索联邦解体，格鲁吉亚、亚美尼亚、阿塞拜疆分别以苏维埃社会主义加盟共和国的形式并入苏联。

在苏俄国内革命战争期间，“战时共产主义政策”和余粮收集制在有力地支持了革命武装的同时，也严重损害了广大民众的利益，引发了部分地区的农民暴乱和军队哗变，这使得新生的革命政权不得不做出符合形势发展的决策——实行新经济政策。

粮食税取代余粮收集制

苏俄由“战时共产主义政策”向新经济政策转变是以用实物税代替余粮收集制为标志的，这一政策的转变开始于俄共（布）第十次代表大会。在这次大会上，列宁作出了《关于以实物税代替余粮收集制的报告》，分析了以实物税代替余粮收集制的原因。列宁认为这“首先而且主要是一个政治问题，因为这个问题的本质在于工人阶级对农民的态度”。针对俄国是个小农人口占绝大多数的国家，列宁指出，小农只要还是小农，他们就必须拥有同他们的经济基础即个体经济相适应的刺激、动力、动因。而粮食税可以起到这种作用。所以，俄共（布）决定改余粮收集制为粮食税制。

1921年，23岁的阿曼德·哈默来到苏俄，他对饥荒所引起的灾难感到震惊。他立刻用100万美元在美国购买了100万普特小麦，用船运到苏俄去销售。图为1982年时哈默的照片

1921年3月，俄共（布）第十次代表大会通过了《关于以实物税代替余粮收集制》的决议，标志着粮食税制开始取代余粮收集制。实行粮食税制，农民在耕种时就可以知道自己承担的纳税数额。农民在纳税后剩余的一切粮食、原料和饲料，可以自己全权处理，即可以用来改善和巩固自己的

列宁（左）制定了新经济政策，斯大林（右）则创立了高度集中的政治经济体制

经济，用来提高个人的消费，用来交换工业品、手工业品和农产品，还可以通过合作社或自由贸易的途径进行商品交换。粮食税的实行，使国家所收取的粮食数额少于余粮收集制所收取的粮食数额。这样，农民的负担大大减轻，他们的生活状况迅速得到了改善。同时，由于实行粮食税，农民的生产积极性空前高涨。到1925年，苏联农业的规模已接近第一次世界大战前的水平。因此，苏维埃政权同农民的紧张关系得以缓和改善。

其他领域里的新经济政策

1921年3月27日，粮食人民委员部颁布了《关于在地方范围内以及国家与公民之间商品交换条例》，规定在地方范围内，农民交完粮食税后的剩余粮食可以在公民之间自由交换。全俄成立中央消费总社，下设众多网点。国家把工业品交给合作社，通过合作社进行工业品和农产品的交换。

1920—1921年，苏俄政府相继颁布了《租让法令》《租借条约》《关于手工业和小企业》等多项条例，允许外国资本的进入和私人资本的存在，这一切都满足了人们对日常生活用品的需求。

知识链接：苏波战争

凡尔赛会议后，刚刚恢复独立的波兰同苏俄就爆发了领土纠纷。1920年，波兰在协约国的支持下，首先攻入苏波争议领土，苏波战争爆发。面对波兰的进攻，苏俄军队大举反攻，并攻入了波兰境内。然而，在西方的支持下，波兰取得了华沙保卫战的胜利，反攻苏俄。1920年，苏俄求和，双方停火。1921年3月，双方正式签订了和平条约，确定了两国边界。

随着新经济政策的顺利实施，使得战争给经济带来的极为严重的后果被消除，是苏俄经济发展中的重要转折。这表明，列宁领导下的布尔什维克党充分意识到只有调动广大农民的生产积极性才能集中全力建设社会主义。

新经济政策的实施使新生的苏维埃政权战胜了经济危机，生产逐步得到恢复，工农联盟得到了巩固，苏维埃政权得以稳固。新经济政策的实施表明列宁找到了一条小农经济占优势的落后的俄国向社会主义过渡的正确途径。实践表明，新经济政策可以作为在商品生产和市场经济不发达，经济发展水平相对落后的国家，在社会主义初级阶段的一个相当长的过渡时期内行之有效的经济发展战略。这是对马克思主义理论的重大发展。

苏波战争，是指1919年2月—1921年3月苏俄与波兰之间进行的一场战争。刚刚恢复独立的波兰寻求收复历史上被瓜分的领土，苏俄目标是收复一战后失去的沙俄时期的领土。波兰认为这场战争是卫国战争，苏俄认为这是反对协约国武装干涉战争的一部分。战争的结果有利于波兰，苏俄则失去了部分领土。图为1920年苏俄反对波兰和沙皇的宣传海报

为新生的国家而战

苏俄内战

为保卫苏维埃而战，
打败高尔察克！打败邓尼金！
与帝国主义干涉军作战，
赢得社会主义共和国的胜利。

高尔察克是协约国第一次武装干涉苏俄时的白卫军总头目，1919 年底兵败被俘，1920 年在伊尔库茨克被处决

知识链接：高尔察克

高尔察克（1874—1920 年）是沙俄时期的海军上将，出生于圣彼得堡的一个贵族家庭，早年参加过日俄战争，曾任沙俄黑海舰队司令，后晋升为海军上将。1918 年，在协约国的支持下，任“西伯利亚政府”海军部长，自称为“俄国的最高执政者”，率领军队同苏俄红军作战，失败后被捕，后被处决。

十月革命后，盘踞在苏俄境内的沙俄、白俄的旧部对新生的苏维埃政权展开了军事进攻，协约国及德国也对苏俄政权采取敌视的态度，并派出干涉军进攻苏俄，苏俄为保卫新生政权，同国内外反对势力展开了战斗。

粉碎国内叛乱

1917 年底，原沙俄军队发生了叛乱。叛乱的军队形成了三股势力：第一股势力盘踞在乌克兰和高加索地区，叛军开始由科尔尼洛夫指挥，后来又由邓尼金指挥；第二股势力盘踞在白俄罗斯和波罗的海地区，尤登尼奇是其首领；第三股势力主要的活动中心是西伯利亚，领导者是沙俄海军上将高尔察克。高尔察克得到了约 4 万捷克战俘组成的捷克军团的配合，一度控制了乌拉尔山脉以东的大部分地区。

1919 年 11 月，高尔察克在鄂木斯克发动军事政变。他得到了协约国的大力支持，用协约国提供的武器武装了 25 万人的军队。1919 年，高尔察克率军从乌拉尔山一带向西进攻，红军被迫后撤。与此同时，邓尼金和尤登尼奇也一起向红军发动进攻。面对严峻的形势，列宁号召“一切为了东线”，号召

邓尼金是苏俄内战和外国武装干涉时期白卫军首领之一。十月革命后，邓尼金与科尔尼洛夫等在北高加索组织了一支“志愿军”进行反对苏俄的军事行动。1918 年 4 月，邓尼金成为这支军队的指挥官。同年秋，在协约国扶持下担任“南俄武装力量”总司令。邓尼金在与苏俄的战争中失败并流亡国外，成为海外白俄流亡势力的精神领袖

图为1919年白俄反对布尔什维克的宣传海报，用讽喻的手法来表现布尔什维克的领袖们——斯维尔德洛夫、季诺维也夫、列宁、托洛茨基、加米涅夫、拉杰克狂热地朝拜马克思的塑像

知识链接：邓尼金

邓尼金（1872—1947年），出生在华沙郊区。曾参加过日俄战争和第一次世界大战。二月革命后，曾任俄国临时政府最高统帅参谋长、西南方面军司令。十月革命后，邓尼金在协约国的支持下，大举进攻红军，被红军击溃后流亡国外，对苏联一直持敌对态度。在二战中，曾站在苏联一边反对纳粹德国。二战后，病逝于美国。

大批党团员入伍，组织了义务劳动，全力保障革命战争。

1919年春，红军增兵至150万人，在伏龙芝的带领下一举击溃高尔察克的军队。同年夏，邓尼金率领15万军队向红军发起总攻，倚仗精良的武器和优势兵力占据了乌克兰，并且一步步向东紧逼，威胁到了莫斯科的安全。列宁再次发出号召，几万名党团员纷纷入伍开往前线，在斯大林和叶戈罗夫的指挥下展开反攻，打败了邓尼金的部队。1919年5月，尤登尼奇向红军发动进攻，直接威胁到彼得格勒的安全。红军组织了大举反攻，最终击败尤登尼奇。至此，红军击败了境内的沙俄叛军。

粉碎外国干涉军的进攻

1917年12月，英、美、法三国代表在巴黎召开了一次会议，就武装干涉俄国问题达成了协议。英法两国更是缔结了在俄国划分势力范围的协定，制定了武装干涉分裂俄国的目标。

1918年之前，协约国对俄国的干涉，主要表现在挑起苏俄同德国的军事冲突，以达到借刀杀人的目的。同时用金钱和武器支持俄国的反对势力，策划和组织反苏俄的叛乱活动。

协约国对俄国的干涉首先是从北方开始的，首批协约国干涉军于1918年3月在摩尔曼斯克登陆，妄图以之为桥头堡，颠覆苏俄政权。在远东，日本率先以保卫“日侨”为名，在海参崴登陆。随后，英、美等国约9000人的军队也登陆海参崴。

1918年11月底，英、法军队在俄国南部港口塞瓦斯托波尔等地登陆，占领了大片俄国领土。12月，英国军队开进爱沙尼亚和拉脱维亚，剑指彼得格勒。针对此情况，红军积极应对，击退了协约国的进攻，收复了大量领土。

1920年在协约国的支持和武装下，波兰向苏俄发动了进攻，一举占领了大量波苏争议领土，后苏俄反攻至华沙城下，被波兰军队击败。最终，苏波签订了和约，在“寇松线”的基础上划定了两国边界。至此，协约国对苏联的武装干涉结束。

“寇松线”是英国外交大臣寇松向苏俄和波兰建议的停战分界线。这条线以民族边界线作为波兰东部边界，沿布格河划分波苏边界，将乌克兰和白俄罗斯的一部分领土划入波兰版图。图为1914年寇松画像

钢铁巨人 斯大林

他仍是一个活生生的人，人们对他的评判经久不息。

斯大林是格鲁吉亚人，苏联政治家、苏联共产党中央委员会总书记、苏联部长会议主席、苏联大元帅，是苏联执政时间最长（1924—1953 年）的最高领导人，对 20 世纪苏联和世界影响深远

俄国某监狱的一份档案中如此写道：斯大林，男，身高约 1.62m，脸上的麻子是其幼年得过天花的见证。他左臂萎缩，这也是他在上学时得过败血症的后果。然而，古老的俄国正是在这个小个子手中从一个落后的农业国一跃成为与美国并立的世界超级大国。

强势而专断、多疑而冷酷的性格终其一生

约瑟夫·维萨里奥诺维奇·斯大林（Joseph Vissarionovich Stalin，1879—1953 年），原姓朱加什维利，出生在格鲁吉亚的哥里市。父亲是鞋匠，母亲是农奴的女儿。斯大林在中学时接触了马克思主义学说，并深受影响。1898 年，他加入了俄国社会民主工党，后成为革命家，积极投身于俄国的革命活动，多次被捕入狱并被流放。1913 年，他改名斯大林，意思是“钢铁”。1916 年，斯大林因左臂萎缩而免遭沙俄军队的征召，被流放到西伯利亚。二月革命后，斯大林被释放，后积极参与俄国革命，曾在《真理报》工作。在七月事件后，协助列宁逃离俄国。在十月革命中，斯大林表现积极，成为人民委员会的一员。

斯大林凭借其在十月革命中的优异表现，成为列宁的左膀右臂。然而其强势专断的性格，在工作和战斗中表现得淋漓尽致。他多次违抗列宁和托洛茨基的决议，无视领导的意图。列宁对斯大林种种独裁专横的行为深表不满，把斯大林的行为称为“大俄罗斯沙文主义”。

列宁去世后，斯大林瓦解了“托季联盟”，打败了政敌布哈林，成为苏联的最高统治者。随着其个人权威在全党和全军的进一步确立，权力高度集中带来了个人崇拜的畸形发展。他强制推行的农业集体化政策大大地侵犯了农民的利益，其多疑而冷酷的性格，使得他发动了“大清洗”运动，大量的党政军干部、知识分子、少数民族、普通民众受到

从左至右分别是：约瑟夫·斯大林、列宁和米哈伊尔·伊万诺维奇·加里宁在 1919 年的照片。他们三个人都是“老布尔什维克”——在十月革命前加入布尔什维克党的老党员

了不公正的待遇。权力高度集中和个人崇拜愈演愈烈，破坏了国家的民主与法制，制造了大量的冤假错案，给党和国家带来了巨大的损失，是苏联社会主义建设中的重大挫折。

在这张著名的照片中，尼古拉·叶若夫（左图右一）是同伏罗希洛夫、莫洛托夫和斯大林一起视察白海运河。在叶若夫被处决后，他的形象被移出了这张照片

英雄：社会主义工业化的领袖

斯大林在掌握苏联最高权力后，积极与主要资本主义国家和周边国家恢复正常关系，并开始对苏联进行社会主义改造。在斯大林看来，经济建设的主要目的是实现社会主义工业化和农业集体化。1929 年，苏联开始了农业集体化的进程，持续数年的农业集体化，建立了新型的国营农场，从根本上改变了苏联农业的传统经营方式和组织结构。

在工业方面，斯大林实行“五年计划”来实现工业化。从 1928—1937 年，苏联经历了两个五年计划，这两个五年计划都提前完成。1937 年，苏联的工业总产值上升到欧洲第一位和世界第二位。经过两个五年计划的努力，苏联基本实现了社会主义工业化，建立起了强大的工业基础，在全国范围内形成了较为完备的工业体系。1938 年开始的第三个五年计划，斯大林将着眼点放在了军事工业上，其产生的积极效果在二战中得到了检验。1936 年，苏联制定了新宪法，斯大林宣布

知识链接：“列宁遗嘱”疑云

从 1922 年 12 月下旬到 1923 年 1 月上旬，病中的列宁在清醒的时候口述了《给代表大会的信》等书信（因为列宁原本想要在党的第十二次代表大会上将此信公开宣读，故以“给代表大会的信”命名）。在信中，列宁对斯大林能否胜任党和国家的最高领导人表示了担忧，甚至提出要剥夺斯大林党的总书记的职务。列宁的这些书信被后人称为“列宁遗嘱”。但该遗嘱疑点重重，成为一桩历史悬案。

苏联已经完成了传统的工业和农业向社会主义的过渡，认为苏联已经建成了社会主义。苏联新宪法的制定，也标志着斯大林创建的高度集中的经济政治体制的形成。

苏联国营农场创建于 20 世纪 20 年代，早期被称作“社会主义农业最高的秩序”，很长一段时间被认为是一个过渡阶段。国营农场通常是结合小型个体农场在一起合作经营，由国家组织在没收来的土地上生产经营，国营农场从失地农村居民中招募工人。到 1937 年，超过 90% 的农户参加了集体农庄，大部分农场都成了国有农场。图为 20 世纪 30 年代的亚美尼亚妇女在摘棉花

雄心勃勃的尝试

五年计划（农业集体化和工业国有化）

什么叫社会主义？
斯大林同志认为就是工业化加农业集体化。
党中央制定了五年计划，
全民要在努力劳动中建成社会主义。

1931 年，致力于宣传第一个五年计划的宣传站。摄影者布兰森·德库是一位美国旅行者和摄影师，他曾在世界各地旅行。1931 年，他来到苏联，拍摄了建立不久的苏联新政权下的日常生活

20 世纪 20 年代，苏联现代工业还比较落后，钢铁、电力生产远远不能满足国民经济需要。汽车、飞机制造、化学合成、大型机器设备制造（发电站成套设备、自动生产线设备）等最新的大工业几乎一片空白。以斯大林为首的共产党敏锐地意识到：不搞工业化和农业集体化，苏联的国民经济就上不去。于是，五年计划应运而生。

开展农业全盘集体化

20 世纪 20 年代，斯大林决定用行政手段推动农业集体化进程。1929 年 6 月到 9 月，全国有 90 多万农户新加入集体经济组织。但从全局看，集体化比例仍很低。加入集体经济组织的农户只占总农户的 7.6%，其耕地只占耕地总面积的 3.6%。

1929 年底，斯大林决定停止新经济政策，派 2.5 万名工人下乡大力推进农业集体化运动。1930 年 1 月 5 日，党中央又根据斯大林的要求通过了《关于集体化的速度和国家帮助集体农庄建设的办法》，要求在几年之内全盘实现集体化，并指出集体化的基本形式应该是实现土地使用权和生产资料公有化的集体农庄。1930 年 1 月 15 日，成立了以莫洛托夫为首的特别委员会，专门研究如何消灭富农。1930 年 1 月 30 日，政治局批准该委员会的一份决议，即《关于在全盘集体化地区消灭富农经济的措施》，废除了新经济政策时期颁布的关于土地租佃和雇佣劳动的法律，没收富农的一切生产工具、牲畜、经营和生活用建筑设施，以及加工农产品的企业和种子储备，并将其转交给集体农庄。

“强化集体农庄的工作纪律”——图为 1933 年乌兹别克张贴的苏联宣传海报。集体农庄，又称农业劳动组合。它是十月革命后，苏联劳动农民自愿组成的集体经济组织。集体农庄的主要生产资料和劳动产品归全体庄员所有。土地归国家所有，由农庄永久使用。集体农庄实行按劳分配，并允许庄员经营规定的宅旁园地和家庭副业

知识链接：斯达汉诺夫运动

1935 年 8 月 30 日晚，顿巴斯煤矿区矿工斯达汉诺夫在一班工作时间内，用风镐采掘了 102 吨煤，超过了定额的 13 倍。此后，在全苏联范围内兴起学习斯达汉诺夫的运动。这次运动作为一面旗帜，有力推动了社会主义建设事业的发展，使苏联第二个五年计划提前完成。

至此，以消灭富农为中心的“全盘集体化运动”迅速席卷全国。据不完全统计，到 1932 年春，苏联总共消灭了 100 万—110 万户富农。但其中相当一部分人并非富农，而是在新经济政策下致富的中农。在消灭富农阶级的过程中，采取了镇压反苏的富农本人，或把富农连同家庭迁移到边远地区的做法。通过消灭富农，农业集体化运动得到了迅猛发展。1930 年前两个月，就有 1000 万农户加入了集体农庄，集体化比例从 1929 年 12 月的 20%猛增到 1930 年 3 月的 58%。到 1932 年底第一个五年计划完成时，全国 60%以上的农户走上集体化道路，建立了 20 多万个集体农庄。这一年，国营农场和集体农庄的播种面积达到总播种面积的 80%。因此，联共中央在 1933 年 1 月宣布：“把分散的个体小农经济纳入社会主义大农业的轨道的历史任务已经完成。”

社会主义工业化的开展

苏共十四大后，苏联开始大规模地进行工业化建设。斯大林强调，苏联的工业化不同于资本主义国家的工业化，要采取不同的方针和办法。在斯大林的领导下，形成了一整套苏联社会主义工业化的建设纲领。主要包括：

第一，苏联要高速度地实现国家工业化。托洛茨基曾经主张“力争确保最高的速度”实现工业化，但被斯大林批判为夸大的“超工业化”。1927 年斯大林在击败托洛茨基—季诺维也夫联盟之后，自己也转而提出工业高速度发展的要求。他认为，苏联面临资本主义世界发动反苏战争的危险性，而苏联比先进国家落后 50 年至 100 年，因此苏联要在 10 年内跑完这一段距离，并指出，延缓速度就是落后，而落后者是要挨打的。

第二，要依靠政权的力量优先发展重工业。斯大林认为，从轻工业开始的工业化道路是一条漫长的发展途径，是资本主义工业化的道路，苏联要从发展重工业入手来开始自己的工业化进程。他强

ПЛАН-ЗАКОН,
ВЫПОЛНЕНИЕ-ДОЛГ,
ПЕРЕВЫПОЛНЕНИЕ-ЧЕСТЬ!

《佩内斯拉夫尔周报》发表的一则消息写道：“计划就是法律，完成计划就是义务，超额完成任务光荣！”

一五计划完成后的 1932 年，苏联黑色冶金业各种产品产量已经大幅超过 1913 年的水平。至苏德战争爆发前的 1940 年，苏联的钢铁产量已跃居欧洲第二位，世界第三位。图为苏联的冶金厂

调，工业化的中心、工业化的基础，就是发展重工业。为此，政府必须通过指令性计划调动大部分人力、物力和财力资源来发展重工业。于是工业成了直接听命于党政机关指挥的部门。

第三，要利用行政手段从内部积累工业化所需资金。斯大林指出，苏联工业化资金不能靠掠夺殖民地和向外国借款，只能依靠自己的力量从内部积累。其来源一是国有企业的利润；二是征收农业税；三是号召人民节衣缩食，用发行公债的办法把消费资金转为建设资金。

为了加快资金积累，斯大林还主张在提高工业品出售价格的同时压低农产品的收购价格，即扩大工农业产品价格上的剪刀差，实际是向农民再征收一笔额外的税收。斯大林的主张遭到了布哈林等人的反对，但是仍被通过而采用。

五年计划的实施

苏联从 1928 年 10 月起，开始实行第一个五年计划。一五计划的目标是计划完成时工业产值增加两倍，农业产量增加 50%。

苏联的第一个五年计划重点在俄罗斯的乌拉尔和西伯利亚地区，强调优先发展重工业，尤其是钢铁和机器制造业。一五期间，苏联从西方引进大批先进技术和设备，还高薪聘请美德等国的外国专家和技术工人。该计划提前一年完成。苏联因此建立了大型钢铁工业，还建立了第聂伯河水电站，电子工业得到了巨大发展，这一切都奠定了现代工业的基础。

第二个五年计划是指 1933—1937 年这段时间。二五期间，苏联政府注重挖掘企业的潜力，大力发展本国的机器制造业，先后在多个地方建立起巨大

邮票上的苏联工人形象。苏联将工人阶级视为领导阶级，认为工人阶级是实现社会主义现代化的重要力量

知识链接：富农的终结

在1927年到1928年冬春之际，苏联农民，特别是富农反对增税和粮食的官方价格，出现了囤积居奇和投机倒把现象。故此，斯大林认为，富农是剥削阶级，是农业集体化的最大障碍。此后，苏联在强推农业集体化的时候，大量没收富农的土地，在各地开展反对富农的斗争，对富农阶层采取了过激的政策，导致该阶层在苏联消失。

的机器制造厂，还扩建了汽车制造厂。这一计划的完成，不仅使苏联的国民经济实现了完全的技术升级，使其工业产值超过了德、英、法三国，跃居欧洲第一，苏联在这一阶段基本停止了对外国设备的进口。由于在这一时期，苏联十分强调消费品的生产，从而使得苏联人的生活水平在二五期间得到了显著的提高。

前两个五年计划让苏联建成了6000多个大企业，建立了飞机、汽车、拖拉机、化工等部门。在东部地区兴建了多个大型钢铁、煤炭、石油基地，改善了苏联的单一工业布局。苏联钢铁、煤、石油、电的产量在这一时期得到迅猛的发展。然而，一五计划中的关于国民收入的目标未能实现如期增长；农业产值不升反降；煤炭、钢铁、石油、电力、汽车行业等也没完成既定目标。二五计划虽然在执行力度上比一五计划好些，但是国民收入、消费品增长率依旧没完成既定目标。从1938年开始的第三个五年计划，由于苏德战争的爆发而没能实现。

总体而言，苏联的五年计划的成就是有目共睹的。五年计划使得人民生活水平有了明显的提高，1935年后，苏联陆续取消了食品和工业品配售制度。在这一时期，人民的文化水平得到了大幅提高，城市普及了七年制义务教育，农村实现了四年制义务教育。高等院校的数量大量增加，科学技术研究在这一时期取得了突飞猛进的发展，如齐奥尔科夫斯基的宇宙火箭理论研究处于世界领先地位。苏联只用了15年的时间就从一个落后的农业国家变成一个先进的工业国家，这为后来的反法西斯战争奠定了坚实的基础。

在第二个五年计划时期，苏联国内掀起了劳动竞赛，被称为“斯达汉诺夫运动”。图为斯达汉诺夫（右）与工友

名声显赫的“托派”托洛茨基

托洛茨基到底是个什么人物？
他在政治上的大浮大沉的原因何在？
他为什么被杀？
他死于何人之手？

托洛茨基是苏联红军和第四国际的主要缔造者，是苏联党内高级领导人，因与斯大林政见不合而被免去党内一切职务，并被驱逐出苏联，后被暗杀。图为1921年的托洛茨基

每当人们提到托洛茨基，就会想起以他为首的“托派”。在过去的几十年里，那些都是反动或反革命的代名词。随着研究的深入，托洛茨基在历史上的作为和活动，一一被披露出来。

知识链接：托季联盟

20世纪20年代中期，苏联共产党内以托洛茨基、季诺维也夫为首的反对派，结成了反对以斯大林为首的党中央的组织，简称“新反对派”。1925年初，托洛茨基被挤出了苏联中央军事委员会，季诺维也夫和加米涅夫也在苏共十四大上遭到批判。1926年，托洛茨基和季诺维也夫等人结成托季联盟，以反对斯大林为首的中央多数派。

在俄国的日子里

列夫·达维多维奇·托洛茨基（1879—1940年）出生于乌克兰的一个富农家庭。1896年，托洛茨基开始参加工人运动，建立“南俄工人同盟”。1898年，托洛茨基被捕，被流放到西伯利亚。1902年，托洛茨基逃离西伯利亚，正式加入了火星派组织，并同列宁有了交往。从那时起，托洛茨基就一直为《火星报》工作，并在工作中取得了突出的业绩，得到了列宁的赏识与肯定。

1905年俄国革命爆发后，托洛茨基回国，他不愿与布尔什维克合作，转而参与孟什维克的报纸编辑工作。1908年10月，托洛茨基创建了《真理报》。

托洛茨基长期与列宁在重大问题上的观点不相一致，长期与布尔什维克处于不和状态。二月革命后，托洛茨基回国，被选为苏维埃领导人。此时的托洛茨基已经脱离了孟什维克，宣布支持布尔什维

1921年的彼得格勒俄共（布）第十届全国代表大会合影，托洛茨基同弗拉基米尔·列宁及克林姆·伏罗希洛夫在士兵中间。照片中间部分从左到右是列宁、伏罗希洛夫（列宁后面）和托洛茨基

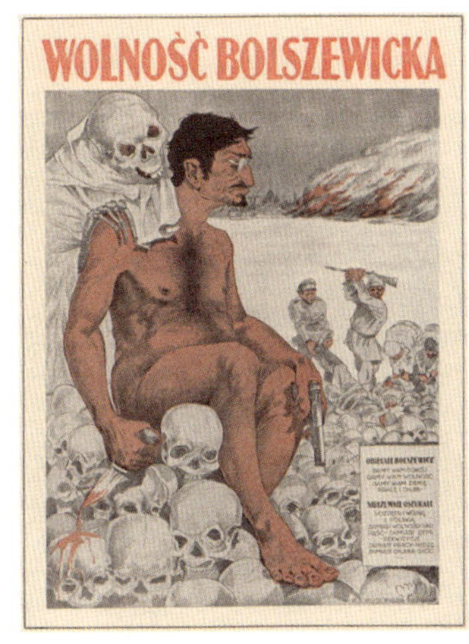

一幅波兰海报，将托洛茨基描绘成一个在1920年苏波战争期间手持滴血的匕首、坐在一堆头骨上的恶魔

克的方针、路线、政策。托洛茨基利用领导人的身份，参与组织了十月革命的起义筹备工作，为十月革命的成功作出了重大贡献。

1918年，托洛茨基任苏俄最高军事委员会主席，担负起红军的组织和领导工作。他在红军内推行政治委员制度，并且亲临东线战场指挥作战。列宁逝世后，托洛茨基认为列宁有意让他做接班人，并因此与斯大林产生了矛盾。托洛茨基发表《十月的教训》一文，对党内干部展开批评，并影射斯大林的错误。1925年，斯大林解除了托洛茨基的军内职务。1926年10月，托洛茨基被解除政治局委员的职务。1927年10月，托洛茨基被开除出联共并被流放到哈萨克，后被驱逐出境。1932年，苏联政府宣布剥夺了他的公民权。

流亡岁月

托洛茨基被驱逐出境后，便开始着手组织成立第四国际，1938年，他在巴黎建立了第四国际。在流亡的岁月中，托洛茨基撰写大量著作，从事反对斯大林的活动。

1937年，苏联最高人民法院开庭审理“托洛茨基反苏案”，13名“托派分子”被处以死刑。托洛茨基父子被指控为从事“旨在颠覆苏联政府的阴谋、破坏、暗杀活动”，是活动的主谋。1938年，苏联最高法院又宣判托洛茨基与纳粹德国和日本法西斯勾结，并与英国及波兰政府达成了卖国协议以及暗杀斯大林和高尔基等罪名。托洛茨基被苏联最高人民法院三次缺席判处死刑。

二战期间，托洛茨基和斯大林都认为战后将掀起革命高潮，为争夺对革命的领导权，双方加紧了斗争。苏联情报部门策划了暗杀托洛茨基的活动。1940年，托洛茨基在墨西哥的家中被苏联情报部门的特工杀死。

知识链接：布哈林

尼古拉·伊万诺维奇·布哈林（1888—1938年），苏联政治理论家、革命家、思想家、经济学家。十月革命胜利后，长期担任《真理报》主编。1919年3月，当选为俄共中央政治局候补委员和共产国际执委会委员。1924年5月当选为中央政治局委员。1931年任最高国民经济委员会委员。1934年任《消息报》主编。1936年为苏联新宪法起草委员会成员。1937年被开除出党。1938年3月14日以叛国罪被处死。其主要著作有《世界经济与帝国主义》《过渡时期的经济学》《一个经济学家的札记》《列宁的政治遗嘱》等。

托洛茨基在墨西哥城的房子，从1939年4月直到1940年8月被刺，他一直住在这里。1940年8月，一个西班牙籍克格勃特工混进托洛茨基的宅院，用冰斧击中托洛茨基的后脑而致其死亡

“大清洗”
恐怖的人间悲剧

政治审查、公审关押间谍、判处死刑，这一切都荡漾着红色恐怖的风暴。“英明”的领袖斯大林同志说，为了劳动人民的利益，为了保卫革命果实，必须这样做。

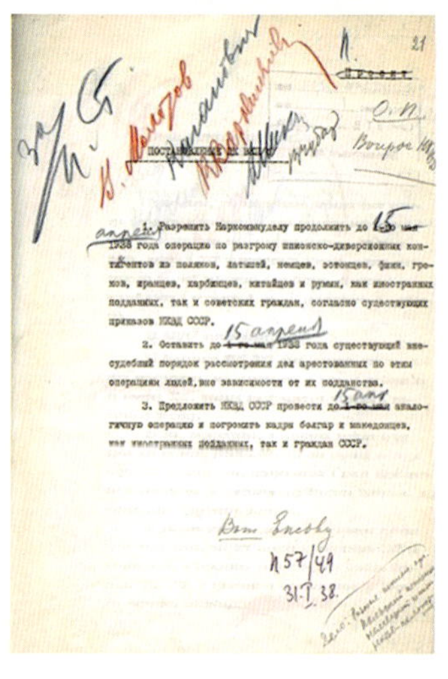

1. Разрешить Наркомвнуделу продолжить до 15 апреля 1938 года операцию по разгрому шпионско-диверсионных контингентов из поляков, латышей, немцев, эстонцев, финн, греков, иранцев, харбинцев, китайцев и румын, как иностранных подданных, так и советских граждан, согласно существующих приказов НКВД СССР.

2. Оставить до 15 апреля 1938 года существующий внесудебный порядок рассмотрения дел арестованных по этим операциям людей, вне зависимости от их подданства.

3. Предложить НКВД СССР провести до 15 апр. аналогичную операцию и погромить кадры болгар и македонцев, как иностранных подданных, так и граждан СССР.

N 57/49
31.I.38.

图为由斯大林、莫洛托夫、卡冈诺维奇、伏罗希洛夫、米高扬和邱巴尔签名的“大清洗”清单。“大清洗”运动又被称为肃反运动，这是在斯大林执政时期苏联爆发的一场政治迫害运动

莫斯科有一幢建于苏联时期的著名的楼，曾经住在这里的大都是苏联的高级干部。在20世纪30年代苏联的“大清洗”中，他们几乎都被杀害，他们的家属也受到了牵连。今天，人们把这座楼称为“黑暗公寓”，这座楼是斯大林时代发动“大清洗”运动的见证。“大清洗”是苏联20世纪30年代展开的一场针对隐藏在内部“人民的敌人”的运动。它始于1934年的基洛夫被害案件，直到二战爆发才算告一段落。

“大清洗”前的苏联政治局势

20世纪30年代初期，斯大林在战胜托季联盟等反对派之后，掌握了苏联的党政军大权，稳固了其最高领袖的地位，个人威望得到了空前的提高。1929年，举国上下为斯大林庆祝生日。苏共党内和苏联国内出现了近乎疯狂的个人崇拜现象，斯大林受到人们的顶礼膜拜，被奉若神灵。斯大林的讲话逐渐成为人们开展工作、发表言论的唯一依据，成为判断事物对错的唯一标准。一切成绩和政绩都归功于斯大林的功劳，斯大林成为党和国家的象征。

与此同时，另一种倾向也如同一股潜流扩散开来。斯大林所推行的政策越来越依赖于他所选拔的年轻干部，老一代的布尔什维克党人缺乏年轻干部的那种对斯大林的热爱、忠诚、崇拜之情。渐渐地，斯大林对老一辈布尔什维克党人由轻蔑转为仇恨。他认为，为了巩固自己的地位，必须把那些不服从他、反对他的势力扫入历史的垃圾堆。此外，据传言称苏共十七大召开前夕，一些党员干部提出要撤换斯大林。斯大林通过秘密途径了解了他们的意图。故此斯大林认为，有必要在全党全国范围内进行一场旨在肃反的“大清洗”运动。

“大清洗”运动的过程

20世纪30年代初期，斯大林战胜反对派之后，已掌握大权，踌躇满志。作为党的总书记加强党的机器的运转：通过伏罗希洛夫指挥红军，通过雅戈达指挥安全机构；并通过宣传机器把任何功绩都与斯大林联系起来。于是，布尔什维克党内和苏联国内出现了近乎迷信般的个人崇拜现象，斯大林俨然

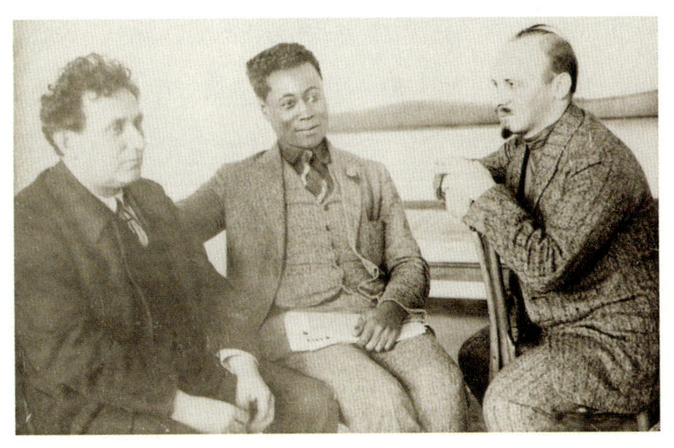

1923 年，季诺维也夫、克劳德·麦凯和尼古拉·布哈林在莫斯科的合影

知识链接：个人崇拜

斯大林战胜反对派后，他的最高领袖地位牢固确立，威望也空前提高。1929 年 12 月 21 日，苏联举国上下庆祝斯大林 50 寿辰。自此以后，个人崇拜之风愈刮愈烈，逐渐成为一种政治思潮。斯大林被奉为神明，被当作偶像顶礼膜拜。一切功绩全部归功于斯大林，斯大林就是党和国家的象征，真理的代表。

已经成为人民心目中的神明，一切成绩的取得都归功于斯大林，因为他是党和国家的象征。

1929 年到 1933 年，当全世界笼罩在“大萧条”的阴影中时，苏联沿着斯大林所确定的重视重工业、轻视农业与轻工业的发展道路前进。在这过程中，取得了辉煌的成就，同时，也造成了严重的后果，乌克兰大饥荒造成上千万人非正常死亡；另外，从 1931 年开始，就有许多政坛高层人士或公开、或私下反对斯大林的道路。这里边的代表是托洛茨基、季诺维也夫和布哈林。斯大林决心找个借口清除这些政治敌人。

1934 年 12 月 1 日下午，列宁格勒州委书记基洛夫在列宁格勒斯莫尔尼宫遭到枪击，当即殒命。凶手尼古拉耶夫当场被抓获。基洛夫被刺后，斯大林亲自领导了案件的侦讯工作。斯大林亲自审讯的结论是，刺杀是季诺维也夫反对派策划的，尼古拉耶夫是季诺维也夫分子。因为季诺维也夫长期在列宁格勒工作，正是在基洛夫的领导下彻底肃清了季诺维也夫在列宁格勒地区的影响。所以季便怀恨在心，策划了这场刺杀。

因为当初这起案件的知情者均被处死，所以有关基洛夫案件的真相仍是迷雾重重，但这个案件无疑为斯大林开展大规模的镇压提供了借口。一份拟定名单上的人很快被一一逮捕。其后，斯大林及其内务部的帮凶雅戈达、叶若夫等又进一步扩大，炮制出所谓的“托洛茨基—季诺维也夫阴谋集团”。

于是，一系列惊人的审判开始了。1935 年 1 月，开始对“托洛茨基—季诺维也夫阴谋集团”进行审判。在没有确切证据的情况下，竟然判处他们有期徒刑。1936 年 8 月 19 日，苏联最高法院军事法庭对季诺维也夫、加米涅夫等 16 人进行了公开审判。

1934 年，列宁格勒州委书记谢尔盖·基洛夫同斯大林以及斯大林的女儿斯维特兰娜在一起。基洛夫是 20 世纪 20—30 年代联共（布）的主要领导人之一，任列宁格勒州委第一书记。1934 年 2 月起任联共（布）中央组织局书记和委员，苏联中央执行委员会主席团委员。1934 年 12 月 1 日在列宁格勒斯莫尔尼宫被人暗杀。他的遇刺拉开了“大清洗”运动的序幕

20 世纪 30 年代的苏联肃反委员会。这一时期被称为“叶若夫时期”，典型的现象包括无处不在的政治审查、到处都存在的怀疑“间谍破坏”、走过场的公审、关押和死刑。人们对斯大林的个人崇拜达到了前所未有的程度，这也使苏联的党、政、军失去了一大批优秀骨干

所有的被告都“交代”或“承认”了他们的罪行，法院当庭判处他们死刑。

斯大林在莫斯科共举行了三次审判：除了 1936 年 8 月这一次外，第二次在 1937 年 1 月，受审判的“阴谋集团”是所谓的“反革命组织平行总部”，拉狄克、皮达可夫等人被处死。第三次在 1938 年 3 月，受审判的“阴谋集团”是所谓“右派托洛茨基集团”，布哈林、李可夫等 21 人被枪决。

这三次大审判，斯大林把当年的老战友都分别以“间谍”“杀人犯”“破坏分子”“孟什维克”“托派分子”等罪名枪决。托洛茨基由于在 1929 年已被驱逐出境，因此三次缺席审判，但斯大林没有放过他，后来派出刺客前往墨西哥，将托洛茨基暗杀。除了公开审判之外，还有数千人被捕后经过秘密审讯后被处死。1937 年，在一个秘密的军事法庭上，图哈切夫斯基元帅和其他 7 名高级将领被指控为“托洛茨基主义”分子，暗中勾结日本和德国而被枪决。

斯大林的“大清洗”运动涉及人数之多、范围之广，创下了纪录。出席联共（布）第十七次代表大会的 1966 名代表，有 1108 人因反革命罪被逮捕。十七大选出的中央委员和候补中央委员共 139 人，其中 80% 的委员被逮捕，并且全都被处死。列宁在世时的最后一届党中央政治局委员，除列宁逝世外，其他 5 人(加米涅夫、托洛茨基、季诺维也夫、李可夫、托姆斯基）都被斯大林置于死地。1919—1935 年先后选出 31 名政治局委员，其中有 20 人遇害。甚至如前匈牙利共产党领导人库恩・贝拉等外国共产党领导人也被处死。

与此同时，政府机关也遭到无情的清洗。第一届人民委员会由 15 人组成，其中就有 9 人被镇压，4 人在 1933 年以前逝世。1935 年进入人民委员会的委员中，有 20 人被处死，活下来的只有 6 人。1938 年初人民委员会 28 个成员中有 20 人被镇压，他们的下属也多被牵连。1936 年 10 月到 1937 年 3 月底，大约有 2000 名人民委员会工作人员被逮捕。国防部、重工业部、外交部，以及国家计划委员会遭到毁灭性打击。

这一时期，军队也遭到可怕的清洗。20 世纪 30 年代，苏联有 5 名元帅，3 名遭镇压。被枪杀的红军将领有：16 名集团军司令、副司令中的 15 人；67 名军长中的 60 人；199 名师长中的 136 人；全部

1938 年 11 月 25 日，叶若夫被迫辞职，贝利亚旋即接替了他。1939 年 3 月 3 日，叶若夫被解除了在苏共中央的一切职位，随后在 1939 年 4 月 10 日，他被逮捕并被关押在位于苏汉诺夫卡的监狱中。1940 年 2 月 3 日，苏联法官瓦西里・尤立科在贝利亚的办公室里审讯了他。叶若夫被判有罪并立刻执行了死刑，遗体被埋在了地莫什科耶

1935年11月，苏联五位元帅：米哈伊尔·图哈切夫斯基（前排左一）、西蒙·布琼尼（后排左一）、克里门特·伏罗希洛夫（前排左二）、维奇·布柳赫尔（后排左二）、亚历山大·伊里奇·叶戈罗夫（前排左三）。其中，只有伏罗希洛夫和布琼尼在“大清洗”中逃过一劫

4名空军高级将领；全部6名海军上将；15名海军中将中的9人；全部17名集团军政委和副政委；29名军级政委中的25人。8万名军官中有3.5万名遭受从清除出军队到判刑、处死的迫害。

学术界也同样没能逃脱“大清洗”运动。斯大林在20世纪30年代主持召开了一系列批判活动，对哲学界、文学界、史学界、经济学界的学者专家进行了迫害。批判迫害让自然科学领域的专家学者也不能幸免，如喀秋莎火箭炮的设计者朗格马克、火箭之父科罗廖夫等人都被捕入狱。

1938年末，大规模的逮捕和处死浪潮逐渐平息，“大清洗”给苏联的社会主义事业和国际共产主义运动都造成了重大的损失，以至于斯大林后来也不得不承认他在“大清洗”中犯了严重的错误。“大清洗”中究竟抓捕了多少人，杀了多少人，关押了多少人，流放了多少人，没有准确的记载。苏联解体前夕，苏联国家安全委员会主席克留奇科夫公布了一个数字：1920年到1953年，苏联约有420万人遭到镇压，其中200多万人是在1937—1938年的“大清洗”中受到镇压的。曾在苏联和叶利钦时代主持过平反工作的雅科夫列夫在接受记者采访时说，斯大林镇压的牺牲者涉及2000万人，也许还要多。

“大清洗”运动带来的后果

斯大林发动的“大清洗”运动是人类历史上一场罕见的大浩劫。

“大清洗”使成百上千万的干部和群众蒙受各种不白之冤，无辜遭受迫害甚至被夺去宝贵生命。它使国家失去众多经验丰富的领导者和各个领域的优秀人才，极大地影响了国民经济的发展和科学文化事业的进步。大批红军将领遭受“清洗”，导致军队战斗力下降，使得军队在卫国战争初期的战斗中接连遭受失败。

“大清洗”严重破坏了民主与法制，把公民的所有活动都置于国家监管之下。它破坏了社会的正常运转，片面依靠暴力手段来调整社会关系。清洗和镇压最终成为斯大林模式的基本内容和特点。它使本身就存在严重弊端的苏联社会主义建设模式日益僵化，逐渐失去了自我改进的动力。

“大清洗”还败坏了社会风气。人们被卷入迫害镇压的浪潮中，失去人格，不敢坚持正义，告密现象普遍存在，甚至还造谣中伤他人。干部没有安全感，唯唯诺诺，从而导致个人崇拜盛行。所有这些，都展现了斯大林模式的致命缺陷。“大清洗”表面上加强了国家的内部团结，实则加深了社会的内在矛盾，使苏联陷入前所未有的危机，矛盾也越积越多，埋下了苏联解体的祸根。

图哈切夫斯基是苏联最早的五位元帅之一，军事战略学家。有“红军拿破仑”之称号。他参加过第一次世界大战，1915年被俘，1917年逃回俄国。1918年加入苏联共产党，并参加苏军。在“大清洗”运动中，被以间谍罪判处死刑并立即枪决，1956年的苏共二十大上被宣布平反

从革命者到官僚 莫洛托夫

青年有为，早早占据高位，
后来，由革命者转化为官僚。
一位精明干练的政治家，
似流星飞过后，陷入了长夜般的沉寂。

他的名字意为“锤子”，他曾经是革命的干将，有着卓越的组织能力和领导能力。他后来成为斯大林的左膀右臂，是“大清洗”的指挥者，他就是莫洛托夫。

1937 年，莫洛托夫、斯大林同伏罗希洛夫（从左至右）在一起

二战前的莫洛托夫

维亚切斯拉夫·米哈伊洛维奇·莫洛托夫（Vyacheslav Mikhaylovich Molotov，1890—1986 年），出生在俄罗斯的一个店员家庭。1902 年，进入喀山读中学。时值俄国风云激荡之际，莫洛托夫受革命思潮的影响，积极投身革命运动，参加群众集会和示威游行。莫洛托夫在革命中表现积极，在喀山的多个学校中组织成立革命小组，从事反对沙皇专制的活动。1906 年，莫洛托夫加入俄国社会民主工党（布）。1909—1912 年，他先后担任《火星报》和《真理报》的编辑，撰写了大量宣传革命的文章。

第一次世界大战爆发后，莫洛托夫被派往莫斯科，负责重建当地被破坏的布尔什维克党组织。1905 年，由于叛徒出卖，莫洛托夫遭逮捕，被流放到西伯利亚。1916 年，他逃回彼得格勒，当选为布尔什维克党中央委员会俄罗斯局委员。十月革命中，莫洛托夫参加了彼得格勒武装起义的领导工作。

十月革命后，莫洛托夫成为彼得格勒地区布尔什维克党的主要领导人。1918 年，莫洛托夫任苏俄北方地区国民经济委员会主席。1919 年，出任俄共（布）中央和苏俄政府驻伏尔加河地区的全权代表。同年底，任苏俄苏维埃下戈罗州执行委员会主席。1920 年 4 月当选为中央候补委员，同年 9 月任顿涅茨州委书记。1921 年 3 月，在俄共（布）第十次代表大会上被选为中央委员和中央政治局候补委员。1924 年，出任联共（布）中央农村工作

十月革命胜利后，莫洛托夫成为彼得格勒苏维埃的主要领导人之一，他是斯大林的亲密战友和坚定的支持者，成为斯大林领导班子的二号人物。1939 年起兼任苏联外交人民委员（外交部长）

委员会领导职务。1927—1928 年，兼任联共（布）莫斯科委员会书记。1930 年，出任苏联人民委员会主席。基洛夫被刺后，莫洛托夫成为肃反运动的主要负责人之一。

莫洛托夫的是与非

十月革命后，莫洛托夫逐渐成长为布尔什维克党的骨干，开始担任各种重要的职务。令人瞩目的是，他一直忠实地追随斯大林，所以在 1930 年，他被任命为苏联人民委员会主席，地位仅次于斯大林。

在整个 20 世纪 20—30 年代，莫洛托夫总是唯斯大林马首是瞻，在同托季联盟等反对派的斗争中，他充分表现出了对斯大林的忠诚，对斯大林所签署的一切法令和下达的一切指示，都毫不犹豫地落实。他冷酷无情，办事卓有成效。在李可夫被迫离职后，斯大林就把他推向国家最高权力职务——苏联人民委员会主席的宝座。在他掌权后，清洗了半数的人民委员会委员。

在 20 世纪 30 年代，苏联全国上下推行农业集体化、强力打压富农的时候，莫洛托夫在乌克兰扮演了一个极为不光彩的角色，他在乌克兰南部的几个省份指导国家的谷物收购工作；经他染指之后，乌克兰南部民不聊生，饿殍遍野。

1939 年，莫洛托夫与德国外长里宾特洛甫秘密会晤，签署密约，与德国背地里划分了东欧的势力范围，为后来苏联侵略波兰、罗马尼亚、波罗的海三国，建立所谓的“东方战线”奠定了理论基础。

总之，在十月革命前，莫洛托夫是一位优秀的革命战士；列宁在世时，他是一位优秀的联共干部；斯大林执政后，他成为斯大林的忠实助手。

知识链接：苏芬战争

1939 年，苏联与芬兰在莫斯科进行谈判，苏联提议苏芬双方签订互助条约，还对芬兰提出了领土要求。在芬兰拒绝了苏联这一提议后，苏联制造了“曼尼拉事件”，派大批军队攻打芬兰。芬兰政府对苏联的进攻采取坚决抵抗的政策，苏联军队在付出沉重人员伤亡的代价后，惨淡地赢得了战争的胜利，迫使芬兰将自己的领土割让、租借给苏联。

1939 年 9 月 8 日，《木栅》周刊所描绘的《苏德互不侵犯条约》的场景。1939 年 8 月 23 日，德国外长里宾特洛甫在莫斯科与苏联代表莫洛托夫签订了《苏德互不侵犯条约》，这一条约主要划分了德苏之间的势力范围。该条约使苏联实现了自身避免两线作战，从而赢得一个相对和平的环境的目标；该条约也纵容了德国的侵略，使得波兰等欧洲小国沦为大国博弈的牺牲品

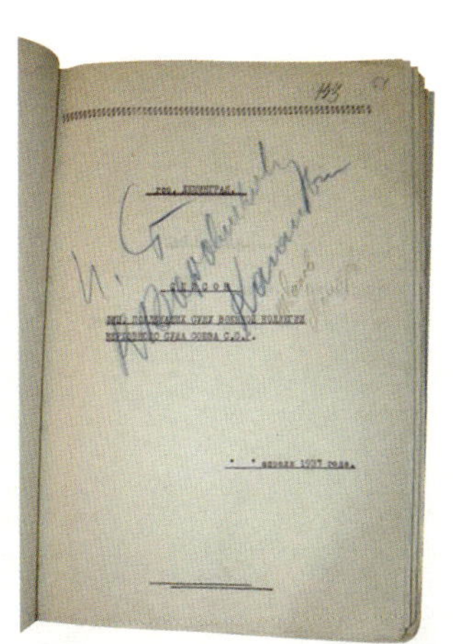

图为“大清洗”时期由莫洛托夫、斯大林、伏罗希洛夫、卡冈诺维奇、日丹诺夫签名的名单

美国从柯立芝繁荣到罗斯福新政

美国在第一次世界大战后经过 1920 年中至 1921 年末的短期经济萧条后，经济开始复苏，并逐渐趋于繁荣。20 世纪 20 年代的美国经济繁荣阶段由于处在柯立芝总统当政时期，故此被称为“柯立芝繁荣”。

美国这次经济繁荣主要表现为工业生产的发展，特别是汽车工业、电器工业、建筑业和钢铁工业生产的高涨。汽车工业、电器工业和建筑业成为 20 世纪 20 年代美国经济繁荣的主要支柱。

经济的繁荣也大大便利了美国经济向海外的扩张。随着经济的发展，城市人口大幅增长。美国在这一时期实行了限制性的移民政策，而且妇女地位发生了较大变化，传统的社会价值观出现了显著变化。

在经济发展中，美国也存在着一些问题，潜伏着极大的危机。1929 年，华尔街股市暴跌，美国工业生产连年衰退，大量工人失业，美国社会出现了不稳定状态，美国的民主制度也受到了法西斯极端势力的威胁。1932 年，富兰克林·罗斯福当选为美国总统，开始推行一系列新政策，史称“罗斯福新政”，以挽救岌岌可危的美国经济和社会。罗斯福通过对工业、银行业、农业等领域的系列改革，增强了国家对经济的干预力度，在一定程度上缓解了经济危机，缓和了阶级矛盾，对二战后美国政府的经济措施和政策产生了深远的影响。

孕育着危机的繁荣

美国柯立芝繁荣

美国的资本主义已经克服了内在矛盾，不会再有危机。
福特已经替代了马克思，
Laissez-Faire，让他去，让他做，让他走，
美国人民已经达到了“历史上罕见的幸福境界”。

卡尔文·柯立芝在1920年被提名为共和党副总统候选人。1923年，哈定去世后继任总统。柯立芝执政时，共和党四分五裂，联邦政府信誉扫地。柯立芝抓住国人渴求安定的心理特点，采取一系列措施赢得了1924年的大选，获得连任。他连任后，对经济活动采取不干涉的方针，而用减轻税负、保卫关税的政策间接管理经济。对外，则回到了孤立主义

1922年后，美国经济出现了持续七年的繁荣。这一时期经济发展的主要原因是汽车工业、电气业和建筑业成为国家支柱产业，并在世界上处于领先地位。这一时期，美国的工业产值增长近一倍。由于经济的发展，物质财富随之增加，美国向着消费社会发展。美国人都在为住房、汽车和家用电器而奋斗。现代化的生产方式引起了美国社会生活现代化的变革。但是这一时期，美国经济繁荣的背后却隐藏着巨大的隐患，直接导致了1929—1933年的世界经济大萧条。

柯立芝时代美国经济的迅猛发展

1922—1929年，美国进入了经济繁荣的“黄金时代”，史称“柯立芝繁荣”。1929年，美国在资本主义世界工业生产的比重已经达到了48.5%，超过了当时英、德、法三国比重总和的79%。

20世纪20年代，美国三大支柱工业的发展引人瞩目。其中，汽车制造业是全国最大的工业部门。1929年美国登记的汽车总量占全世界产量的5/6，美国在这一时期成为名副其实的汽车王国，汽车工业产值占到了全国工业总产值的8%。电机和电气用具制造业与房屋建筑业则成为美国在这一时期的另外两大支柱产业，两大产业增长极为迅速。

在20世纪20年代，美国的商品和资本输出都大幅增加。1922—1929年间，美国对外商品输出从39.7亿美元增加到51.6亿美元。1929年，资本主义

华尔街的铜牛塑像一直是美国资本主义最为重要的象征之一，也是外来游客必到的景点之一。这座铜牛塑像是由意大利艺术家狄摩迪卡设计的，铜牛身长近5米，重达6300公斤，无数前来观光的游客都愿与铜牛合影留念，并以抚摸铜牛的牛角来祈求好运

芝加哥市区满满的全是汽车和房屋

世界使用的汽车有 81% 是美国制造的。1925 年 3 月 4 日，柯立芝在总统就职典礼上洋洋自得地说，美国人民已经达到了“人类历史上罕见的幸福境界”。

20 世纪 20 年代美国的经济繁荣不是偶然的。第一次世界大战的结果造成了有利于美国发展的形势：美国的竞争对手尚未恢复元气，各国发展缺少资金，这就为美国的资本输出和商品输出提供了有利条件。资本主义世界相对稳定局面的出现又为美国经济繁荣提供了一个较好的政治环境。而就美国国内的经济原因来说，也有一些刺激因素起到了重要作用。

首先，技术革新和设备更新刺激了生产的发展。各企业为了降低成本，增加生产，越来越多地使用自动化和半自动化的机器。工业部门普遍注意开展技术研究工作。

其次，通过分期付款来刺激消费市场的活跃。一战前的分期付款只限于房屋，一战后则发展到各个方面。

知识链接：咆哮的 20 年代

第一次世界大战极大地改变了世界的格局，经济、政治重心逐渐向美国转移，美国进入了经济的高速发展期，社会、文化、政治以及人们的精神生活等各个层面都经历了重大变化，美国在整个 20 世纪 20 年代都沉浸在喧嚣、狂热和绚丽多彩的氛围中。这一时期所涵盖的激动人心的事件数不胜数，因此又被一些人称为“历史上最为多彩的年代”：美国士兵从欧洲回国拉开了这一时代的序幕；以爵士乐为代表的新艺术形式诞生。这一时期也出现了大量的具有深远意义的发明创造，前所未有的工业化浪潮，民众旺盛的消费需求与消费欲望，以及生活方式的翻天覆地的变化令人难以忘怀，一系列国内外大事也改变了 20 世纪上半叶的历史进程。

繁荣之下的潜在危机

第一，垄断资本的进一步集中和扩大加深了资本主义社会的固有矛盾。1923—1929 年，产值在 100 万美元以上的大企业从 1.03 万家增加到了 1.17 万家，总产值由 402 亿美元增加到 488 亿美元。1921—1929 年，全国银行由 30560 家减少到 25110 家。企业和银行的大规模合并及扩大，促进了生产的社会化与生产资料私人占有之间矛盾的深化。

第二，部分工业的不景气和农业长期慢性危机使美国经济呈现畸形发展，给未来经济带来严重影响。20 世纪 20 年代，美国的烟煤采掘业、纺织业、制鞋业和铁路运输等部门一直不景气。同一时期美国城乡人口比例也发生了巨大的变化，大批农民流入城市，进一步扩大了工业部门经常存在的失业工人大军。由于国内外市场的缩小，农业危机迅速蔓延。

第三，股票投机成风，经济泡沫越滚越大。膨胀了的生产能力同消费市场缩小的矛盾加剧。欧洲各国经济恢复工作先后完成，加强了国外市场同美国商品和资本的竞争。分期付款使国内消费市场渐趋饱和，固定资本更新告一段落，进一步影响到了生产的发展。

20 世纪 20 年代，斯皮德·兰沃西嘲笑男性特质的活页乐谱为广大女性所接受

大恐慌
经济大萧条

梅隆拉响汽笛，
胡佛敲起钟。
华尔街发出信号，
美国往地狱里冲！

一战后，经济的快速发展，吸引了大量的投资涌入美国的各个领域，这些资本的进入加速了美国的产能扩张，美国的股市和资产价值大幅上扬，美国人的虚拟财富得到了大量的扩张，分期付款政策使美国人的消费理念发生了变化，股市的火爆使全社会陷入了投机的热潮中。最终，股市暴跌成为美国大萧条的导火索。

知识链接：金本位

金本位是一种以黄金为本币的货币制度。在金本位制下，每单位货币价值等同于若干重量的黄金；当不同国家使用金本位时，国家之间的汇率就由它们各自货币的含金量之比（即金平价）决定。金本位制始于1816年的英国，盛行于19世纪中期。到19世纪末，世界上主要的国家基本上都实行了金本位。第一次世界大战以后，许多欧美资本主义国家的经济受到通货膨胀的影响，加之黄金分配极不均衡，已经难以维持金本位制。于是，各国纷纷发行不兑现的纸币，禁止黄金自由输出，金本位制也逐渐退出了历史舞台。

美国经济危机

在 1929 年初，美国看起来似乎日趋繁荣。实业家、学院派经济学家和政府领导人都表示对未来充满信心。财政部长安德鲁·W. 梅隆也于 1929 年9 月向公众保证：“现在没有担心的理由。这一繁荣的高潮将持续下去。”

纽约曼哈顿南区曾经有一段土墙，在历史上是荷兰人为抵御英军侵犯而修建。英国人赶走荷兰人之后，拆墙建街，取名 Wall Street，音译为“华尔街”。华尔街宽 11 米，长度不足 600 米。然而这里却以“美国的金融中心”闻名于世。这条街上有著名的纽约证券交易所、美国联邦储备银行等大型金融机构，许多著名的大财团、大公司的总部也坐落于此。“华尔街”一词现在不再单指这条街道本身，已经成为附近区域的代称，亦可指对整个美国经济具有影响力的金融市场和金融机构。华尔街是美国乃至世界经济的晴雨表

然而事实证明这种自信是毫无道理的。1929 年 10 月 24 日，纽约股票市场抛售了 300 万股股票。花旗银行、大通银行等几个银行大老板在摩根公司大厦密谈，筹划组织了一个 2.4 亿美元的购进集团，但这并未能控制市场崩溃的灾难形势。人们称这一天为“黑色星期四”。10 月 29 日，当天的股票抛出量高达 1650 万股。11 月 2 日，《商业及财政记事报》报道：“本周发生了世界上从未有过的股票市场灾难。”到年底，纽约股票交易所上市的各种股票价值总共下跌了 450 亿美元左

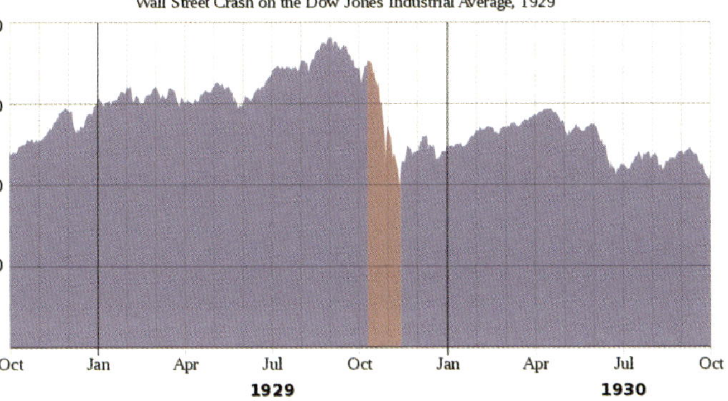

1928—1930 年间的道琼斯指数。道琼斯指数最早是在 1884 年由道琼斯公司的创始人查尔斯·亨利·道开始编制的，是一种算术平均股价指数。1928 年的最后一天，道指突破了 300 点关口。当年道指增长了 48%，是道指历史上表现最好的年份之一。此后就是 1929 年著名的黑色星期五股市大崩盘，当时道琼斯指数跌幅超过九成，许多华尔街大亨因此跳楼，之后还连带引发经济大萧条，近 1/4 的劳动人口失业，1/3 的银行倒闭。这是美国历史上一次空前严重的经济危机

知识链接：黑色星期二

1929 年 10 月 29 日是美国纽约证券交易所最为黑暗的一天，股价从一开盘就几乎是直线下跌，很多股票出现只有卖家，却没有买家接盘的状况。所有人都在抛售股票，无数人在这一天倾家荡产。这是美国历史上迄今为止最为著名的经济事件，该事件所带来的影响波及全世界，导致美国和欧洲等主要资本主义国家陷入了经济大萧条。由于事发当天恰逢星期二，故此被人们称作“黑色星期二”。

右。纽约股票的价格指数由 1929 年 9 月最高点的 216，下降到 1932 年 6 月最低点的 34。从 1929 年到 1932 年，由于跌价引起证券贬值，股票价格指数下降幅度达到 51%。

1929—1933 年，美国破产银行总数有 1.05 万家，占全国银行总数的 49%。1933 年 3 月，美国又爆发了严重的金融危机，全国大部分银行宣告停业。危机期间，美国的进出口总额下降了 70%，1933 年只有 10 万美元。与 1929 年相比，美国的工业产值下降了 46.2%。美国的机床制造业下降了 80%，生铁业下降了 79.4%，钢铁业下降了 75.8%，汽车业下降了 74.6%，采煤业下降了 40.9%。危机最严重时，美国汽车业开工率只有 5%，钢铁业开工率只有 15%。危机期间，美国倒闭的企业有 13 万多家。在美国，1933 年失业工人达 1700 万人，失业率为 24.9%。1932 年，美国的农产品价格指数降到 44，农民总收入下降了 57%，比 1914 年的水平还低。农产品总值降到了 53 亿美元，其中，谷物总产值减少到 3.91 亿美元，许多牛奶倒入了密西西比河。

经济危机所引发的政治危机

经济大萧条不仅引起了生产力的大倒退和大破坏，而且加剧了政治危机。底层人民生活状况持续恶化，阶级矛盾日益激烈。美国工人的工资在危机期间下降了 40%，1932 年的工资相当于 1900 年的水

1931 年大萧条时期，美国伊利诺伊州的芝加哥市的一群失业者，在艾尔·卡伯恩开的汤厨房外边排队领取免费食品。1929—1933 年间大萧条所引发的经济危机发源于美国，后来波及整个资本主义世界，其中包括英国、法国、德国和日本等资本主义国家

1931 年美国经济大萧条时期，大量的人群在纽约的银行外边排队挤兑

知识链接：胡佛村

在经济大萧条中，美国经济状况不断恶化导致了大量城市人口失业，很多失业人口丧失了生活来源，甚至无家可归，只能在城市中四处流浪。这些流浪者用旧铁皮、硬纸板、粗麻布等材料搭起简陋的棚户居住。这些简陋的棚户区被人们称为“胡佛村”，人们借此来讽刺时任美国总统胡佛应对经济危机的无能。

平。由于失业人数激增，许多技术人员找不到工作。1932 年，美国名牌大学的 2 万名毕业生找不到工作，连纽约百货公司招聘开电梯的工人也需要硕士学位。美国城市里挤满了乞丐和领失业救济金的男女老少，营养不良的儿童在一些地区所占比率高达 90%。

在美国，人们在城市垃圾堆和空地上用旧铁皮、硬纸板和破麻布搭起棚户，称之为“胡佛村”；有的农民把破旧汽车的前半部锯掉，套上瘦骨嶙峋的骡子当车用，称之为“胡佛车”；在公园的长凳上躺着过夜的人们则用旧报纸裹身取暖，称之为“胡佛毯”；有的人把衣袋反过来，里面没有分文，叫作“胡佛旗”；有的人流落街头，用旧报纸、纸箱搭成避风寒的小屋，称之为“胡佛屋”。20 世纪 20 年代曾获救济大师美名的胡佛总统在当时被人们称为“饥饿总统”。

1930 年 3 月 6 日，有 125 万人参加了大示威。1931 年春，进步组织多次举行向各州首府示威的饥饿行军。1932 年春，第一次世界大战中的退伍军人向华盛顿的进军，发展成一次严重的政治危机。5 月中旬到 6 月，从全国各地云集在华盛顿的 2 万名退伍军人，要求立即支付退伍军人福利金。联邦政府诬陷他们是“共党分子”“敲诈勒索分子”。胡佛宣布要“对闹事和违抗命令的人实行镇压”。1932 年 7 月 28 日，在胡佛的授权下，陆军部长麦克阿瑟及其副官艾森豪威尔指挥军警冲散并烧毁了退伍军人的营地，造成多人死伤。

1932 年 9 月，美国退伍军人团通过决议，宣布“现在所有的政治手段都不能迅速有效地对付经济危机了”。美国法西斯协会、黑衣社、银衣社、白衣社、褐衣社、民兵团、美国民族主义党、美国自由同盟、全国社会主义同盟、三 K 党等法西斯组织和右翼团体十分活跃。1932—1936 年，在密歇根州、印第安纳州、俄亥俄州等地出现了受福特公司资助的“黑色军团”。黑色军团迫害进步工人、农民和黑人。1934 年 12 月，黑色军团和部分华尔街大资本家密谋策划，由巴特勒将军率 50 万退伍

1932 年，“津贴部队”（一战退伍老兵）在华盛顿特区阿纳卡斯蒂亚公寓修建的棚户，在同装备了坦克和机关枪的 1000 名政府士兵交战后被纵火烧掉。当时，2 万名退伍老兵和家属在华盛顿国会附近搭帐篷住了 1 个多月，要求把原定 1945 年兑现的补贴马上发给他们。胡佛政府出动坦克驱散，造成多人死伤

图为失业者在百老汇前排长队等待救济。当时纽约流行一首儿歌："梅隆拉响汽笛，胡佛敲起钟。华尔街发出信号，美国往地狱里冲！"

军人向华盛顿进军，发动法西斯的未遂政变。他们宣称"美国所需要的是彻底更换一个政府，以便将国家从共产党的威胁中拯救出来"。福特汽车公司同法西斯组织联系密切，亨利·福特成了德国政府授予日耳曼大十字勋章的第一个美国人。1936 年出现的"德美联盟"是受戈培尔控制的由纳粹指挥的法西斯团体，它在美国 160 万德籍居民中进行法西斯活动，并在各大城市设有 71 个分会。

胡佛总统的反危机措施

1932 年 1 月 22 日，胡佛签署了国会通过的《成立复兴金融公司法案》，该公司可以拥有 5 亿美元的资金，有权借贷 15 亿美元的免税证券，以期挽救银行、铁路建筑与贷款公司和其他金融机构。同年 7 月，复兴金融公司的借贷能力增加到了 33 亿美元，职能扩大到借给各州救济失业的机构和自负盈亏的公共工程。为了稳定信贷局势和挽救小房主，胡佛又签署了《联邦住宅贷款银行法》，建立了拥有 1.25 亿美元资金的住宅贷款银行。为了扩大向富农的贷款，胡佛又签署了《联邦土地银行法令》。胡佛反对联邦政府采取大规模的救济措施，还通过法令，倡导轮流工作法，强迫公务员每年安排一个月的无薪休假。这使得本来已经收入很微薄的公务员生活更加困难。

胡佛政府的反危机措施显然不同于自由放任政策，但也没有上升到国家干预的层面，它是一种基本上不脱离自由放任政策，鼓励地方团体积极干预的尝试。总体来讲，胡佛的反危机措施没有缓解民众的生活困境，没能抑制住危机的恶化蔓延。它充分说明了传统的自由放任理论和政策面临危机，有限干预政策也面临危机。胡佛从开始政治生涯到总统卸任后的公职活动，一直没有放弃信奉自由放任主义哲学，没能带领美国走出这一时期的经济危机。

美国内华达州的胡佛水坝，20 世纪 30 年代经济大萧条时期由总统胡佛倡议修建。该水坝供应着内华达州南部沙漠中拉斯维加斯等城市人口的用水。修建水坝在一定程度上缓解了美国的失业问题

第 70—71 页：股市下跌

从 1929 年 9 月到 1933 年 1 月间，道琼斯 30 种工业股票的价格从平均每股 364.9 美元跌到 62.7 美元，20 种公用事业的股票的平均价格从 141.9 美元跌到 28 美元，20 种铁路的股票平均价格则从 180 美元跌到了 28.1 美元。美国钢铁公司的股价由每股 262 美元跌至 21 美元。通用汽车公司的股价从 92 美元跌至 7 美元。几千家银行倒闭、数以万计的企业关门。这次股灾彻底打击了投资者的信心，一直到 1954 年，美国股市才恢复到 1929 年的水平。

17,19 -0,06 -0,14
42,14 +0,56 1,91
27,07 +0,17 3,52
21,18 +0,26 0,89
27,33 -1,14 -4,08
+13,53 3,32
,51 +0,82 0,54
,32 +0,41 1,62
29,81 +0,28 1,33

轮椅上的总统
富兰克林·罗斯福

作为政治家，他既被人尊重，也被人憎恨。他的政敌认为他浅薄、无能、狡猾、独裁；而其拥护者则认为他是美国经济的救星，是全世界民主政治的保卫者。

富兰克林·罗斯福一直被视为美国历史上最伟大的总统之一，是20世纪美国最受欢迎的总统，也是美国历史上唯一连任四届的总统。他从1933年3月起任总统，直到1945年4月去世时为止，任职时间长达12年。他最大的功绩是挽救了经济大萧条中的美国，他的一些为应对经济危机所发起的政策仍然在国家生活中产生重要影响，甚至保留至今。

前总统时代

富兰克林·德拉诺·罗斯福(Franklin D. Roosevelt，1882—1945年)，出生在美国纽约州的一个富豪家庭。罗斯福的启蒙教育由母亲完成，后来跟家庭教师学习。1896年，罗斯福进入政治家的摇篮——格罗顿公学。1900年，罗斯福考入哈佛大学，攻读政治学、历史学和新闻学。1904年，罗斯福进入哥伦比亚大学法学院学习。1905年，与西奥多·罗斯福总统的侄女埃莉诺结婚。1907年，罗斯福从法学院毕业，进入律师事务所开始担任律师。

富兰克林·罗斯福史称“小罗斯福”，是美国第32任总统，美国历史上唯一连任超过两届(连任四届，病逝于第四届任期中)的总统，从经济危机的深渊中挽救了美国

1910年，罗斯福当选为纽约州参议员。1911年，罗斯福进入了州参议院。1913年，罗斯福被时任美国总统的伍德罗·威尔逊任命为海军助理部长。在担任助理部长期间，罗斯福一直致力于扩大美国海军规模，建立了美国海军陆战队，展示出了卓越的管理能力。他迅速学会了如何同国会和其他政府部门谈判以争取财政预算，还积极推动美国的潜艇建设。1920年，他辞去了海军助理部长一职。

1913年，任海军助理部长时的罗斯福。1913年，威尔逊总统任命罗斯福为海军助理部长，他在任7年，表现杰出，主张建设“强大而有作战能力的海军”

1920年，罗斯福在民主党全国大会上被推选为副总统候选人，在竞选失败后，回到了纽约法律界任职。1921年，罗斯福在加拿大度假时突发疾病，腰部以下自此永久性瘫痪。1928年，罗斯福重返政界，竞选州长成功，于1929年出任纽约州州长，并于1930年获得连任。

成为总统后

1932年，罗斯福作为民主党总统候选人参加了总统大选。由于当年的大选是在经济危机的背景下进行的，故此罗斯福提出了实行“新政”的纲领。最终，罗斯福在1933年以绝对优势击败了胡佛，成为第32届美国总统。

1933年，正值经济大萧条席卷整个美国的时候，罗斯福对内积极推行以救济、改革和复兴为主要内容的“新政”。为推行新政，罗斯福将一批具有自由主义思想的律师、专家与学者组成智囊团，征询方针政策问题。罗斯福还通过对国会进行指导，推动国会快速通过了多项法律以应对经济危机。同年，罗斯福承认了苏联并与之建立了外交关系。他还在泛美会议上签字承认了美洲各国互不干涉内政的原则。

1932年总统竞选是在严重金融危机的背景下进行的。首次参加竞选的罗斯福就通过发言人告诉人们：“一个州长不一定是一个杂技演员。我们选他并不是因为他能做前滚翻或后滚翻。他干的是脑力劳动，是想方设法为人民造福。”依靠这样的坚忍和乐观，罗斯福终于在1933年以绝对优势击败胡佛，成为美国总统。图为1933年即将离任的赫伯特·胡佛总统和罗斯福一同前往新总统就职典礼

1934年，罗斯福新政初见成效，恢复了美国公众对美国政治制度的信心，强化了联邦政府机构，美国的工农业生产逐渐得到恢复。新政的初见成效使得罗斯福在1936年的总统大选中成功连任。1937年，罗斯福推动政府对中国的抗日战争进行援助，并于同年10月发表了隔离演说，敦促国际社会对法西斯国家的侵略行为进行遏制。

知识链接：炉边谈话

美国经济大萧条时期，时任美国总统的富兰克林·罗斯福为了化解经济危机所带来的负面影响，重新找回美国人民的信心，利用广播谈话的形式通过收音机向民众进行宣传。从1933年到1944年共有30次谈话，谈话涉及就业、金融、选举、战争、立法、能源等问题。这些谈话大大促进了罗斯福新政的推行，不仅使美国经济走出了大萧条，也让美国真正进入了现代社会。这些谈话近乎“拉家常”式的沟通方式，给人以平和、亲切的感觉，看似随兴而谈，却又逻辑清晰，展现了罗斯福驾驭语言的高超能力，堪称语言艺术的典范。

1938年，罗斯福推动国会通过了《文森扩充海军法案》，拨巨款用于美国海军建设。同年，在罗斯福的倡议下，泛美会议通过了《利马宣言》，反映出了美洲国家反法西斯的决心，并对法西斯的侵略行径进行了谴责。而在1939年德国入侵波兰后，罗斯福却发表了中立声明，并实施中立法，将主要精力用于1940年的美国新一届大选上。

1934年6月28日，罗斯福第五次“炉边谈话”。罗斯福讲述了当晚的主题——救济·复兴·改革，简称“三R”

挽救体制 罗斯福新政

一个好的经济学家和坏的经济学家的区别在于，后者只看经济政策的局部效果和直接效果，而前者则计算它的整体和长远效果。今天当我们面临经济危机回顾罗斯福新政时，也许应该重温这句话。

1932 年，富兰克林·罗斯福在竞选总统动员会上

在美国乃至世界经济发展史上，爆发于1929—1933 年的经济危机和罗斯福总统实施的“新政”给人们留下了极其深刻的印象，以至于研究现代资本主义经济，不可回避地要研究这段历史。

“新政”发端

富兰克林·罗斯福于 1932 年 7 月在民主党全国代表大会上接受了总统候选人的提名。他在接受提名的演说中说：“我向你们保证，我对自己立下誓言，要为美国人民实行新政。”从此，“新政”就成为罗斯福施政纲领的标志。1932 年末，罗斯福以2280 万张选票对胡佛的 1575 万张票和在选举团里以472 票对 59 票的巨大优势，当选为美国第 32 任总统。

“新政”分为两个阶段，第一个阶段是从 1933 年 3 月至 1935 年初，其目标是力求消除大危机造成的灾难，复兴经济。罗斯福政府在这一时期采取了一系列国家干预经济和调节经济的措施，主要目标是应对大萧条所带来的严重后果，提出了一些致力于经济复兴的法案和计划。第二阶段是从1935—1939 年，这一阶段改革的主要方向是进行了一系列涉及政治、经济、社会方面的重大改革。总之，罗斯福新政的主要内容是紧紧围绕复兴、救济、改革这三个关键词展开的。

“新政”第一阶段及其主要内容

第一，整顿金融银行，改革货币制度。这是罗斯福政府为了摆脱经济危机采取的第一个措施。它的主要内容包括以下几条：一是清理银行。即由政府颁布《紧急银行法》，宣布“银行休假令”，全国银行一律放假，暂停兑付存放款业务。二是保障存款和发放巨额贷款。三是改革币制。主要是放弃金本位制，禁止黄金白银出口，禁止利用货币兑换黄金，实行国家垄断金银收购。同时，实行美元贬值和通货膨胀政策。1933 年 5 月，美国政府宣布美元贬值 50%。并大量印发纸币，发行国债券。这种政策既促进了货币流通又使工人实际工资收入下降。

第二，实行失业救济。1933年春，美国共计有1500万人失业，有16%以上的家庭靠领取社会救济金生活。为了解决失业救济问题，1933年5月，美国国会通过了联邦紧急救济法，建立了联邦紧急救济署。政府累计拨款5亿多美元作为救济资金。同年6月，美国兴办公共工程，如建立医院、学校、商店、邮政等机构，给失业者提供工作机会。因工程耗资庞大，1934年秋停止活动。失业救济工作改由联邦紧急救济署负责办理。

图为1935年沃恩鞋匠绘制的一幅卡通画。在他看来，罗斯福新政就是字母的纸牌游戏

知识链接：中立法

中立法是美国在第二次世界大战前后通过的几个避免卷入国际冲突和战争的法案。1935年8月，美国国会通过第一个中立法，该法规定禁止美国向一切交战国输出武器。1936年2月，国会对该法进行了修改，增加禁止贷款给交战国和武器禁运不适用于拉丁美洲等内容。1937年4月，国会通过第三个中立法，使武器禁运适用于发生内战的国家。1939年，国会通过了新中立法，取消武器禁运条款，改为“现款自运”，即在不直接参战的前提下尽可能援助反法西斯国家。1941年，中立法被租借法案彻底取代。

第三，调节工业。在经济危机期间，美国的工业生产处于严重的下降和萧条。为了复兴工业，1933年6月美国国会颁布了《产业复兴法》。从此，罗斯福政府开始实行国家对工业生产的控制与调节政策。其调节措施包括下列几个方面：一是制定《公平竞争法》，控制资本家的盲目生产导致的生产过剩现象。但制定《公平竞争法》却加速了卡特尔化过程，排挤了中小企业，扩大了垄断组织。二是兴办公共工程，主要是通过政府投资兴办公路、机场、医院、学校、商店等工程项目，从而扩大就业人数。这个时期，罗斯福政府共投资100多亿美元，所建工程年均吸收失业者计200多万人。三是法律规定给工人一些权利。如允许工人参加工会，自行推选工人代表，有权与工厂企业主签订集体合同等，从而缓和劳资矛盾和革命危机。

第四，调节农业生产。1933—1938年，美国政府在农村实行新农业政策，即按1933年《农业调整法》规定来调节和控制农业生产。它的措施包括下列几条：一是提高农产品价格。美国政府主要是采取控制农业生产，通过奖励及津贴手段，减少农产品的产量，从而提高农产品的价格。为了消灭农产品过剩现象，政府人为地销毁了大量谷物和

1935年8月14日，罗斯福在《社会安全法》上签字。《社会安全法》规定由受雇人及雇主共同缴付薪资税作为养老给付的财源，美国自此也开始有了国家退休金

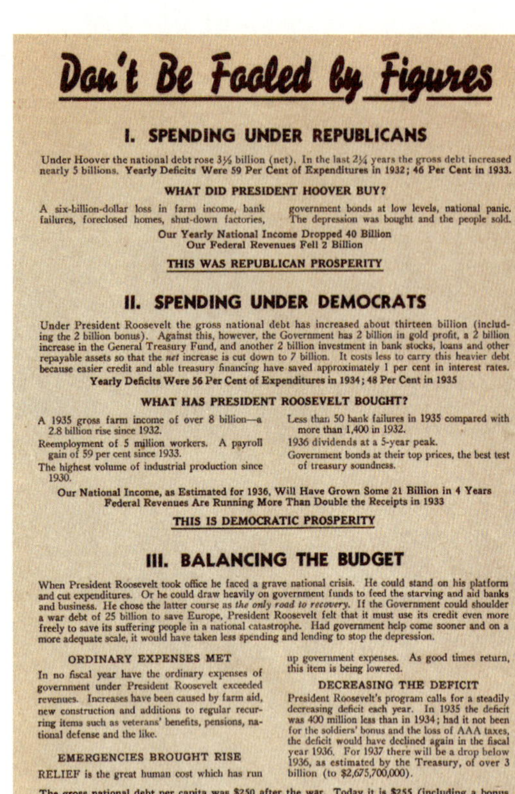

Don't Be Fooled by Figures

I. SPENDING UNDER REPUBLICANS

Under Hoover the national debt rose 3½ billion (net). In the last 2¼ years the gross debt increased nearly 5 billions. **Yearly Deficits Were 59 Per Cent of Expenditures in 1932; 46 Per Cent in 1933.**

WHAT DID PRESIDENT HOOVER BUY?

A six-billion-dollar loss in farm income, bank failures, foreclosed homes, shut-down factories, government bonds at low levels, national panic. The depression was bought and the people sold.

Our Yearly National Income Dropped 40 Billion
Our Federal Revenues Fell 2 Billion

THIS WAS REPUBLICAN PROSPERITY

II. SPENDING UNDER DEMOCRATS

Under President Roosevelt the gross national debt has increased about thirteen billion (including the 2 billion bonus). Against this, however, the Government has 2 billion in gold profit, a 2 billion increase in the General Treasury Fund, and another 2 billion investment in bank stocks, loans and other repayable assets so that the *net* increase is cut down to 7 billion. It costs less to carry this heavier debt because easier credit and able treasury financing have saved approximately 1 per cent in interest rates.

Yearly Deficits Were 56 Per Cent of Expenditures in 1934; 48 Per Cent in 1935

WHAT HAS PRESIDENT ROOSEVELT BOUGHT?

A 1935 gross farm income of over 8 billion—a 2.8 billion rise since 1932.

Reemployment of 5 million workers. A payroll gain of 59 per cent since 1933.

The highest volume of industrial production since 1930.

Less than 50 bank failures in 1935 compared with more than 1,400 in 1932.

1936 dividends at a 5-year peak.

Government bonds at their top prices, the best test of treasury soundness.

Our National Income, as Estimated for 1936, Will Have Grown Some 21 Billion in 4 Years
Federal Revenues Are Running More Than Double the Receipts in 1933

THIS IS DEMOCRATIC PROSPERITY

III. BALANCING THE BUDGET

When President Roosevelt took office he faced a grave national crisis. He could stand on his platform and cut expenditures. Or he could draw heavily on government funds to feed the starving and aid banks and business. He chose the latter course as *the only road to recovery*. If the Government could shoulder a war debt of 25 billion to save Europe, President Roosevelt felt that it must use its credit even more freely to save its suffering people in a national catastrophe. Had government help come sooner and on a more adequate scale, it would have taken less spending and lending to stop the depression.

ORDINARY EXPENSES MET

In no fiscal year have the ordinary expenses of government under President Roosevelt exceeded revenues. Increases have been caused by farm aid, new construction and additions to regular recurring items such as veterans' benefits, pensions, national defense and the like.

EMERGENCIES BROUGHT RISE

RELIEF is the great human cost which has run up government expenses. As good times return, this item is being lowered.

DECREASING THE DEFICIT

President Roosevelt's program calls for a steadily decreasing deficit each year. In 1935 the deficit was 400 million less than in 1934; had it not been for the soldiers' bonus and the loss of AAA taxes, the deficit would have declined again in the fiscal year 1936. For 1937 there will be a drop below 1936, as estimated by the Treasury, of over 3 billion (to $2,675,700,000).

The gross national debt per capita was $250 after the war. Today it is $255 (including a bonus charge of over $15 apiece). We reduced the debt then. We can do it again.

The First Step to Reduce NATIONAL Debt is to Lighten PERSONAL Debt

Follow PRESIDENT ROOSEVELT Forward

1936 年罗斯福的名为“不要被数字愚弄”的谋求连任的传单。1936 年，罗斯福在其第一个总统任期结束时说道：“此时此刻，工厂机器齐奏乐曲，市场一片繁荣，银行信用坚挺，车船满载客货往来奔驰。”因此，罗斯福在 1936 年再次当选总统，也就不足为怪了

猪、牛、羊等各种农畜产品。二是扩大农业贷款，减少农场破产。美国政府根据 1933 年 6 月国会通过的《农业信贷法》，成立农业信贷机构和农贷中心银行等机构，专为农场和农民合作社提供低利率贷款。但在推行《农业信贷法》过程中农民生活未获得明显改善，而且有 60 万个农场破产，约占全国农场总数的 10%。

美国政府在推行罗斯福“新政”纲领初期，一定程度上促进了工农业的恢复。截至 1935 年初，美国失业人口相比于 1933 年减少了 400 万。农民收入有了巨大提升，资本收入也较 1933 年增加了 6 倍，工业产量几乎翻了一番。但是，“新政”第一阶段将重点放在消除产能过剩上，采取的手段多为权宜之计，并没有使美国摆脱经济危机，更没有使美国经济获得复兴和高涨。

“新政”第二阶段及其主要内容

“新政”在第一阶段的推行并非一帆风顺，这要求罗斯福政府进行更加深入的改革。从 1935 年开始，罗斯福政府制定了一些新的法案，对美国经济产生了深远的影响，也标志着“新政”进入了一个新的历史阶段。

1935 年 8 月通过《社会保险法》，该法案包括建立养老金制度，建立失业保险制度，对残障人士及弱势群体提供救济。《社会保险法》改变了美国以往由民间团体自救或由慈善团体提供救助的传统，拉开了美国“福利主义”的序幕。

另一项重要举措是 1935 年在罗斯福的坚持下，国会通过了《全国劳工关系法》。该法重申了工人的权利，规定雇主不得干预和图谋控制劳工组织；雇主不得拒绝与工人进行集体谈判，并根据该法成立了劳工关系委员会。该法律对资本主义自由放任政策作出了调整，开创了国家干预经济的先例，有

工程进度管理局（WPA）雇佣了 200 万—300 万左右的无需专门技能训练的工人

1934 年美国政府将单纯赈济改为“以工代赈”，明确规定对有工作能力的失业者不发放救济金，而是帮助其通过参加不同的劳动获得工资。此举为广大非熟练失业工人创造了就业机会。到二战前夕，政府投资的各种工程总计雇佣人数达 2300 万，占全国劳动力人口总数的 1/2 以上。可以说，“新政”通过上述举措，为提高低收入群体收入、缩小社会分配差距、促进需求方面发挥了重要作用。图为公共工程管理项目：邦纳维尔水坝

利于美国经济的复兴。

1938 年 6 月 14 日，美国国会通过《公平劳动标准法》。其主要内容是“每周 40 小时工时，生效之日起 7 年后，每小时工资不得少于 40 美分”。该法案规定了工人的最低最高工资的标准，目的在于消除对维持工人健康、效率和福利所必需的最低生活水平有害的劳动条件。

第二阶段的新政取得了巨大的成绩。以工代赈、公共工程的规模得到进一步扩大。联邦政府每年为霍普金斯领导的“工程管理署”提供 14.7 亿美元的经费。霍普金斯还组织专家收集资料，提出了 150 多个项目。在项目实施期间解决了近 900 万人的就业。美国经济由此得到了一定程度上的恢复。但是以工代赈并没有从根本上解决美国的失业问题。到第二次世界大战爆发时，美国失业人口仍高达 900 万之多。

“新政”的影响

罗斯福新政是在美国为难之时应运而出，是对于经济危机作出的最快速及时的政策调整。罗斯福新政虽然没有从根本上解决经济危机，但是它将美国带离了经济危机的大旋涡。

首先，它使得美国经济避免了彻底的大崩盘，没有让整个国家宣布破产。其次，在民众对于美国政府感到失望，对美国自由民主制度失去信心的时候，犹如一剂强心剂一样打在美国人民的心坎，使得他们重新恢复了对国家制度的信任，巩固了资本主义制度，从而避免了美国走上法西斯主义的道路。美国没有爆发战争，这也要归功于新政，是罗斯福新政的施行使得美国在那一时期相对平稳。罗斯福新政还开创了国家干预经济的新模式，美国进入国家垄断资本主义时期，新政的作用不仅仅在美国国内，还影响了其他一部分资本主义国家，为同处于艰难时期的资本主义国家提供了很多经验。

宣传社会保障福利的海报

I NEED A
JOB

英国褪色的辉煌

英国在第一次世界大战中付出了沉重代价：战争中伤亡了近200万人口，伦敦在战后丧失了世界唯一金融中心的地位。英国海军在战争中被大大削弱，丧失了海上霸主的地位。英国外贸出口占世界比例也在下降。1926年，经济困顿中的英国出现了工人总罢工。随着英国经济的衰落，长期占统治地位的自由放任思想逐渐失去了存在的基础，自由党在一战后衰落，工党开始登上政治舞台，取代自由党与保守党轮流执政。

1919年新芬党宣布爱尔兰独立，组建了爱尔兰共和军同英国政府对抗。1921年，在与英国政府谈判后决定爱尔兰分治，南方26个郡成立自治领，成为爱尔兰自由邦；北方六郡继续留在英国，称“北爱尔兰”。1937年，爱尔兰自由邦宣布成立共和国。同年10月，英国召开了帝国会议，承认了自治领的地位。1931年12月，英国议会通过了《威斯敏斯特法》，正式批准了1926年帝国会议的决议。

1936年，英国出现了王位危机，英国国王爱德华八世为了美国女人辛普森而放弃王位，成了温莎公爵。爱德华八世的弟弟加冕称王，史称“乔治六世”。30年代的经济危机使得凯恩斯主义在英国开始受到重视，同时也令英国陷入对安全问题的担忧之中，时任首相的张伯伦同法国一道对德国实行绥靖政策，放任法西斯势力的扩大，在随后爆发的二战中也吞下了苦果。

辉煌的退却

自由党的衰落

到了国家垄断资本主义阶段后，自由主义已显得不合时宜了。而自由党的思想基础就是自由主义，如果放弃自由主义或是对自由主义进行修正，就等于是自己否定自己。

自由党悲剧的根本原因就在于它失去了存在的社会基础。保守党接过自由主义的旗帜而成为有产者的旗手，工党则把工人群众团结在它周围，自由党夹在保守党和工党之间，无法找到立足的基础。

劳合·乔治。1915年5月，英国成立第一次联合政府。联合政府为了解决一战的弹药问题，成立了军需部，任命劳合·乔治负责。劳合·乔治提出不准以私人利益阻挠国家公务或危害国家的安全，职工会章程暂停实施；雇主利润加以限制，熟练工人必须在工厂，有关私营厂交由国家管理以及增建新的国营厂等措施。这保证了军火生产大幅度增长

20世纪的自由党

1916年劳合·乔治接过自由党的领导权，他还成立了“战争指导委员会”。

在这个机构中，保守党有3人，工党有1人，自由党只有劳合·乔治自己，劳合·乔治的做法对自由党造成了重大的伤害。1918年5月，自由党正式分裂，以阿斯奎斯为首的98名自由党议员反对政府，同时也对劳合·乔治与保守党合作的政策表示反对。战争刚刚结束，英国就举行了大选，自由党在大选中遭遇惨败。这次大选是自由党衰落的一个转折点，自此后自由党没能东山再起，逐渐沦为了一个小党派。

20世纪自由党走向没落的原因

第一次世界大战爆发不久后，执政的自由党被迫组成联合政府。1916年自由党在英国如何参战的问题上发生大分裂，分裂为阿斯奎斯派和劳合·乔治派，两派之间的斗争使得自由党受到了致命的打击。在1918年12月的选举中，两派各自为战。在一战中赢得一定声誉的劳合·乔治勉强联合另一派与保守党结成竞选联盟，艰难地赢得了选举的胜利，在保守党的支持下继续组阁执政，但在此次议会的707个议席中，自由党仅占136席。选举结果表明，衰落的自由党已经不能在英国的政治舞台上发挥多大作用了。

自由党走向没落的根本原因在于它奉行多年的自由主义政策已经过时。1917年，由保守党人领导的工商政策委员会在报告中指出：大战后英国

1910 年讽刺阿斯奎斯的漫画:《名利场》。阿斯奎斯是英国政治家，曾任内政大臣及财政大臣，自由党领袖。1908—1916 年出任英国首相。他是限制上院权力的 1911 年议会改革法案的主要促成者，第一次世界大战头两年的英国领导人，大战爆发后两年由劳合·乔治接任首相

知识链接：劳合·乔治

劳合·乔治（Lloyd George，1863—1945 年），英国首相，1918 年议会通过《选举改革法》，扩大选民范围，颁布国民教育改革法，实行 14 岁以下儿童的义务教育。1919 年，他出席并操纵巴黎和会，是巴黎和会“三巨头”之一，签署了《凡尔赛条约》。1921 年给爱尔兰以自治领的地位。

政府应该实行帝国特惠政策。此建议在当年召开的帝国会议中顺利通过。1918 年 12 月，劳合·乔治发表的竞选纲领中也涵盖了帝国关税特惠政策和保护工业政策。次年，财政大臣奥斯汀·张伯伦在年度预算中声明，帝国特惠原则已经纳入英国财政制度。1921 年又制定《工业保护法》，对外国输入的主要工业品加收 33.3% 的从价税，并授权贸易部采取强硬手段抵制他国产品倾销。终于，英国自由主义的贸易大厦倒塌，自由党失去了赖以生存的条件。

不可否认的是，第一次世界大战前，自由党在社会改革方面颇有建树。其中一些社会改革客观上维护了劳动者的利益。一战前的一些改革违背了“私有财产神圣不可侵犯”的原则，使得这部分人放弃了对自由党的支持。况且，尽管自由党最先为英国福利国家的建立铺设了基石，可它的政策同工党全面实施福利国家计划相比，仍旧逊色不少。自由党缺少麦克唐纳和韦伯那样的理论家，不能描绘出更精彩的社会蓝图。故此，它只有让位于打着实现社会主义口号的工党了。

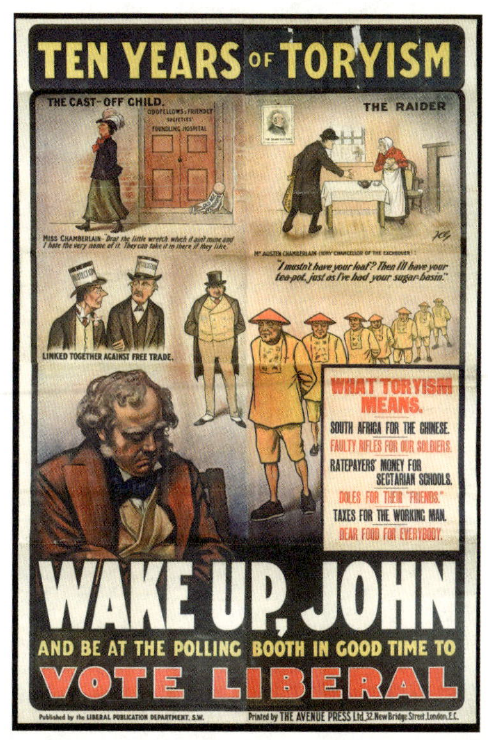

1905 年，自由党重新执政。阿斯奎斯自由党内阁促成议会通过 1911 年议会法，取消上院否决权，放弃传统的光荣孤立政策，积极备战，把英国推入第一次世界大战。图为 1905 年自由党的海报

英伦三岛的“社会主义者”工党

我的当选足以改变我们在议会内的位次。我们又多了一道必须倾听的声音。

——拉姆塞·麦克唐纳

奥斯纳堡街 17 号的蓝色徽章，费边社于 1884 年在此建立。费边社是 20 世纪初英国的一个工人社会主义派别，其传统重在务实的社会建设，倡导建立互助互爱的社会服务。费边社在社会实践中，贯穿了期望通过社会各阶层的平等，由实践平等和自由的理念达至社会合作和互爱的人际关系

英国工党纲领主张生产资料、分配手段和交换手段的公有制，实行计划管理，以达到公平分配。工党的口号是埋葬私有制，建立社会主义。工党的理论家和宣传家高举社会主义旗帜，成功地登上了 20 世纪英国的政治舞台，取代自由党成为英国两党制的组成部分。

工党的缘起

1888 年 8 月，苏格兰社会主义者哈迪等人在格拉斯哥建立苏格兰工党。1893 年 1 月，苏格兰工党和布雷福德劳动联合会在布雷福德召开大会，合并成立了“独立工党”。但是，独立工党仍然不是全国性工人政党，自开始就存在着思想混乱和宗派主义等问题，难以在议会选举中扩大影响。

19 世纪 90 年代以来，资本家为对付罢工斗争，实行雇主联合一同歇业。1893 年，一些厂矿工头组建各类团体，对罢工者构成极大威胁。1897—1898 年，机器制造商全国联合会实行全国性闭厂歇业。不久，雇主议员们又成立了议会党团，鼓动反工会立法。此外，雇主们还向法庭控告工会，要求赔偿他们的经济损失。现实使工会领袖们认识到：必须建立一个具有广泛群众基础的统一政党。

工党成立

1900 年 2 月 27 日，劳工代表委员会在伦敦成立由隶属于职工大会的工会组织和费边社、独立工党以及社会民主联盟组成，1906 年改称工党。初期的工会组织与费边社、独立工党和社会民主同盟之间的联盟，只有集体党员，没有个人党员，也没有明确的纲领，其宗旨是在议会里实现独立的劳工代表权。之后，费边社和独立工党的社会改良主义在党内影响不断增加。第一次世界大战爆发后，工党支持政府的战争政策，并且加入了自由党的联合内阁。工党于 1918 年通过名为《工党与新社会制度》的纲领和新党章，将生产、分配、交换的社会化列为自己的目标，并开始吸收个人党员。

工党的崛起

大战的硝烟刚刚散去，英国工党就迅速来了一个“三级跳”：1918 年成为议会第三大党；1922 年末首次占据“国王陛下的反对党”的座席；1924 年 1 月上台执政。

知识链接：麦克唐纳

詹姆士·拉姆齐·麦克唐纳（James Ramsay Macdonald，1866—1937 年），英国著名政治家，工党领袖，1924 年 1 月至 11 月出任英国首相及外交大臣，工党崛起于其首次出任首相之时。1929 年 6 月至 1935 年 6 月第二度出任首相。1931 年 8 月与保守党和自由党合作组建国民政府，且另组国民工党，与工党决裂。

工党崛起的原因之一，是从它诞生之日起，就是一个把“议会道路”作为基本目标的群众性政党，当时英国工人运动的发展态势为实现其目标创造了有利条件。

英国工党问世之际，正是德国伯恩施坦鼓吹“和平进入社会主义”之时。在“议会道路”思潮影响下，工党在其成立大会上强调了“进入议会的计划”，把上台执政当作政治目标。从 1900 年到第一次世界大战期间，是工党政治思想的准备阶段。在此期间，工党的理论逐渐系统化。它继承了旧工会的工联主义，在同自由党的合作中接受了费边社会主义，受当时国际思潮的影响发展了它的议会道路思想，形成了民主社会主义思想体系。

麦克唐纳是工党的重要理论家。其代表作《社会主义和社会》出版于 1905 年，影响颇广。他在书中运用进化论观点，说明社会是个有组织的统一体，个人作为社会的组成部分，去寻找适当的生存条件；随着民主化的增强，阶级矛盾将得到缓解，劳资之间、生产者和消费者之间的冲突就会终止。麦克唐纳断言英国由于多年来合作社、互助会和工会组织的发展，阶级界限已相当模糊；所谓资本主义国家两大对立阶级的说法“不但不符合英国的社会事实，还会使工会误入歧途”。费边社的主要思想家韦伯夫妇和萧伯纳等人，也向工党群众灌输福利国家思想，使费边社会主义在工党理论体系中占统治地位。

1918 年 2 月，工党特别通过了麦克唐纳和韦伯起草的党纲，明确指出：党的目标“是在生产公有制和对每一个行业所能做到的最佳民众管理与监督的基础上，

这是罗伯特·克勒在 1886 年绘制的作品——《1886 年沙勒罗瓦地区的罢工》，在这幅画中，激愤的工人在罢工中直面工厂主

费边社重要成员锡德尼·韦伯和比阿特丽斯·韦伯夫妇二人在一起工作

确保手工与脑力生产者获得其辛勤劳动的全部成果和可行的最公平的分配"，这对下层民众很有吸引力。同年6月，工党根据新党纲召开第一次会议，通过了韦伯起草的政策声明《工党与社会新秩序》，提出了"国民最低生活标准""工业民主管理""国家财政情况改革"和"将剩余财富用于公共事业"的四项基本原则，补充了2月工党党纲在改造方面的不足。后人把"二月党纲"和《工党与社会新秩序》看作一个整体，统称为"1918年工党党纲"。它成为以后几十年中工党政策的基础。

"1918年工党党纲"还在组织方面规定：所有承认党纲党章的组织和个人都可以参加工党。这就把一些中产阶级吸收进党内，促进了工党基层组织的建立和工会党员的增加。之后5年内，工党基层组织增加到近3000个，数百个选区都建立了工党分支机构。1920年，工会党员增加到432万人，占全国工会会员的2/3。

英国工党迅速崛起及上台执政的另一原因是它在第一次世界大战中曾与保守党和自由党通力合作，进行战争。这不仅使之赢得了民众的信赖，还为它以后执政提供了一些管理经验。

十月革命后，英国工人向往社会主义的情感更加强烈，他们多次进行罢工和示威游行，要求政府停止武装干涉苏俄，进行社会改革。这种形势下，工党上层人物一面反对干涉俄国，一面著书立说，攻击暴力革命和无产阶级专政。1919—1921年，麦克唐纳发表《议会和革命》《议会和民主》，谴责布尔什维克的"过火行为"，断言以暴力建立的俄国社会主义政权必将夭折，而英国工党凭借议会选举胜利就可获得列宁所得到的全部权力。他还发表了《批评的和建设的社会主义》，阐述靠"公民投票权利"取得政权和渐进式社会主义和平改造计划，把工党活动引向本国宪政所允许的范围之内。1922年末，麦克唐纳重任工党党魁后，又及时提出英国第一个社会主义改造方案，要求下院授予合法权力，逐步改善资本主义，建立一个立足于生产和分配公有的、民主管理的工业社会主义制度。麦克唐纳等人的理论宣传和社会改造计划丰富了工党的"1918年工党党纲"，扩大了工党在英国选民尤其是在工人群众中的影响，在政治上树立起大党形象，使之在以后的大选中逐步获胜。

悲伤的英国人被迫举着"我需要工作"的牌子

1918年大选时，工党派出388名候选人，虽然只获得56个议席，却得到了全国22.2%的选票。1922年11月的大选中，工党共派出

麦克唐纳1900年参与创建工党，1911年出任国会工党主席，一战爆发后辞去主席职务。1922年重返下院，当选为工党党首。1924年带领工党组阁，成为英国历史上首位工党籍首相。1929—1935年再度任首相，另组国民工党

414名候选人参加角逐，结果得到全国29.5%的选票和141个席位。以后一年里，以鲍尔温为首的保守党实行保护关税政策，引起党内分歧。为重新得到议会支持，他于1923年底解散议会，举行大选。在新议会中，保守党占258席，工党占191席，自由党仅获159席。保守党虽为下院第一大党，但其席位不足半数，无法控制议会投票机器。自由党在阿斯奎斯的领导下团结起来，决议支持工党执政。1924年1月22日，麦克唐纳成为第一任工党首相。

广角

工运的组织——工会与工党

从1922年工党成为议会中的反对党到1931年工党组建国民政府，是麦克唐纳领导工党的时期。在这9年的时间里，工党经历两次沉浮。既积累了初步的执政经验，也于20世纪30年代初期遭受了严重的打击，进入自成立以来最为严重的危急时刻。随着工党由一个保护劳工的小党转变为一个执政党，还有了一个强势的领导人，这一时期工党与工会的关系继续体现出工会对工党具有重大影响，双方在各种事务中相互支持的同时，也出现一些显著的变化。一是工会与工党的关系变得被动，二是双方追求目标的差异首次公开化和尖锐化，最终导致工党领袖与麦克唐纳的分道扬镳以及工党的分裂。

麦克唐纳在工党内部属于中间派别，他反对激进革命，主张循序渐进的发展。在工党执政时期，工会一方面继续在财政和政策方面支持工党发展；另一方面，在同工党联系的时候对工党的重视程度有所降低。职工大会担心自己在工人中的影响被工党所取代，拉大了与工党的距离，对工党采取了若即若离的态度。一些大工会的领袖很少竞选议员，很少有在工党全国执委会中任职的。工会合法地位的稳固和党内关注问题的解决使工会对工党的关注度和需求度降低。

虽然工党和工会在这一时期的联系暂时减弱，工会在很多情况下独自决定罢工行动，其行为并没有同工党协商，甚至同工党领导人的意见不合，但是工党要依靠工会在劳工中的影响来获得选民的支持。故此，工党在劳资冲突中总体上会支持工会。例如，麦克唐纳尽管对1926年英国的总罢工持反对态度，但仍旧协助工会维护劳工利益，对政府施压。但是工党又必须努力消除有产阶级对其的恐惧感，对工会及其领导的罢工等激进的活动进行防范和限制。受20世纪30年代资本主义经济大危机的影响，麦克唐纳同工党内其他领导人和工会都产生了严重的分歧，最终导致了工党的分裂和政府的倒台，这使得工党与工会的关系进入了一个新阶段。

抗议 英国工人总罢工

工资一个便士不能少，工时一秒钟不能多。

1930 年，大量失业工人聚集在伦敦济贫院门口

英国雇主通过影响保守党政府，通过降低工人工资来稳定国家经济的手段，无疑是不合理的，工人以罢工的形式作为手段与资方博弈，这是工人维护自身利益的激烈手段。1926 年的英国总罢工为政府如何更好地解决劳资矛盾，更好地维护双方利益提供了生动的案例。

总罢工的根源：经济困境

一战后，英国国债急剧攀升，海外投资丢失了 10%。海外出口的市场被美国和日本所占。机器出口量急剧减少，甚至在经济繁荣期也不及战前出口量的一半。煤出口因石油和水力发电的广泛使用而急剧减少；1928 年仅恢复到战前的 2/3。生铁产量由 1913 年的 1030 万吨下降到 1924 年的 740 万吨、1925 年的 630 万吨。

总体来看，英国的经济结构本身就不合理。英国的企业家忽视对技术的改造和设备的更新，对一些新兴工业重视不够。一战后，英国对老企业的技术改造和结构调整做得也很不到位，新兴企业的发展成果很大程度上被衰败的老企业所抵消，金本位下的汇率和高工资等因素也增加了英国出口的难度。

经济萧条使失业率上升、贫富差距加大，劳资冲突和工人罢工屡屡出现。1919 年，大约 260 万工人直接卷入劳资纠纷，造成了 3400 万个工作日的损失。1924 年夏季以来，失业人数再次增加。失业率从 10.3% 上升到 1925 年的 11.3%。最突出的是煤矿业，失业率由 1924 年的 5.7% 上升到 1925 年的 15.8%，而且该行业工人数量众多，政府补贴又即将停止，劳资双方最难相互让步，也最容易成为劳工同雇主、政府冲突的行业。随着工会的发展和工人组织水平的提高，使政府在处理罢工问题的时候更加感到棘手。

工会联盟总理事会特别委员会在 1925 年召开会议，致力于解决煤矿业的劳资纠纷，该纠纷导致了 1926 年总罢工的爆发。图为该委员会成员在唐宁街的合影

THE GENERAL STRIKE

The Subsidised Mineowner - Poor Beggar!

- It was led to by a slump in the mining industry in 1925.
- The strike started on 4 May 1926, and many people stopped work in support of the men who worked in mines.
- The strike had a great effect on the miners' condition.

受到资助的矿主——可怜的乞丐！摘自《工会联合杂志》(1925)。矿主得到大量的补贴，而矿工仍旧贫困。这一状况导致了1925年煤矿工业的大萧条。总罢工始于1926年5月4日，对改善矿工的工作条件产生了重要的影响

总罢工的过程

1925 年，煤炭资本家大幅度降低工资，取消工资最低限额。这个措施遭到英国工人阶层的强烈反对。保守党政府对此做出让步，于当年 7 月 31 日宣布向矿主提供 9 个月的补助金，用于维持工人工资的足额按时发放。这是英国工人斗争所取得的一个重大胜利，这一天被工人称为“红色星期五”。

此后资本家报刊上发表对罢工不利的舆论，指责矿工要求过分，要求政府制定应对罢工的详细计划。1926 年 3 月，政府组建的皇家煤业情况调查委员会发布报告，建议推迟矿工提出的煤业改组，降低矿工的工资和延长劳动时间，矿工对此表示坚决拒绝。4 月 30 日，矿主决定宣布如果矿工不接受他们的要求，就要从5月1日起实行同盟总歇业，而各工会委员会代表会议也通过决议，决定自 5 月 1 日起开始总罢工。

5 月 3 日，一些矿主借口经济恶化，宣布开除 100 万名矿工。5 月 4 日，铁路、矿业、公路运输等要害行业的 300 万工人开始总罢工。全国经济一片混乱，有些地方的罢工委员会和行政委员会控制交通和食品供应。英国共产党还提出将矿井收归国有，建立工人对煤矿的监督等要求。总罢工的政治色彩越来越浓厚。5 月 11 日，最高法院大法官宣布总罢工为非法。政府开始出面调停，但劳资双方均不让步。保守党政府宣布全国进入紧急状态，征募“自愿人员”维持一些基本企业。如征召司机驾驶公共汽车、卡车、火车，募集志愿者到码头卸货、担任特别警察，支持警察和罢工者进行足球比赛，缓和紧张气氛。政府拒绝在工人复工前与工会有任何接触，又以改组煤矿业为条件要求工会代表大会同意复工。5 月 12 日，在政府和资方的压力下，工会代表大会总理事会宣布停止总罢工。接着，各个工会的右翼领袖纷纷与企业主签订不利于劳工的协定，总罢工至此失败。

知识链接：工贼宪章

英国保守党政府在 20 年代颁布的一项法令。1926 年英国工人大罢工失败后，保守党政府继续向工人进攻。于 1927 年 7 月通过《关于工业争议和职工会法》，规定：禁止举行总罢工、公务员罢工和组织罢工纠察队等。工人把该法叫作“工贼宪章”。

1926 年英国总罢工期间，英国帝国航空公司（Imperial Airways）在日常伦敦往返巴黎的航空服务中增派载客量为 8 人的德 · 哈维兰（De Havilland）D.H.34s 飞机，以缓解由于渡轮服务取消而使横渡英吉利海峡航空交通大大增加的压力

为自由而战 爱尔兰独立战争

在我看来，条约给了我们自由，不是全国人民所渴望和追求的最终的自由，而是实现它的自由。

——迈克尔·柯林斯

英国在爱尔兰长达数百年的统治并没有让爱尔兰人对英国产生认同，因为英国人仅仅是把爱尔兰视为殖民地，视为原材料和劳动力产地，没有赋予爱尔兰人以联合王国的公民权。故此，爱尔兰的民族意识越来越强烈，独立则成为爱尔兰民族的最高要求。

复活节起义

一战时期，英国忙于战争，对爱尔兰的控制弱化了很多，雷蒙德领导的爱尔兰议会党为爱尔兰赢得了自治。此时，爱尔兰共和兄弟会已经成立了军事委员会，逐渐接管了爱尔兰志愿军的领导权。随着英国和爱尔兰之间矛盾的逐步激化，起义不可避免地爆发了。

爱尔兰岛原为爱尔兰独立国家，后为英国吞并，成为大不列颠王国的一部分。20世纪20年代后，爱尔兰南部26郡建立了自治领，后成为独立的爱尔兰共和国，北部6郡仍作为英国的一部分而存在

1916年复活节后的第一个星期，爱尔兰共和兄弟会联合都柏林1000多民众攻占都柏林地区，宣布成立爱尔兰共和国，脱离英国的统治。英国对此反应迅速，切断了起义军的武器补给，并调集军队去往爱尔兰，包围了起义军总部。

参战双方兵力悬殊，起义军只有4000多人，其中有1500多人是都柏林的市民。英国方面有2万多军队和警察。经过激战，爱尔兰伤亡近2000人，英军伤亡近500人。在英军强大的攻势之下，起义军于1916年4月29日向英军投降。

复活节起义是爱尔兰自1798年以来最大的一次为争取民族独立而进行的起义，虽然由于寡不敌众，没能获得成功，但是这次起义成为爱尔兰在争取民族解放事业道路上的一个转折点，是爱尔兰独立战争的重要组成部分。

图为沃尔特·佩奇特在炮火中绘制的《爱尔兰共和国的诞生》

爱尔兰独立战争

英国警方对丹尼尔·布林的悬赏海报，他是1919年在索罗海德贝格伏击英军的爱尔兰人之一

1918年，爱尔兰举行了大选，单方面宣布成立独立的爱尔兰国会，国会宣布爱尔兰独立。1919年1月21日，爱尔兰共和军杀死了两名皇家爱尔兰保安团成员，这成为独立战争爆发的导火索。爱尔兰国会在战争打响后，在都柏林发表独立宣言，要求英国承认爱尔兰独立，并且号召世界各国承认爱尔兰独立。

爱尔兰共和军的志愿者对在爱尔兰的英国政府官员展开暗杀活动，还对英国的军事据点进行偷袭。爱尔兰民众对英国采取了不合作态度，拒绝为英国军方提供任何服务。

知识链接：爱尔兰共和军

爱尔兰共和军成立于1919年，是新芬党领导下的军事组织，其成立的目的是为爱尔兰独立统一而战。因其主要从事暴力活动，故此被许多国家视为恐怖组织。爱尔兰共和国独立后，该组织仍在北爱尔兰境内从事暴力活动，直至近年来才解除武装。

知识链接：爱尔兰内战

爱尔兰内战指的是1922年6月—1923年5月间，爱尔兰内部签署《英爱条约》的支持者和反对者之间的战斗。反对者对爱尔兰自由邦仍和英国保持关系，并且北爱尔兰6郡被排除在自由邦之外表示强烈不满。战争中，交战双方死伤共计4000多人，伤亡远远超出独立战争。

1920年，面对爱尔兰不断升级的暴力活动，英国开始向爱尔兰增兵。英军和爱尔兰共和军爆发了流血冲突，双方相互进行袭击和报复，造成了大量的平民伤亡。1921年1月，英国军方宣布对爱尔兰共和军进行“正式报复”。同年3月，爱尔兰国会对英国宣战。

1920年12月，英国通过了《爱尔兰政府法案》，尝试在爱尔兰建立南北两个议会，爱尔兰政府表示反对。共和军和英军的冲突主要在爱尔兰西部和南部展开，而东北部，尤其是贝尔法斯特，则是天主教徒和新教徒之间的冲突。

1921年7月，英国和爱尔兰共和军签订了停火协议，南方的军事冲突大体结束，北方的战斗一直持续到1922年夏天。最终，经过和谈，爱尔兰国会于1921年批准了《英爱条约》。英国和爱尔兰商议后决定，爱尔兰由北爱尔兰（东北部6个郡）和爱尔兰自由邦（南部26个郡）组成，双方是两个独立的政府，双方进行划界。根据条约，爱尔兰南部实现了有限的自治，基本上结束了英国700多年的殖民统治，而爱尔兰北部仍旧作为英国的管辖地区。

图为都柏林的海关大楼。该海关大楼在1921年被爱尔兰共和军焚毁，后由爱尔兰自由邦重建

日不落帝国的削弱《威斯敏斯特法》

各自由结合的英联邦成员地位平等，在内政和外交方面互不隶属，唯依靠对英王的共同效忠精神统一在一起。

——《威斯敏斯特法》

一战后，随着英国在战争中耗尽了国力，使得英国对自治领的控制日趋减弱，自治领的离心倾向日趋严重，英爱战争更是沉重打击了英国的殖民体系。为了维持日不落帝国的殖民体系，英国采取了更为务实的做法。

《巴尔福宣言》

《威斯敏斯特法》颁布之前，英国的殖民地大致可分为三类：直辖殖民地、保护国、自治领。第一次世界大战后，英国的国力被严重削弱，各个自治领同英国的离心力加强，双方之间的关系已经不适合现实的需要了。1925年6月，鲍德温政府修改了自治领和英国之间的联系方法，联系由原来的殖民地部转为专设的自治领部。1926年10月19日—11月18日，伦敦帝国议会通过了一系列决议，被称为《巴尔福宣言》。该宣言宣称：英国和各自治领都是英帝国内的自治共同体，地位平等，在他们的内政和外交事务各方面互不从属，共同效忠英王，在英联邦中是自愿联合的成员。

Foreign Office.
November 2nd, 1917.

Dear Lord Rothschild,

I have much pleasure in conveying to you, on behalf of His Majesty's Government, the following declaration of sympathy with Jewish Zionist aspirations which has been submitted to, and approved by, the Cabinet

"His Majesty's Government view with favour the establishment in Palestine of a national home for the Jewish people, and will use their best endeavours to facilitate the achievement of this object, it being clearly understood that nothing shall be done which may prejudice the civil and religious rights of existing non-Jewish communities in Palestine, or the rights and political status enjoyed by Jews in any other country"

I should be grateful if you would bring this declaration to the knowledge of the Zionist Federation

《巴尔福宣言》原件保存在不列颠图书馆中

《巴尔福宣言》在1931年12月11日获得议会通过，成为著名的《威斯敏斯特法》，正式确立了未来英国和各自治领的关系，英国的自治领——加拿大自治领、澳大利亚联邦、新西兰自治领、纽芬兰、南非联盟和爱尔兰自由邦均为英联邦内自由和平等的国家，他们与联合王国一起组成英联邦，共同拥戴英王为国家元首。各自治领的议会与帝国会议是平等的，英国议会的任何一项法律，未经自治领承认对自治领没有任何法律效力。自治领议会可以修改和废除帝国会议通过的任何法案，自治领颁布的任何法令无需经英国议会批准；各自治领在内政和外交方面独立自主。《威斯敏斯特法》规定英联邦是一个自由平等国家的松散联合，肯定了各自治领的独立地位与宗主国的平等立法权，成为现代英联邦的法律基础，被称为"英联邦的大宪章"。

《威斯敏斯特法》节选

1. 本法中的"自治领"一词，是指任何一个下列的自治领：加拿大自治领、澳大利亚联邦、新西兰自治领、南非联盟、爱尔兰自由邦和纽芬兰。

4. 在本法开始之后，联合王国所通过的任何法

英国议会大厦又称威斯敏斯特宫，是英国议会上议院和下议院的所在地。威斯敏斯特宫是哥特复兴式建筑的代表作之一，1987 年被列为世界文化遗产

知识链接：自治领

自治领是英国殖民体系下的一种特殊的体制，是殖民地走向最终独立的前一步政治形态。自治领除了内政自治外，还可以有自己的贸易政策，有限的外交政策自主，有自己的军队。自治领的宪法由英国制定，自身无权修改自己的宪法。《威斯敏斯特法》通过后，自治领有了更多的自主权，很多自治领最终走向了独立。

律都不得延伸至或视为延伸至某一自治领作为该自治领法律的一部分，除非在该法中明确地声明该自治领要求并同意制定该法。

9.（1）本法中的任何内容都不得被视为授权澳大利亚联邦议会制定属于澳大利亚各州权力范围内各事项的法律，属于澳大利亚联邦议会或政府权限之内的事项则不在此限。

（2）本法中的任何内容都不应被视为要求澳大利亚议会或政府同意由联合王国的议会制定任何涉及属于澳大利亚联邦各州的权力范围内的事项的法律，当然属于澳大利亚议会或政府权限之内各事项不在此例，即在任何情况下，只要与本法开始实施之前所存在的宪法性惯例相一致，联合王国议会即应制定该方面的法律，而无须其他同意。

12. 本法可以称为 1931 年威斯敏斯特法。

知识链接：英联邦

一战后，英国实力削弱，各殖民地的离心倾向增强，1931 年后，英联邦取代了英帝国的称号。英联邦是一个松散的国际组织，由 53 个主权国家、属地组成，成员大多为前英国殖民地或保护国，名义上共同拥戴英王为国家元首。英联邦不设权力机构，英国和各成员国互派高级专员，代表大使级外交关系。

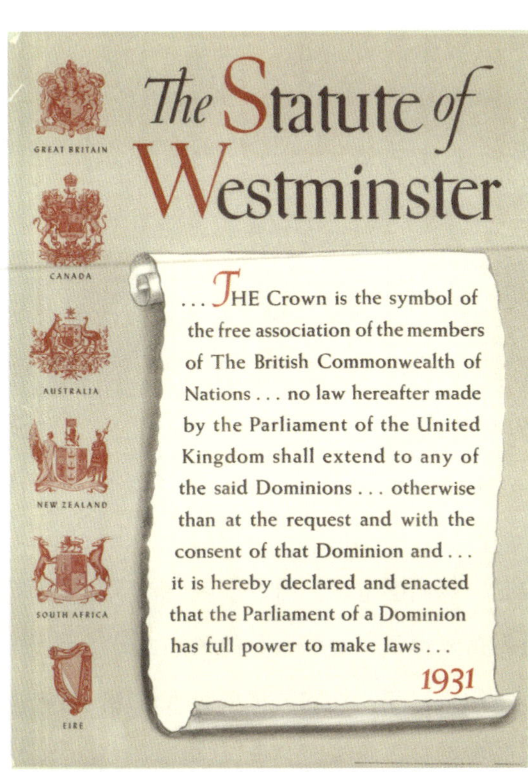

《威斯敏斯特法》是英国议会 1931 年 12 月 11 日根据 1926 年和 1930 年两次帝国会议的决议制定的关于处理英联邦内部关系的重要法律。它赋予加拿大自治领、澳大利亚联邦、新西兰自治领、南非联盟、爱尔兰自由邦和纽芬兰以完全的立法权

《就业、利息和货币通论》凯恩斯主义

凯恩斯在致命危机威胁资本主义世界时挽救和巩固了这个社会，凯恩斯主义与哥白尼在天文学上、达尔文在生物学上、爱因斯坦在物理学上是一样的革命。

——西方学者评论

凯恩斯就读的剑桥大学国王学院。国王学院是剑桥大学内最有名的学院之一，成立于1441年，由当时的英国国王亨利六世创建，因而得名“国王”学院。最初创立时是专门为亨利六世所创的伊顿公学的毕业生而建立的

第一次世界大战是英国国运的转折点。由于大战中政府开支剧增，英国被迫中止实行了多年的金本位制。在摆脱金锁链之后，迅速出现通货膨胀。大战之后，英国开始从殖民帝国、世界工厂的峰顶一步步衰退下来。20世纪20年代英国恢复金本位制的后果使凯恩斯更清楚地看到了通货紧缩与失业增加之间的关系。凯恩斯主义同19世纪的福利经济学一样，属于资本主义世界体系内部变革时期的经济学说，都是在国内有效需求不足的大背景下产生的。

凯恩斯主义的时代背景

1929—1933年经济危机是资本主义有史以来最严重的一次危机，与以往的历次危机相比，它有以下新特点。首先，持续时间长，实际上造成了长期萧条的局面。其次，这次危机所造成的生产下降，失业增加，都是以往的危机所难以相比的。1932年，世界的工业生产比1920年下降了1/3以上。在5年时间里，世界总失业人数由1000万增加到3000万，加上半失业人数，共计4000万至5000万人。这次危机使世界的工业生产倒退到1900—1908年的水平，英国甚至倒退到1897年的水平。最后，这场危机不仅仅是一场生产危机，同时也是一场金融危机。有许多银行由于猛烈而持续地爆发挤提存款、抢购黄金的风潮而破产倒闭。更为严重的是，在以往的危机中时常采用的旨在摆脱危机的金融货币政策完全失灵。

大萧条时期，世界范围内的经济困难成为催生凯恩斯革命的时代背景。这张佛罗伦斯·汤普森与她三个孩子的照片就是众所周知的《移民的母亲》。这张著名的照片是由摄影师萝西娅·兰格于1936年3月在加州拍摄的

1923 年，德国儿童用急剧贬值的马克钞票垒金字塔。巨额的赔款和鲁尔危机更加剧了德国的经济困境，德国出现了企业停工，工业生产下降，资金大量外流，失业工人激增，通货膨胀达到天文数字

知识链接：宏观调控

宏观调控是英国经济学家凯恩斯提出来的，指国家运用政策、法规、计划等各种手段对国民经济进行的一种调节与控制，是保证国民经济持续快速健康发展、保护社会再生产协调发展的必要条件，是国家管理经济的重要职能。

凯恩斯主义经济学派及其经济思想

1929—1933 年，世界资本主义体系爆发了特大的经济危机。这意味着马歇尔的“均衡价格论”失去作用，资本主义自行调节经济活动和永存论的神话破灭了。在新的社会经济政治情况下，英国等资本主义国家迫切需要一套适应新形势的经济理论，以满足垄断资本主义发展的需要。

1936 年，凯恩斯出版了《就业、利息和货币通论》一书，提出了稳定资本主义经济的理论和政策，被称为凯恩斯主义。凯恩斯主义是西方经济学的一个重要流派。他的主要经济思想是主张国家干预经济，实现充分就业，促进经济增长。它是适应垄断资产阶级的经济、政治需要，在资本主义危机时期出现的。自 20 世纪 30 年代后期至第二次世界大战后，西方主要资本主义国家都信奉和实行凯恩斯主义，它在缓和资本主义矛盾、推动经济增长方面起了一定的积极作用，但它也导致了通货膨胀和其他社会经济矛盾。

凯恩斯主义一度是国家垄断资本主义时期的资产阶级经济学说，也是主要资本主义国家的国策。随着资本主义矛盾的激化，各种经济思想的出现，促进了凯恩斯学说的发展和变化。第二次世界大战后，凯恩斯主义分裂为两大流派：一派是美国凯恩斯学派，又称新古典学派，其主要代表人物是保罗·萨缪尔森、詹姆士·托宾、罗伯特·索洛等人；另一派是英国凯恩斯学派，又称新剑桥学派，它的主要代表人物有琼·罗宾逊、庇罗·斯拉法、尼科拉·卡尔多等人。此后，凯恩斯学说日趋衰落。

知识链接：《就业、利息和货币通论》

该书是凯恩斯试图挽救 1929—1933 年大萧条所写的一本书，其核心是如何解决就业，缓解政府供求力量失衡的问题。本书从伦理学、法学与经济学方面，在不同的历史时期，随着经济形势的发展，对资本主义市场经济做出了论述。

1946 年，凯恩斯（右）和美国代表哈利·德克斯特·怀特在佐治亚州的萨凡纳，参加国际货币基金组织理事会成立大会

绥靖主义 张伯伦

一位擅长外交史的学者评价说：张伯伦的下台，是“英国历史上稀奇古怪时代的真正结束”。

一战后，英国的国力下降，这使得英国在对德国侵略的问题上显得力不从心，张伯伦上台后一直试图以“和平”的方式应对纳粹德国的侵略扩张和战争威胁。他牺牲了弱小国家的主权，却没有换来“和平”，绥靖政策为英国带来了无穷的灾难。

从政经历

亚瑟·内维尔·张伯伦（Arthur Neville Chamberlain，1869—1940 年），1918 年当选下议院议员，1922 年出任邮政总局局长，1924 年出任卫生部长，1930 年出任保守党主席一职。1931—1937 年，张伯伦一直担任财政大臣。

1936 年，鲍德温宣布退休后，张伯伦接任了首相一职，虽然领导了一个联合政府，但是在用人方面却非常主观，喜欢用跟自己观点、政策一致的人。1937 年，他推动了《工厂法案》，改善了工人的工作条件；1937 年通过了《体育训练法案》，鼓励体育训练和健康饮食，为人民提供义务体检。1938 年通过了《煤炭法案》和《带薪休假法案》，允许不同企业之间的联合，为 1100 万工人提供了带薪休假的福利。

1938 年 9 月，张伯伦乘飞机抵达慕尼黑。张伯伦于 1938 年 9 月间两次飞往德国亲自与希特勒会谈。9 月 28 日至 30 日，与希特勒、墨索里尼和达拉第在慕尼黑举行会议，同意德国对捷克斯洛伐克的领土要求，并迫使捷克斯洛伐克政府同意《慕尼黑协定》。9 月 30 日张伯伦同希特勒签署了《英德互不侵犯宣言》

张伯伦还主张过更为激进的政策，如：废除鞭刑、改革审判体系、将义务教育延长到 15 岁、建立医疗保险和家庭补贴等，但这些措施或是由于遭到强烈反对，或是因二战的爆发而取消，没能真正落实。最饱受争议的政策是其于 1939 年发布的关于巴勒斯坦殖民地的白皮书，该白皮书旨在控制英国在 1917 年发表的《巴尔福宣言》后，大量犹太人涌入巴勒斯坦的现状，该项政策引起强烈反对，很多国会议员甚至内阁成员都表示反对，该白皮书因二战的爆发而没能执行。

1929 年张伯伦的画像。张伯伦虽然在 1929 年大选中保住议席，但保守党总体上却在大选中大败，改由工党执政

在慕尼黑会议上的张伯伦（左）和希特勒

知识链接：绥靖政策

一种对侵略姑息纵容、退让屈服、以牺牲别国为代价，同侵略者勾结和妥协的政策。第二次世界大战前，这一政策被西方国家积极推行。绥靖政策在欧洲的推行，以英法对德绥靖为主要内容，英国为主导。英法伙同德意把《慕尼黑协定》强加给捷克斯洛伐克，让德国占领了捷克斯洛伐克的苏台德地区，史称"慕尼黑阴谋"。慕尼黑阴谋是绥靖政策最极端的表现，最终英法等国自食恶果。

绥靖主义

张伯伦鉴于一战造成的巨大灾难，希望以任何代价维护欧洲和平，推崇通过谈判避免战争。他的思路与时代格格不入，他力图与磨刀霍霍的法西斯主义寻求和平合作，他自称自己在执行"绥靖政策"。他自信对欧洲乃至整个世界的局势都了如指掌，一反前任首相不过多地过问外交事务的惯例。从他开始，英国政府终于形成了一套明确的绥靖计划。该计划的战略目标是以牺牲小国利益为代价，避战求和。该战略设想的实施手段是：出让国家的次要利益，必要时可牺牲中东欧国家的利益，将法西斯的触角引向苏联，从而确保西欧的相对安全。故此，张伯伦对意大利入侵埃塞俄比亚和佛朗哥在西班牙建立法西斯政权采取容忍态度。

张伯伦的种种举措，助长了希特勒的野心。1938年3月，德国派兵占领奥地利。对此，张伯伦不仅不严加抗议，还在4月的英法首脑会晤中，要求法国不要履行法捷条约；同时，迫使捷克斯洛伐克政府向德国屈服，并拒绝了苏联关于联合制止德国侵略的建议。

1938年9月，希特勒开始向德捷边境集结兵力，大战一触即发。张伯伦不顾高龄，第一次乘飞机飞往慕尼黑调停。在同希特勒会晤后，英法与德国签订了《慕尼黑协定》，正式照会捷克斯洛伐克政府，迫使捷政府割让了苏台德地区。张伯伦还与德国签订了《英德宣言》，宣告他给英国人带来了"划时代的和平"。在国内，保守党和工党人士都猛烈抨击绥靖政策，要求政府提高警惕，准备战争。在1939年，德国闪击波兰后，张伯伦仍寄希望和平，实行消极抵抗政策，让英军不与德军发生正面冲突，这直接导致了法国崩溃后的敦刻尔克大溃退。至此，张伯伦受到了朝野一致的批评，最终引咎辞职，于1940年抑郁而死。

张伯伦手持载有他和希特勒签署的承诺和平的协议书离开慕尼黑返回英国。1938年9月30日，他在英国的赫斯顿机场向人们展示了这张和平协议书

不爱江山爱美人

爱德华八世和辛普森夫人

有一个国王，为了爱情，放弃了一切。
我们也因此懂得了爱情的代价，
懂得了生命会因为爱情而永远美丽。

爱德华八世

一个是贵为一国之君的青年国王，一位是离过两次婚的普通妇女，这样两个人不可思议地产生了交集。尽管后世中有许多诸如“阴谋论”的传闻，但两人的跨国传奇爱情还是在历史上留下了浓重一笔。

威尔士亲王爱上了辛普森夫人

威尔士亲王（爱德华八世）就读于皇家海军学院，第一次世界大战中在掷弹兵卫队服役。这位“受人欢迎的亲王”，还是一位风度翩翩、富有人情味的绅士。他有一张文弱年轻的面孔，眸子忧郁深邃，高鼻梁，一头金发。这样的外貌，加之王室无上的尊贵，他成了女人心中梦一样的人物。

1930 年，来自美国的辛普森夫人只见过当时的英国王太子——威尔士亲王 3 次，就让他深深爱上了她。亲王在第三次见到她时，提前退席，用车将辛普森夫人送回了家。两年的时间里，两人从初识到深入交往，辛普森夫人成了亲王府的常客。1933 年，亲王在伦敦最大的饭店为她举行了生日宴会，并送给她钻石和翠玉的手镯。威尔士亲王似乎对这位并不美丽，而且结过两次婚的女人产生了浓厚的兴趣。

辛普森夫人原名沃利斯·沃菲尔德，出生于平民家庭，早年丧父，没有受过高等教育，第一次婚姻的对象是一位军人，离婚后嫁给了辛普森，并随其一起移居英国。沃利斯具有典型的美国人的独立精神，

1937 年 4 月 14 日，温莎公爵夫人，即沃利斯·沃菲尔德·辛普森夫人（1896—1986 年）和温莎公爵（1894—1972 年）。温莎公爵夫人直到 20 世纪 60 年代才被英国王室认可

她意志坚强、幽默乐观、见解独特，同时也很有女人味。她并不漂亮，但很优雅高贵，有教养。她善解人意，让亲王很快便迷上了她。

温莎夫妇成婚的地方

退位：不爱江山爱美人

1936年1月，乔治五世去世，威尔士亲王作为乔治五世的长子，理所应当地继承了王位，他就是历史上的爱德华八世。即位典礼后，新国王就对辛普森夫人说：任何事情都不能改变我对你的感情。1936年5月，沃利斯开始办理离婚手续。8月，新国王带着心爱的女人去地中海度假，起初一切都非常美好。不过很快，快乐退潮，美国各大报社纷纷曝光英国国王恋情，消息迅速传到英伦三岛。

12月3日，国王的风流韵事终于在英国爆发，舆论哗然，王室、内阁和议会齐声谴责，鲍德温首相宣布，国王要么与辛普森夫人绝交，要么娶她为妻而逊位，否则内阁将辞职。作为议会在野党领袖的工党首领艾德礼也支持政府立场。英国王室为了不因此事而蒙羞，给了爱德华八世两个选择：要么离开辛普森夫人，要么退位，选择与辛普森夫人结婚。在这一政治风暴关口，沃利斯悄然离去，从国外致信爱德华八世，表明愿作自我牺牲，劝国王割断情丝。只有萧伯纳、丘吉尔、毕维布罗克等寥寥几人支持国王，丘吉尔在众议院、毕维布罗克在舆论界根据宪法为国王争辩。丘吉尔说，国王想娶他心爱的女人为妻，有什么不可以呢？

1936年12月11日，拿定主意的爱德华八世向国民发表告别广播讲话，他说：“我的朋友们，没有我所爱的那个女人的帮助和支持，我感到不可能承担我肩负的重任。”爱德华八世宣布为了能和心爱的女人结婚，他将放弃王位。爱德华八世只做了325天国王，连加冕典礼都没来得及举行，就为爱情逊位了。退位后的爱德华八世被授予温莎公爵的称号，他先后担任了驻法国军事代表、巴哈马总督，温莎公爵死后遗体运回国内。辛普森夫人死后，也以温莎公爵夫人的名义与丈夫合葬。

1935年2月，时为威尔士王子的爱德华八世和辛普森夫人在奥地利的基茨比厄尔

知识链接：乔治五世

乔治五世（George V，1865—1936年）是爱德华七世的次子，温莎王朝的开创者。1893年，与泰克公爵的女儿玛丽结婚。1901年，被爱德华七世封为康沃尔公爵、威尔士亲王。1910年，乔治即位，称乔治五世。第一次世界大战期间，乔治五世为了安抚民心，舍弃了自己的德国姓氏，将王室改称“温莎”。

JUGOSLAVIJA
PETITE ENTENTE
ОПЛЕНАЦ
4 ДИН
4 DIN

3 DIN

法国寻求战后的安全感

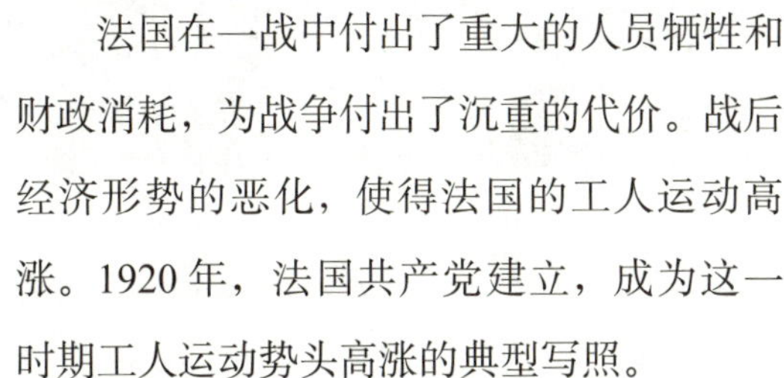

法国在一战中付出了重大的人员牺牲和财政消耗，为战争付出了沉重的代价。战后经济形势的恶化，使得法国的工人运动高涨。1920年，法国共产党建立，成为这一时期工人运动势头高涨的典型写照。

尽管法国在一战后保持了大国的地位，但是法国的不安全感以及对欧洲局势的担忧却与日俱增。法国在凡尔赛会议上试图尽最大可能地削弱宿敌德国的实力，不但收回了普法战争中丢失的领土阿尔萨斯和洛林，还将德国萨尔矿区的开采权夺到手中。法国还瓜分了德国在非洲的一部分殖民地；此外中东的叙利亚和黎巴嫩也归法国托管，从而巩固了法国在地中海东岸的战略地位。

为了防止德国东山再起，法国联合了中东欧许多中小国家成立了小协约国，从而达到让德国腹背受敌的意图。法国在德国的赔款问题上一直与英美达不成一致，一度激化到联合比利时出兵占领鲁尔区。在鲁尔冒险失败后，国民联盟政府被左翼联盟所取代，白里安政府制定了对德国和解的政策。

经济大萧条也使法国受到了沉重的打击：工农业生产都受到了打击，中小企业大量破产，大批工人失业。在这种形势下，法国的对德政策渐渐跟英国达成一致，逐渐走向了绥靖主义。面对法西斯对西班牙内战的干预、意大利入侵埃塞俄比亚、德国吞并奥地利和捷克斯洛伐克的苏台德地区，法国做出了妥协，纵容了法西斯势力的猖獗。

力不从心的进攻
鲁尔事件

对自身安全的担忧，
转化为对敌人的削弱的动力，
对赔款的要求膨胀了内心的狂野，
疯狂的欲望压倒了理性的判断，
一次得不偿失的行动化作喜悦后的负担。

在法国人看来，削弱德国是维持法国在欧洲大陆的地位，维持法国安全感的重要保障。故此，法国通过对德国赔款问题的步步紧逼，终于酿成了鲁尔危机。在英、美的压力下，法国得不偿失，在欧洲的霸权地位开始衰落。

德国的赔款问题

德国赔款是战后欧洲政治生活中的重大问题之一，也是法德冲突的中心。赔款问题在一开始就有争论。因为巴黎和会仅仅指出德国负有赔款的义务，并没有规定赔款总数。1922年，普恩加莱出任法国领导人，他以对德强硬著称。他刚一上台，就在政府声明中强调：法国所面临的大事就是德国的赔款问题，德国必须支付赔款。他甚至还宣称，必要的时候法国将要去鲁尔矿井中挖德国的煤。

鲁尔区博物馆是整个鲁尔区的地区性博物馆，它又被视为鲁尔区的跨区域性自然历史博物馆和文化历史博物馆，囊括了地质学、考古学、历史学和摄影等领域

同年7月12日，德国以马克贬值、财政困难为由，正式照会协约国方面，要求减少交付煤的数量；暂停以“补偿”的名义付款；延期两年偿付赔款。劳合·乔治对此全盘接受，普恩加莱则提出了“产品抵押”的新政策，即把鲁尔煤矿交给协约国作抵押，实行有条件的延期。同年11月，德国再次提出延期四年交付赔款的要求。针对德国人的“赖账”行为，11月27日，法国政府决定对德国采取强制手段，包括出兵占领鲁尔。

出兵鲁尔

1923年1月11日，法国派出一个由法、意、比工程师组成的“国际工厂和煤矿监督代表团”以及法军的五个师在一支比利时军队的配合下，进入了鲁尔地区。事发后，德国政府向《凡尔赛条约》签字国发表强烈抗议，宣布同法国和比利时政府断交。与此同时，德国还号召鲁尔地区的

法国士兵走在鲁尔街头

在1923年的慕尼黑体操节上，一群来自鲁尔区的体操运动员举牌抗议。左边的牌子上面写着“鲁尔仍是德国的一部分”，右边的牌子上面写着“我们绝不想成为附庸国”

知识链接：鲁尔

德国鲁尔工业区位于德国北莱茵—威斯特法伦州境内，占地4000多平方公里。它形成于19世纪中叶，以采煤、钢铁、化学、机械制造等重工业为核心，工业产值曾占全国的百分之四十，是德国最重要、最典型的传统工业区，被称为“德国工业的心脏”。

德国人进行“消极抵抗”。一时间，鲁尔地区的邮政系统瘫痪，钢铁厂和煤矿停工。当地行政官员拒绝与占领军合作，一些德国人还自发组织起来反对占领军。

为报复德国人的“消极抵抗”政策，法国也采取了相应的措施：从法国、比利时招募大量工人赴鲁尔开火车、开矿；设立关卡，严格控制占领区与非占领区的经济联系，不准从矿区运出各种东西；逮捕和驱逐支持“消极抵抗”的德国人，关闭了上百家当地的报社。德国政府不计后果的“消极抵抗”，使得整个德国遭受了严重打击：工业生产大幅下滑，马克急剧贬值，资金大量外流，失业工人激增。1923年8月，德国爆发了工人大罢工，古德诺政府倒台，施特雷泽曼政府宣布终止“消极抵抗”政策。

从表面上看，法国似乎取得了成功。但是，从经济角度上讲，法国得不偿失，法国占领鲁尔耗费了10亿法郎，而其从鲁尔运出的煤铁等物资却抵不上这些费用。法郎进一步贬值，法国财政更加困难，法国国内也爆发了反对政府占领鲁尔的工人运动。从外交上看，法国更是在国际社会不得人心，与英美两国的矛盾激化。英国更是对法国发出最后通牒：如果法国继续占领鲁尔，英国将在赔款问题上不再支持法国。英、美两国在国际金融市场上大量抛售法郎和法国有价证券，迫使法郎贬值，法国财政状况不断恶化，法国被迫同意国际专家委员会重审赔款问题。

随着赔款专家委员会提出的“道威斯计划”的实行，法国和比利时撤出了在鲁尔的占领军。法国从此在德国赔款问题上的主导地位不复存在，赔款问题的权力落在了英美的手中。法国外交从此以后也从攻势转为守势，法国在欧洲的霸权地位开始衰落。

法国占领鲁尔后，在国内国际压力下，不得不撤军。图为法军撤出鲁尔

寻求集体安全

小协约国

一战中的德国让法国恐惧，
尽可能地削弱、防范德国是法国的目标，
东欧的小兄弟们是最好的团结对象。

20 世纪 20—30 年代欧洲外交舞台上，由罗马尼亚、捷克斯洛伐克和南斯拉夫三小国组成的“小协约国”同盟体系发挥过举足轻重的作用。其兴衰对一战后欧洲均势的维持及其被重新打破，产生了不容忽视的影响。

小协约国的起源与建立

巴黎和会上首次讨论了奥匈帝国解体后新独立的国家建立共同防御的问题。关于这个议题最热心的支持者是捷克斯洛伐克外交部长爱德华·贝奈斯，他于 1918—1935 年间担任外交部长。贝奈斯在小协约国的建立中扮演了重要的角色，他被认为是小协约国真正的创始人。贝奈斯提出建立小协约国的最重要目的是防止匈牙利民族统一主义的泛滥，防备哈布斯堡王朝的东山再起。其真正目的在于防止欧洲大国破坏中小国家的独立。

同时，法国在一战后，出于对自身安全的考虑，与德国周边的中小国家进行合作，旨在遏制德国可能的军事侵略行为。故此，在法国的支持下，捷克斯洛伐克、罗马尼亚、南斯拉夫建立了军事政治联盟。为了维持一战后多瑙河流域和巴尔干半岛既成的政治格局，三国于 1920 年 8 月通过了《捷南同盟条约》；1921 年 4 月，签订《捷罗条约》；同年 6 月，《南罗条约》达成。1922 年签订新的《捷南条约》，使联盟的凝聚力进一步加强。

小协约国的巩固和解散

在对抗哈布斯堡王朝的复辟中，小协约国取得了显著的胜利。但是在后来，伴随着同盟内部不断升温的紧张关系，成员国之间的分歧公开化，成员国之间的主要矛盾在于是否承认苏俄。捷克斯洛伐克是工业国家，倾向于改善与苏俄的关系，希望尽快承认苏俄。但是，南斯拉夫和罗马尼亚是农业国家，对与苏联的经济合作毫无兴趣。虽然有分歧，但是小协约国仍旧视苏俄为主要军事威胁。

小协约国取得成功后，各成员国为了使其成果制度化，在 1933 年 3 月，正式订立了《小协约国组织公约》，为成员国的长远合作提供了一个法律框架。根据公约，建立了一个常设会议和常设秘书处。前者是三国外交部长定期会晤，后者是处理小

爱德华·贝奈斯在 1918 年捷克斯洛伐克共和国成立后，任外交部长，参与建立“小协约国”。1935 年任总统。1938 年 10 月，在英法压力下被迫接受希特勒侵略捷克的《慕尼黑协定》后辞职。1940—1945 年在英国领导捷克流亡政府。1946 年再次当选为总统。1948 年 2 月，参与策划政变，事败后辞职。著有《战时回忆录》《今天与明天的民主》等

1921—1938 年欧洲的小协约国联盟的地图。小协约国是捷克斯洛伐克、罗马尼亚、南斯拉夫三国在法国支持下建立的军事政治联盟。1920—1922 年，三国之间相继签订了同盟条约，1924—1927 年法国先后同三国签订协议，确立了对小协约国的领导地位，小协约国在《慕尼黑协定》签署后瓦解

知识链接：《特里亚农和约》

1920 年 6 月 4 日在法国巴黎郊区凡尔赛的特里亚农宫签署的《特里亚农和约》，是结束第一次世界大战的所谓“巴黎郊区和平”条约之一。通过条约，协约国及其中欧盟国将其意志强加于战败国德国、奥匈帝国等。匈牙利王国的历史版图被割掉 2/3 以上，匈牙利遭到严重削弱，领土被划分给了罗马尼亚、南斯拉夫、波兰、捷克斯洛伐克、奥地利等国。

协约国的日常运作问题。会议将会场设在各成员国首都，每年至少召开三次，因而提高了参与国正常的外交政策协调。此外，小协约国也将经济会议加入组织架构中，这凸显了成员国同时也在追求经济利益方面的合作。

法国为了利用小协约国扩大自己的影响力，同时达到遏制德国和防范苏俄的目的，从而维持巴黎和会确立的国际秩序，分别与捷、罗、南三国签订了友好同盟条约。这些条约形成了一个以法国为盟主、以维护凡尔赛体系为主要目标的军事同盟体系，其目的在于遏制潜在的德国对法国及其盟国的军事侵略，使德法边界和法国在中东欧的盟国边界得到安全保证。加入这个体系的国家虽多，但是整体实力不强，并不能满足法国的安全感。此后，法国的外交政策所追随的目标仍然是如何解决安全保证问题。

希特勒在德国掌权后，对小协约国实行分化瓦解活动，加之法国大力推行绥靖政策，促使罗、南两国对捷开始疏远，并改变了亲法立场。1936 年，罗马尼亚和南斯拉夫拒绝了捷克斯洛伐克关于将小协约国变成反对任何外国侵略的共同防御体系的建议。1939 年，罗南两国拒绝援助遭到德国侵略的捷克斯洛伐克，小协约国解体。

1937 年，南斯拉夫王国发行的主题为小协约国的邮票。南斯拉夫王国是一个位于巴尔干半岛的君主制国家，在一战后成立，直到二战后结束。其领土包括今天的波斯尼亚和黑塞哥维纳、塞尔维亚、黑山、马其顿以及斯洛文尼亚和克罗地亚。1929 年之前国名是“塞尔维亚—克罗地亚—斯洛文尼亚王国”

诺贝尔和平奖获得者 白里安

他为维系一战后国家间的合作关系所做出的不懈努力，使他成为具有广泛国际影响力的人物。《洛迦诺公约》《非战公约》的签订以及欧洲联合的初步构想更加提高了他的威望。

白里安的欧洲联合思想是在一战后联合呼声日趋高涨之际形成的。其主要内容是主张法德和解，建立一个欧洲联盟，从经济优先到政治优先实现联合。

早期从政经历

阿里斯蒂德·白里安（Aristide Briand 1862—1932 年），法国著名政治家、外交家。白里安年轻时热心于工会活动，支持工人运动，反对帝国主义和民族主义。

1901 年，他创立了法国社会党，并担任该党总书记。1902 年，他当选为众议院议员。1904 年，他同让·贾里斯一起成立左翼报纸——《人道报》。1905 年，众议院通过了他提出的报告法案——《政教分离法》。1906 年，他因出任克里蒙梭政府的国民教育与总发部部长一职而被社会党开除出党。在任期内，他努力帮助法国实现了政教分离。

白里安

1909 年，他首次出任内阁总理。1910 年，法国爆发了铁路工人大罢工，他动用军队对工人罢工进行了镇压，这导致他在内阁中失去了那些社会党成员的支持，于 1911 年下野。

一战爆发后，他开始担任司法部长。白里安主张法国对巴尔干地区进行干预。1915 年，白里安再度出任总理，并组织了战时内阁。他试图说服霞飞将军建立对军队最高指挥部的政治控制，然后却随着 1917 年法军在战事中的失利而离职。1921—1922 年，白里安第三次出任总理职务。

白里安的对德和解政策

白里安在任外长或总理的时候，都以和平主义者的姿态出现。他曾奔走欧洲各地，多次在国联慷慨陈词，呼吁和平。1925 年，洛迦诺会议召开时，白里安以外长的身份代表法国参会。白里安同张伯伦、施特雷泽曼是会议上表现最为活跃的政治人物。

白里安取得的最大成就是《洛迦诺公约》。在洛迦诺会议后，白里安邀请施特雷泽曼秘密会谈，他赞同对《凡尔赛条约》做适当的调整，从而缓解德国人的抵触情绪。白里安全力支持德国加入国联。由于他在推动签订《洛迦诺公约》方面的努力，获得了诺贝尔和平奖。

然而，虽然《洛迦诺公约》的签订让法国和德国之间获得了和解，但是法国却没有得到什么实际的利益。自洛迦诺会议后，法国在欧洲的形

白里安（左一）和古斯塔夫·施特雷泽曼（左二）。白里安计划最后表现为法国对国际联盟的倡议。在他的主要支持者——德国外交部长古斯塔夫·施特雷泽曼死后，大萧条开始，白里安的计划没有得到实施。然而，该计划却为二战后的欧洲提供了一个经济框架，最终促成了欧洲联盟的诞生

象受到了严重的损害，战后法国的影响力高峰业已过去。

在对外关系上，不论是担任总理还是外长，白里安都极力标榜他的和平政策。白里安在担任外交部长期间同美国国务卿凯洛格一起发起订立了《非战公约》，呼吁用和平的手段解决国与国之间的争端，先后共有63个国家在公约上签字。1929年，白里安又提出了“泛欧”计划，建议欧洲各国组成联邦，并逐步降低关税并实行符合《洛迦诺公约》精神及欧洲统一思想的政策。1932年初，白里安不顾友人劝阻，执意参加总统竞选，随后因心脏病发作病逝于巴黎。

知识链接：左翼联盟

1924年5月法国议会选举时由激进社会党、社会党等左翼各党组成的竞选联盟。左翼联盟主张改变对德强硬政策；提出“仲裁、安全、裁军”的外交纲领，依靠国际联盟，承认苏联。后来，因解决不了法国日益严重的财政问题而逐步解体。

知识链接：法国人民阵线

1935年6月，亲法西斯的赖伐尔组织内阁，这引起了法国各左翼政党和广大人民的不满和反对。7月14日上午，法国69个党派和团体的1万余名代表在巴黎举行了盛大集会，建立了法国人民阵线全国委员会。下午，共产党、社会党、激进党等组织联合举行了50万人参加的大游行。7月14日的集会和游行，标志着法国人民阵线的正式形成。法国人民阵线是在反法西斯的基础上建立起来的，但在许多问题上，人民阵线的三大政党都存在着认识分歧。1938年4月，右派激进党领袖达拉第上台组阁，公开背叛人民阵线纲领，使人民阵线名存实亡。1938年10月底，激进党公开宣布退出人民阵线，法国人民阵线瓦解。

1925年10月5—6日，洛迦诺会议参加者，共同签署了《洛迦诺公约》

赖伐尔 从总理到叛国者

他是社会党人，
他是总理，
他是法国绥靖政策的始作俑者，
他最终却成了叛国者。

从总理到叛国者，历史仿佛开了个玩笑。然而，从赖伐尔的从政经历可以看出，他的外交政策将绥靖主义贯穿始终，绥靖政策使他走上了叛国的道路。

早年从政经历

皮埃尔·赖伐尔（Pierre Laval，1883—1945年）是法国政治家、社会党人，出生于法国多姆山省。1903年，赖伐尔加入法国社会党。1907年，赖伐尔在巴黎开始担任律师。1914—1919年担任社会党地方机构众议院议员。他反对法国卷入第一次世界大战，主张和平，1920年因选举失败退出社会党。1924年以独立社会党人的身份再次当选众议院议员；1925年任公共工程部长；1926年任司法部长；1927年成为参议员；1931年首度出任总理；1932年任殖民部长；1934年任外交部长。

皮埃尔·赖伐尔，法国政治家和国务活动家，在法兰西第三共和国和维希政府中三次出任总理。法国光复后，1945年10月9日被巴黎高等法院以叛国罪判处死刑

法国绥靖政策的始作俑者

1935年1月7日，赖伐尔首次访问罗马，在访问期间与墨索里尼签订了罗马协定，协定的主要内容为：法国将法属领地乍得、索马里的土地，其中22平方公里的海岸线以及突尼斯的一块地方让与意大利，意大利则在突尼斯意侨民国籍问题上对法国做出让步。这一协定为意大利在非洲的侵略活动开了方便之门。赖伐尔还允许墨索里尼在埃塞俄比亚有放手行动的自由，实际上纵容了意大利对埃塞俄比亚的入侵。

1935年6月—1936年1月，赖伐尔任法国总理，在整个意埃战争期间，赖伐尔实质上采取了亲意的“中立”立场。1935年12月，赖伐尔还伙同英国外务大臣霍尔在巴黎秘密缔结了出卖埃塞俄比亚的协定。在萨尔归属投票的问题上，赖伐尔竟然在投票前两天以局外人的口吻声称：法国对全民投票的结果不感兴趣。这种冷漠的态度无疑是在鼓舞德国，增强了希特勒嚣张的气焰，以至于该地区归并德国后，德国公开在纳粹报刊上要求收回根据《凡尔赛条约》让出的全部“德意志地区”。

赖伐尔是引导法国步入绥靖主义道路的始作俑者。但是在当时的历史环境下，他不可能完全屈从于法西斯国家，在某些问题上不得不继承法国的传统政策，摆出对德强硬的姿态。如1935年3月，德国宣布建立空军，实行普遍义务兵制。之后，他

1931 年在德国的一次外交会议上，左二是赖伐尔

知识链接：马奇诺防线

马奇诺防线是二战前法国建设的军事防御工事，1929 年开始建造，1940 年基本建成，造价约 50 亿法郎。马奇诺是当时的法国陆军部长。马其诺防线工事南起法意边境、北至法比边境，全长约 700 公里，由一组组相互独立的筑垒式防御工事群构成。德军于 1940 年翻越阿登山区，绕过了马奇诺防线，该防线没能起到有效抵御的作用。

立即提出抗议，并向国联控告德国，要求国联对德国实行集体制裁。同年 4 月，赖伐尔倡议建立“斯特莱莎阵线”，5 月代表法国同苏联正式签署了酝酿已久的法苏互助条约，并亲自访问莫斯科。

由于经济危机，法国的法西斯势力活动猖獗，出现了一大批诸如火十字团、法兰西团结、法兰西行动同盟等右翼组织。但赖伐尔对这类组织报以支持的态度，甚至还为它们提供活动津贴，这引起了左派的强烈反对。1936 年，人民阵线获胜前不久，赖伐尔内阁倒台。此后 4 年，赖伐尔都没有在政府任职。

1939 年，赖伐尔坚决反对对德宣战。1940 年，

1943 年 5 月 1 日，在巴黎德国警察总部，法国总理皮埃尔·赖伐尔（左一）与驻法国的德国警察部队首脑卡尔·奥伯格（左二）和赫伯特·马丁·哈根（左三）在一起

知识链接：爱德华·达拉第

爱德华·达拉第（Edouard Daladier，1884—1970 年），法国总理、法国激进社会党领袖。1919 年当选为众议员。1924 年起，历任殖民、公共教育、公共工程、外交、国防等部长职位。1927 年当选为激进社会党主席。曾经三度出任总理。第三次任总理时，执行纵容法西斯侵略的绥靖政策。西班牙内战爆发后，承认佛朗哥政权，并在 1938 年 9 月与德国签署了《慕尼黑协定》。1940 年，被维希政府逮捕，二战后获释。1946—1958 年间，多次当选为国民议会议员。1957 年任激进社会党主席。1958 年任激进社会党名誉主席。1959 年退休。1970 年逝世。

法国战败后，他支持贝当政府上台，并出任贝当政府的副总理和国务部长之后，他促成政府迁到维希，并出任维希政府的外交部长，任内奉行亲德政策，公开表示愿意与德国合作。1942 年，赖伐尔取代了贝当成为法国的实际统治者。法国解放后，赖伐尔被以叛国的罪名处决。

风云激荡的西班牙内战

西班牙内战有着深刻的历史和社会政治根源。回顾19世纪的西班牙历史，极端君主主义者、宪政派与开明君主派之间的斗争极其尖锐，在西班牙应该实行何种宪法问题上，几乎引起内战。在宪法问题上的斗争又集中在中央集权与地方分权问题上。在西班牙北部，由于在历史上这一地区就享有传统广泛的地方权力，因此人民要求自治，反对中央集权。

虽然19世纪的西班牙建立了君主立宪政体，但是议会制在西班牙仍然是摆设。随着工业化的推进和西班牙国际地位的逐渐下降，西班牙国内矛盾一直很尖锐。20世纪初，社会主义思想在西班牙有了广泛的传播，西班牙成立了共产党。1930年，西班牙废除了君主制，但是国内局势仍旧混乱。

1936年7月，西班牙爆发了内战，内战一直延续到1939年3月。西班牙内战是西班牙法西斯及其反动军队发动的同西班牙人民阵线组成的合法政府之间的战争，是一场法西斯为消灭民主派力量，建立独裁统治和西班牙左派人士为保卫共和国而进行的战斗。对欧洲法西斯势力而言，这是关系到法西斯主义能否在欧洲获胜的意义重大的战斗；国际反动势力认为这是反对西班牙共产党在西班牙掌握政权和防止共产主义向西扩散的机会；而苏联和世界民主人士认为这是制止法西斯在世界上传播的一次大决战。因此，西班牙内战爆发后，立即引起了有关各方的强烈关注，这使得这场内战成为世界民主力量与反民主势力之间的较量。

新共和国

西班牙第二共和国

法西斯为你带来“工作”，也带来了饥饿；
法西斯为你带来“和平”，也带来了坟墓；
法西斯为你带来“秩序”，也带来了绞刑架。
人民阵线提供给你的，是面包、和平与自由！

西班牙第二共和国从成立之日起就被民族、宗教等问题困扰，各个阶层、党派及社会团体之间充满了利益摩擦与争斗。人民阵线执政后，共和国的状况有所改变，但随后到来的内战则使这一切化为泡影。

共和国的建立

20 世纪初，西班牙是一个经济上贫穷、政治上落后的农业国家。经济上，农村盛行大庄园制，全国 70%以上的人口从事农业；政治上，实行君主立宪制度。1923 年 9 月，里维拉发动政变，在西班牙建立了军事独裁制度。军事独裁不得人心，引起了民众对君主政体和整个现状的抨击。从 1930 年夏季起，罢工运动明显加强，而且几乎所有的大罢工都是在共和口号下进行的。1931 年，国王宣布恢复宪法并举行议会选举，不料却遭到群众的抵制。

萨莫拉（左）同曼努埃尔・阿萨尼亚在一起

于是，政府被迫举行全国选举。结果，共和派获得压倒性胜利，国王逃离西班牙。自由共和党领袖萨莫拉组成临时政府，宣布共和国成立，并自任临时总统。共和国成立后，举行了立宪会议的选举。共和党派和社会党的联合阵线获得绝大多数议席。1931 年 12 月 9 日，通过了新宪法，规定实行普选制，设立一院制的议会，每四年选举一次。政府对议会负责。宪法还规定宗教信仰自由和政教分离；教育世俗化；保证言论、出版、集会自由。12 月 10 日，萨莫拉当选为共和国总统。左翼共和派、共和行动党领袖阿萨尼亚经总统批准，成立了西班牙共和国第一届立宪政府，这是由左翼共和派和社会党人组成的执政联盟。

共和国的发展

1932 年，共和国通过了土地改革法，规定大地产集中的地区可以局部重新分配地产。这些地区超过一定限度土地的地产应予剥夺，但须给以补

巴塞罗那位于西班牙东北部的地中海岸，是西班牙第二大城市、最大的工业中心，加泰罗尼亚自治区的首府。这里气候宜人、风光旖旎、古迹遍布，素有“伊比利亚半岛的明珠”之称，是西班牙最著名的旅游胜地。巴塞罗那是西班牙的文化古城，带有哥特风格的古老建筑与高楼大厦交相辉映，有地中海曼哈顿之称。1992 年第 25 届奥林匹克运动会在该城举行

偿。同年颁布了加泰罗尼亚自治宪章。根据宪章，加泰罗尼亚设有自己的总统、议会和政府，享有广泛的征税权和其他权力，加泰罗尼亚语被定为官方语言。1933 年通过的宗教团体法，规定将全部教会财产收归国有，但教会可根据实际用途使用；禁止宗教团体经营工商业；废除教会学校并禁止宗教团体从事任何世俗教育。

共和国从成立之日起，就遭到了各种保守势力和反动势力的反对。在新生的共和国中，充满了各个党派、各种社会力量之间的激烈斗争。1934 年 10 月，右派组建了新内阁，全国爆发了革命，佛朗哥率领军队镇压了革命。1936 年 1 月 15 日，共和党左翼、社会党、共产党等党派团体的代表们签订了人民阵线公约。为了保护民族工业，实施保护关税，并采取必要的措施扶助小工商业，等等。人民阵线的纲领是温和的，目的在于捍卫共和国和维护民主制度，防止法西斯夺取政权。

知识链接：加泰罗尼亚

加泰罗尼亚地区在西班牙东北部。拥有一个一院制的区议会作为立法机构，与西班牙政府共享教育、卫生和司法的管辖权，并组建了自己的警察部队。加泰罗尼亚是西班牙最富裕地区之一，其人口占西班牙总人口的 16%，却贡献了 20% 以上的总税收。由于历史原因和各种现实因素，加泰罗尼亚一直没有放弃独立的念头。

1936 年 2 月 16 日大选中，人民阵线取得了巨大胜利，组成了以阿萨尼亚为首的左翼共和党——共和同盟联合政府。1936 年 5 月，阿萨尼亚当选总统。阿萨尼亚政府采取了一系列社会改革和促进民主的措施：恢复了 1934 年 1 月 1 日以后所有因政治理由而被解雇者的工作；停止给大地主偿付所没收土地的补偿费，并禁止强迫农民迁离他们所承租的土地；开始实行 1932 年通过的土地改革法，从 1936 年 2 月至 7 月五个月内就分配给农民 71.2 万公顷土地。劳动人民开始更广泛地享有言论、集会和示威游行的自由。他还恢复了加泰罗尼亚的自治，并宣布西班牙一切民族都享有自治权利。

该图是关于西班牙共和国的寓言，展示了共和国的一些物品，比如弗里吉亚帽和一些现代性的标志

善与恶

共和派与国民军派

放下武器，举起手，保持沉默，
这里埋葬着半个西班牙，
他死在另外半个西班牙手里。

共和派与国民军派的斗争，共产主义与法西斯主义的对垒，一切的一切都让西班牙陷入血色中。

1936 年，特鲁埃尔的共和国志愿者

共和派

西班牙共和派指的是 1936 年获得大选胜利的人民阵线，即左派。执政后的左派政府准备重新恢复以往制定的世俗化政策、地区自治政策和土改政策，乡村的贫苦农民重新开始以暴力抢夺地主和教会的土地。于是，失去耐心的右派开始以武力手段谋求军事叛乱。

双方正式爆发冲突后，苏联成为共和派的主要援助者，为共和派秘密提供了大批飞机、坦克、大炮。由于斯大林不希望任何人能从武器援助中察觉到苏联的介入，他们对共和军所提供的武器多是从博物馆、世界其他国家生产或是被苏军缴获的武器，不过苏联仍提供了当时世界一流水平的装备给西班牙。苏联也派出少数军事顾问到西班牙，以及组织国际纵队参战。内战期间，苏联军队总数不超过 700 人，但苏联的志愿军也经常开着苏制坦克和飞机与共和派并肩作战。

在内战爆发后，共产国际组织了 50 多个国家的志愿者，编为国际纵队（亦称“国际旅”），前往西班牙与共和派军队共同对抗国民军，成员在受过基本的军事训练后便送往前线作战。西班牙内战期间总计约有 32000 人参与国际纵队。在战争期间，国际纵队成员因其高昂斗志成为共和军倚重的主力之一。

1937 年，西班牙内战期间保加利亚国际纵队的战士

西班牙佛朗哥集团的旗帜

知识链接：兀鹰军团

1936年10月，德国正式组建“兀鹰军团”。1937年1月，里希特霍芬中校接替霍勒出任参谋长。里希特霍芬上任不久，即主持制订兀鹰军团从马德里周围区域转向西班牙北方扫荡的计划。1937年4月26日，兀鹰军团轰炸巴斯克省的格尔尼卡市，造成1654名平民死亡、889人受伤。在西班牙内战期间，兀鹰军团总共被击落72架飞机，阵亡420人。

国民军派

西班牙国民军是西班牙内战中，对共和政府发动叛乱的军队。国民军组成者主要有：法西斯主义者、民族主义者、长枪党党员、保王派人士、西班牙军事联盟、地主阶级者、反共产主义者、天主教教权者与信众。

西班牙内战爆发后，佛朗哥派出特使赴德请求军援，7月25日与德国航空部长戈林会晤。希特勒下达命令，将运输机和战斗机、德军武装党卫军士兵运往摩洛哥，这些军用物资和军队在转运摩洛哥的西班牙外籍兵团返回本土参战上发挥了重要的作用。9月下旬，希特勒再次发起奥托行动，动员更多士兵和战争物资援助佛朗哥。希特勒给佛朗哥提供了24辆一号坦克、少量高射炮和一些无线电设备。除了空军外，德国海军也派出战舰和潜艇进入战区。希特勒最大也是最后一次的国民军支援行动是派出兀鹰军团，自1936年11月开始，他派出了额外的500人部队，并提供给西班牙国民军92架新型飞机，其中包括在整场内战中性能最佳的Bf-109战斗机，多达19000名德国人参与了西班牙内战。

另外，国民军领袖也曾前往意大利传达佛朗哥的军援请求，墨索里尼派出轰炸机协助佛朗哥运输非洲军团至本土。1936年9月，墨索里尼派出部分正规军参与西班牙内战，并且提供飞机和小型武器，意大利皇家海军也在地中海发挥了重大作用，封锁了共和国的海军。意大利之后又向国民军提供了重机枪、火炮、飞机、轻型战车以及空军军团与志愿军团两支作战部队。在西班牙的意大利军队约5万人，并透过轮换与整补，西班牙内战有超过75000名意大利士兵为国民军战斗。

葡萄牙约有8000名的志愿军进入西班牙与国民军一同作战，还提供了少量军需物资，更重要的是提供了德、意两国转入西班牙本土的港口，另外也将逃往葡萄牙的共和派人士押到国民军军部处理。爱尔兰约有700名志愿军援助国民军，罗马尼亚也有志愿军加入该阵营。

1937年，意大利军队安置在瓜达拉哈拉口径10厘米的榴弹炮。在西班牙内战期间，意大利共向西班牙派出了15万干涉军，并向佛朗哥提供了大量的子弹、炮弹、枪支、坦克、飞机、大炮等军事装备和军用物资

西班牙的独裁者
佛朗哥

他究竟是天使？还是恶魔？故人已辞，毁誉参半，西班牙人民已经有声无声地给予这个历史人物以评价，没有盲从，没有迷信，没有神话。

作为长枪党党魁，佛朗哥无疑是法西斯主义者。他参加叛乱，夺得政权，成为西班牙的独裁者。也正是这位独裁者，使得西班牙远离了第二次世界大战，并且在战后的波诡云谲的国际形势中让西班牙的经济得以腾飞。这位独裁者在百年之后，选择了民主派人士作为接班人。

这枚邮票上的人物是西班牙的独裁者佛朗哥将军，他于1936年发动内战，1939年开始统治西班牙长达35年之久

年少有为

弗朗西斯科·佛朗哥（Francisco Franco，1892—1975年），出身于西班牙科伦那省的费罗尔军人世家，佛朗哥早期参加海军，美西战争后，海军减招。故此，在1907年，他不得不遵循父亲的安排，进入了一所著名的陆军学校读书。1910年，佛朗哥从陆军学校毕业，获得少尉军衔。1912年，他

图为佛朗哥（前排右二）同其他叛军指挥官在1936—1939年的西班牙内战中的合影

参加了西班牙在摩洛哥的殖民战争。1913年晋升为摩洛哥当地最精锐的骑兵部队的中尉，年轻的佛朗哥很快便凸显了他的军事天分和统帅才能。1915年，他成为西班牙陆军最年轻的上尉。1916年，他在战斗中负伤，回国休养。

1920年，佛朗哥成为西班牙驻摩洛哥海外军团副总指挥，接管了军团的指挥权。1924年，他在镇压里夫部落的关键性战役中发挥了决定性作用。1926年，34岁的佛朗哥晋升为准将，成为欧洲最年轻的将军，并被派到法国军事学院学习。1928年，在新成立的萨拉戈萨地方陆军学院任院长。1931年，西班牙推翻君主制后，军事学院被解散，佛朗哥被列入退役的名单。1933年保守势力重新掌权后，将他恢复现役。1934年，佛朗哥任少将，当年便在镇压阿斯图里亚斯矿工起义中获得了成功。1935年，佛朗哥出任陆军参谋部长，后被政府调离总参谋部，调往偏僻的加那利群岛司令部。

20世纪60年代的佛朗哥

知识链接：长枪党

1933年，在意大利法西斯的影响下，西班牙长枪党成立，成为数个西班牙法西斯主义政党和组织组成的政治联盟。1939年7月底，根据佛朗哥签署的法令，制定了新的长枪党章程，要求该组织的成员遵守最严格的纪律和绝对服从命令，提倡“民族主义”和军国主义，希望通过实行极权制度使国家摆脱阶级社会的一切“弊病”，建立维持西班牙“传统”的合作大帝国。该党控制了国家机器和“产业工会”、大学生联合会等组织，企图使国家政治生活“长枪党化”。

内战领袖

1936年，佛朗哥在西班牙本土和西属摩洛哥发动军事政变，政变得到了天主教神职人员、长枪党、保王党等大多数右翼势力的支持。政变首先在佛朗哥驻防的加那利群岛爆发，随后，佛朗哥快速飞抵摩洛哥，牢牢地控制了西班牙驻摩洛哥军队。佛朗哥之后马上在西班牙本土登陆，任右翼势力军队的总司令，西班牙陷入了长达三年之久的内战。

佛朗哥率领的国民军武装得到了德国和意大利、葡萄牙、爱尔兰等国的支持，同苏联、墨西哥、国际纵队支持的共和派展开了激战。1936年10月，佛朗哥被管制国民军占领区的“国防委员会”认作形式上的“西班牙国家领袖”，成为国家元首。11月，佛朗哥处死了长枪党领袖。1937年，国民军在瓜达拉哈拉战役中被共和军击败。同年4月，佛朗哥重组长枪党，形成了西班牙独特的专制体制。通过这种全面的“消耗战”模式，佛朗哥控制了西班牙的许多地区。

1939年1月，佛朗哥占领巴塞罗那；3月，佛朗哥占领马德里，共和政府被推翻，这标志着佛朗哥的独裁统治在西班牙正式得以确立。佛朗哥自任国家元首，取消其他党派，将长枪党确立为西班牙的唯一合法政党。二战中，佛朗哥左右逢源，竭力使西班牙避免卷入世界大战，确保了西班牙在二战中没有遭到战争的破坏。

二战后，佛朗哥仍然维持独裁统治，在国内推行恐怖政策，对共产党、社会党等左翼政党和社团加以搜捕、关押、酷刑甚至处死。20世纪50年代，西班牙争取到了国际货币基金组织的援助，使得战后西班牙的经济有了较快的发展。1975年，佛朗哥去世，西班牙结束了长达40年的法西斯独裁，重建君主立宪制。

1969年7月，佛朗哥宣布胡安·卡洛斯一世将成为他未来的权力继承人。1975年11月27日，胡安·卡洛斯一世即位成为西班牙王国的国王。2014年6月18日，胡安·卡洛斯一世在西班牙首都马德里签署法令，正式宣告退位，由费利佩王储继位。图为胡安·卡洛斯一世（右）和费利佩国王（左）

伊比利亚的烽烟

西班牙内战

世界各地的人，在西班牙的国土上，进行国际势力和意识形态的对决。而每一颗炸弹，都是掉在西班牙的土地上。最后，大家扔下西班牙，留下满目疮痍，无数尸骨。

兀鹰军团成员来自当时德意志国防军（包括空军、坦克、通讯、运输、海军和教练人员），在西班牙内战中支持佛朗哥

西班牙内战是第二次世界大战前世界民主进步力量同法西斯势力的一次大较量，其结果是人民阵线领导的共和国政府被颠覆，佛朗哥在德、意法西斯的庇护下建立法西斯专政，并加入《反共产国际协定》。德、意两个法西斯国家在战争中相互勾结，并在战后正式结成同盟，使欧洲政治关系和战略格局发生了有利于德、意的重大变化。

各国对战争的态度

1936 年 7 月 17 日，战争从西属摩洛哥开始，次日蔓延到西班牙本土各驻军城市。国民军的首领是佛朗哥，佛朗哥急于把部队从摩洛哥运往西班牙，但海峡为共和政府掌握的海军所封锁，于是他赶快向德国和意大利请求援助。为了支持佛朗哥，德国共派去了大约 16000 人的支援部队、600 多架飞机，200 辆轻型坦克，援助总值约合 5 亿帝国马克。

到 1937 年 2 月，已有近 5 万名意大利军人在西班牙作战。当速胜的希望破灭后，墨索里尼继续增援国民军。在整个战争中，意大利共派出官兵 73000 人左右，还提供给叛军 700 多架飞机、700 多辆坦克以及火炮、机关枪等等。军援的总值约 120 亿—140 亿里拉，等于意大利一年军事预算的两倍。

正当意大利和德国直接参加国民军一边作战时，法国和英国却采取了一种危害西班牙共和国的“不干涉”政策。美国没有参加不干涉委员会，但实际上也实行了“不干涉”政策。1936 年 10 月，苏联的第一批援助到达。从 1936 年 10 月到 1938 年 8 月，苏联向共和国提供了 648 架飞机、347 辆坦克、1183 门火炮以及其他一些武器。苏联的志

图为西班牙内战中，西班牙共和国的军队装备的苏联装甲战车。在西班牙内战期间，苏联共派遣了 772 名志愿飞行员、351 名坦克手、100 名炮兵、77 名水兵、166 名通信兵、141 名工程师和技师，外加 204 名翻译

他们休想通过！1936—1939年西班牙叛军包围了马德里城，守卫马德里的西班牙共和国的军队的横幅上写着“法西斯主义者妄图征服马德里，马德里只会成为法西斯主义者的坟墓”

知识链接：国际纵队

西班牙内战期间，许多国家的工人、农民等为支援西班牙共和派反对佛朗哥反动军队和德、意法西斯武装干涉所组成的志愿军。在整个战争中，先后成立了7支国际纵队。其间先后参加国际纵队的志愿军总人数约有3.5万人。不少国际著名的反法西斯战士在国际纵队担任过领导工作。有5000名国际纵队志愿军战士在战争中献出了生命。

愿人员大约有3000名，主要是军事顾问、飞行员和坦克手。还有来自世界各个国家的志愿人员组成“国际纵队”。国际纵队包括54个国家的共产党人、社会党人、自由主义者、无政府主义者以及其他无党派人士和天主教徒，他们当中有工人（占50%以上）、农民、职员、军人和知识分子。

共和国的失败

从战争的最初几个月起，国民军的进攻目标就是马德里。1936年9月4日，国民军占领了塔拉韦腊，距马德里只有70公里，共和国面临着巨大危险。从1936年9月到1937年3月，共和国军民击退了国民军的四次大规模进攻，成功地保卫了马德里。1936年11月，共和政府迁往巴伦西亚。

1938年6月，国民军开始猛攻巴伦西亚。共和国军队在7月25日发动了内战中最大的一次战役——埃布罗河战役。埃布罗河战役持续了4个月之久，国民军伤亡达8万多人，共和国方面也受到重大损失。12月底，国民军向加泰罗尼亚大举进攻。国民军加上意、德侵略军，约有34万人，装备着飞机、坦克、大炮等重型武器，而共和国的军队只有12万人。1939年1月26日，共和国军队放弃巴塞罗那，加泰罗尼亚全境随即陷落。总统阿萨尼亚移居法国，他的态度严重动摇，主张不惜一切代价结束战争。共和国只剩下了中部和东南部地区。2月27日，英、法宣布无条件承认佛朗哥政府。

1939年3月6日，共和国中央战线司令卡萨多上校和右翼社会党人贝斯泰罗在马德里发动军事政变，成立了“国防委员会”，随后便向佛朗哥请求谈判。佛朗哥要求无条件投降。卡萨多等见谈判无望，赶忙乘英国军舰逃往英国。3月28日，国民军进入马德里。4月1日，佛朗哥宣布“战争结束”。

西班牙内战中被摧毁的贝尔奇特镇。该镇大部分建筑在1937年的一场战役中被摧毁，一些没有被摧毁的建筑物在战后被保存了下来，成为西班牙内战的战争纪念遗址

走向法西斯专制的意大利

第一次世界大战加剧了意大利国内政治经济生活中固有的矛盾，也使它与其他欧洲列强之间的争夺更为激烈。战后初期，意大利陷入了严重的财政经济危机之中。这个国民总收入年仅200亿里拉的国家，在大战期间的战费支出高达650亿金里拉（相当于459.36亿里拉）。其中外债200亿金里拉，内债350亿金里拉。战争造成的巨额债务不仅使意大利战后通货膨胀、物价飞涨，还造成严重的金融混乱和财政崩溃。由于缺少资金，意大利工业生产很难顺利完成由战时经济向和平经济的转轨。设备陈旧，技术落后，商品生产成本高，缺乏市场竞争力，使意大利进出口贸易难以保持平衡，入超严重。随着战争工业的转产，大批中小企业破产倒闭，失业人数日益增长，200万复员军人难以找到工作。工人阶级的生活水平因通货膨胀和物价上涨而普遍下降，失业人员更陷于贫困之中，意大利社会孕育着尖锐激烈的阶级矛盾和冲突。

正当国内阶级矛盾异常尖锐之时，巴黎和会上意大利分赃最少，甚至连英、法在1915年为换取意大利站在协约国一边参战曾作出的许多领土许诺也未能兑现。消息传来，引起意大利社会各阶层的极大不满，民族主义情绪空前高涨，打倒政府的呼声响遍了全国。人们指责政府无能，期望有一个强有力的政府和铁腕人物来扭转意大利的局面，以武力实现领土要求。在这样的历史背景下，意大利的法西斯势力迅速崛起。

法西斯主义的创始人 墨索里尼

青年时代，他是一个激进的社会党人，被人们奉为“反战英雄”。
后来他沦为了法西斯头子，二战元凶之一，暴尸街头。

1922—1943 年，墨索里尼任意大利王国首相。1925 年，他建立了法西斯政党，加剧了法西斯侵略战争，给意大利人民和其他国家带来了巨大的灾难。

早期经历

贝尼托·墨索里尼（Benito Mussolini，1883—1945 年）出生在意大利费拉拉省的一个小镇上，父亲是铁匠。墨索里尼从小缺乏教养、粗鲁好斗。他只在当地上过三年小学，后被送到一所寄宿制学校学习，因为与同学打架被开除，后来他被送到一所师范学校继续学业。1898 年，墨索里尼获得了初级技术文凭。墨索里尼受其信奉社会主义的父亲的影响，早年信仰社会主义和无神论。1900 年，他加入激进的意大利左翼政党——意大利社会党。

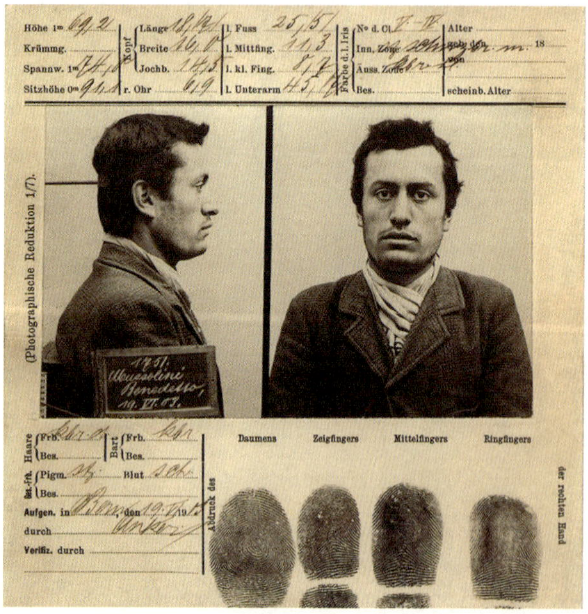

1903 年 6 月 19 日，墨索里尼在瑞士伯尔尼被瑞士警方逮捕后的档案

1901 年，墨索里尼从师范学校毕业。1902 年，他开始在世界各地流浪，过着朝不保夕、食不果腹的生活，曾经一度因在瑞士组织革命者从事政治活动而被驱逐出境。1908—1909 年，流亡到奥地利。1912 年，他开始担任社会党机关报《前进报》的主编。1914 年，他脱离了社会党，思想从极左转向极右。1914 年 10 月，他参加了意大利第一个法西斯组织——“国际行动革命法西斯”，并在三个星期后创办了一份新报纸《意大利人民报》。1915 年 1 月，“国际行动革命法西斯”更名为“革命干涉行动法西斯”，并在米兰建立了全国性组织，墨索里尼很快成了这个组织的核心人物。1915 年 5 月 24 日，意大利政府正式对奥匈帝国宣战，墨索里尼与其他领导人立即应征入伍，“革命干涉行动法西斯”虽未正式宣布解散，但已名存实亡。1917 年伤退后，墨索里尼重新担任《意大利人民报》主编。

法西斯党的建立及其夺权斗争

战争结束后，墨索里尼等人决定重建法西斯组织。1919 年 3 月，他们在米兰召开了“战斗的意大利法西斯”成立大会，并发表了政治声明和纲领。

FASCI ITALIANI DI COMBATTIMENTO - Comitato Centrale
MILANO - Via Paolo da Cannobbio, 37 - Telefono 7156

Italiani!

Ecco il programma nazionale di un movimento sanamente italiano. Rivoluzionario, perchè antidogmatico e antidemagogico; fortemente innovatore perchè antipregiudizievole.
Noi poniamo la valorizzazione della guerra rivoluzionaria al di sopra di tutto e di tutti.
Gli altri problemi: burocrazia, amministrativi, giuridici, scolastici, coloniali, ecc. li tracceremo quando avremo creato la classe dirigente.

Per questo NOI VOGLIAMO:

Per il problema politico

a) — Suffragio universale a scrutinio di Lista regionale, con rappresentanza proporzionale, voto ed eleggibilità per le donne.
b) — Il minimo di età per gli elettori abbassato ai 18 anni; quello per i Deputati abbassato ai 25 anni.
c) — L'abolizione del Senato.
d) — La convocazione di una Assemblea Nazionale per la durata di tre anni, il cui primo compito sia quello di stabilire la forma di costituzione dello Stato.
e) — La formazione di Consigli Nazionali tecnici del lavoro, dell'industria, dei trasporti, dell'igiene sociale, delle comunicazioni ecc. eletti dalle collettività professionali o di mestiere, con poteri legislativi, e col diritto di eleggere un Commissario Generale con poteri di Ministro.

Per il problema sociale:

NOI VOGLIAMO:

a) — La sollecita promulgazione di una Legge dello Stato che sancisca per tutti i lavoratori la giornata legale di otto ore di lavoro.
b) — I minimi di paga.
c) — La partecipazione dei rappresentanti dei lavoratori al funzionamento tecnico dell'industria.
d) — L'affidamento alle stesse organizzazioni proletarie (che ne siano degne moralmente e tecnicamente) della gestione di industrie o servizi pubblici.
e) — La rapida e completa sistemazione dei ferrovieri e di tutte le industrie dei trasporti.
f) — Una necessaria modificazione del progetto di legge di assicurazione sull'invalidità e sulla vecchiaia, abbassando il limite di età proposto attualmente a 65 anni, a 55 anni.

Per il problema militare:

NOI VOGLIAMO:

a) — **L'istituzione di una milizia Nazionale,** con brevi periodi d'istruzione e compito esclusivamente difensivo.
b) — La nazionalizzazione di tutte le Fabbriche di Armi e di esplosivi.
c) — Una politica estera nazionale intesa a valorizzare nelle competizioni pacifiche della civiltà, la nazione italiana nel mondo.

Per il problema finanziario:

NOI VOGLIAMO:

a) — Una forte imposta straordinaria sul capitale a carattere progressivo, che abbia la forma di vera **ESPROPRIAZIONE PARZIALE** di tutte le ricchezze.
b) — **Il sequestro di tutti i beni delle Congregazioni religiose** e l'abolizione di tutte le mense Vescovili, che costituiscono una enorme passività per la Nazione, e un privilegio di pochi.
c) — La revisione di tutti i contratti di forniture di guerra, ed il sequestro dell'85% dei profitti di guerra.

《意大利人民报》是意大利法西斯的重要宣传平台

知识链接：国家法西斯党

意大利的反动政党。“法西斯”为拉丁文的音译，原意为“束棒”，象征权威。1919年，墨索里尼创立“战斗的意大利法西斯”，1921年改组为政党，称“国家法西斯党”。次年夺取政权，建立独裁统治，随之在国内推行法西斯化。1926年，该党成为唯一合法政党。1943年，意大利在第二次世界大战中战败后瓦解。

纲领提出了很多激进的社会改革措施。“战斗的意大利法西斯”代表的是意大利中小资产阶级的利益，希望建立一个能维护他们利益的政权。但是，“战斗的意大利法西斯”作为一支新兴的政治力量，还难以同在工农中间有广泛影响的社会党和人民党相抗衡；它纲领中的反资本、反教会的措施也使垄断资本、封建残余势力和权势集团存有戒心。因此，在1919年11月的意大利大选中，法西斯运动的候选人无一人当选。竞选失败，使法西斯分子失去了信心，许多人相继抛弃了这个运动。到1919年底，“战斗的意大利法西斯”从9000多人减少到870人。

墨索里尼决心改变法西斯运动的政治方向，投靠统治阶级，以求东山再起。1920年5月是意大利法西斯运动的重要转折点。5月24日，战斗的意大利法西斯在米兰举行第二次全国代表大会，重新选出了党的领导机构，通过了新的《法西斯纲领的基本要点》。这个新纲领无论在政治上、经济上以及社会、军事各方面的主张都表现出了明显的向右转的趋向。从此，法西斯运动转向反动。它建立了以反对社会党为首要目标的法西斯行动队，由过去的同情和支持工农运动，转而采用残酷的手段疯狂破坏工农革命组织，殴打和杀害社会党和工会领导人，公开参与军警对群众运动的镇压，

黑衫军成立于1919年，是意大利在战时成立的准军事组织，直到二战后才解散

与之合谋制造白色恐怖。

法西斯运动的新动态使垄断资产阶级和以封建王室为主体的统治阶级消除了对它的疑虑，开始转而大力支持它的发展。在统治阶级的扶持与资助下，法西斯运动获得了重大发展。到1920年底，“战斗的意大利法西斯”成员已达20615人；到1921年5月底猛增至187098人；到1922年5月，党员人数为322310人。意大利法西斯已从一个微不足道的运动一跃成为拥有武装的全国第一大党。面对法西斯运动的迅猛发展，墨索里尼等领导人不再安于仅仅充当统治阶级营垒中的一个次要角色，开始跃跃欲试谋求夺取全国政权了。

在墨索里尼的宣传海报上写着：“贝尼托·墨索里尼阁下是政府首脑、法西斯主义的领袖，也是帝国的缔造者……”

“战斗的意大利法西斯”于1921年11月7日在罗马举行的第三次代表大会，是意大利法西斯运动发展的一个里程碑。它标志着法西斯运动从依靠统治阶级转向夺取全国政权、建立法西斯独裁统治的开始。在这次代表大会中，“战斗的意大利法西斯”更名为“国家法西斯党”，确定了以古罗马的“束棒”为标志的党徽，选举墨索里尼为党的领袖。大会通过的纲领表明，国家法西斯党要摒弃传统的资产阶级议会制国家，恢复罗马帝国的霸业，建立一个对内实行极权统治，对外进行侵略扩张的法西斯政权。

罗马代表大会之后，墨索里尼开始了夺取全国政权的准备活动。他将法西斯党各级组织全部军事化，实行全党皆兵；以帮助政府恢复秩序为名，加紧恐怖活动，广泛夺取地方政权。经过这番准备之后，他们决定向罗马进军，取代中央政府。1922年10月27日，由3万名法西斯行动队员组成的“进军队伍”分三路向罗马进发，法克特首相要求国会

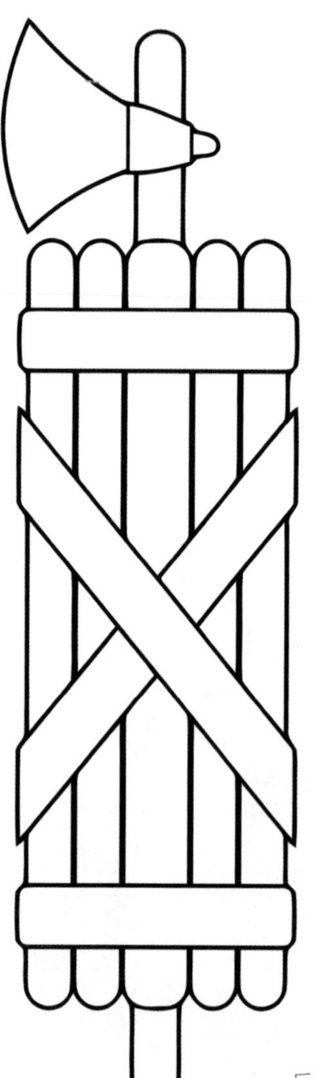

法西斯主义的象征——束棒中放入一把斧头。“束棒”是古罗马最高长官权力的象征，后来演化为“法西斯主义”，是第一次世界大战后，由墨索里尼最先提出的

颁布全国戒严令，遭到国王拒绝，法克特政府被迫辞职。10月29日国王埃马努埃莱三世授权墨索里尼担任首相组阁。31日墨索里尼组成第一届法西斯政府，法西斯党终于上台执政。

1936年10月25日，意大利和德国宣布建立“柏林—罗马轴心”，图左为墨索里尼，图右为希特勒

意大利法西斯专政的建立

1923年11月，墨索里尼强迫议会通过新选举法，以兼并其他党派。新选举法规定，凡某一党所得选票占总票数的1/4以上，便可在议会中占有2/3的议席，组织内阁。这个法案预先保证了法西斯党得以确立对议会的全面控制。

1924年4月，墨索里尼的国家法西斯党在全国大选中依靠恐怖手段和舞弊行为，获得了占投票总数65%的选票。1925年1月3日，墨索里尼在议会上公开宣布以武力镇压反法西斯的活动，之后在全国范围内展开大规模恐怖行动，逮捕所谓“危险分子”，查封和解散各种非法西斯团体，并连续几次改组内阁，把政府中的非法西斯大臣全部排除在外，从而在意大利彻底抛弃了议会民主制，建立了法西斯的一党专政。

从1925年5月起，法西斯政权颁布了一系列法令，为墨索里尼独裁统治提供法律保证。1925年5月16日颁布《反秘密团体法》，宣布取消集会和结社自由；6月20日颁布《法西斯新闻检查法》，取消言论自由；12月24日颁布《政府首脑及阁员职责与特权法》，授予墨索里尼以独裁权，要求内阁大臣和副大臣像士兵一样，一切行动听从“领袖”的命令；1926年11月26日，颁布《国家防御措施法》，宣布取缔国家法西斯党以外的所有政党；1928年12月9日颁布《法西斯大委员会权力法》，规定政府首脑和法西斯大委员会主席由墨索里尼一人担任。到1929年4月，作为政府首脑的墨索里尼一身兼任内阁13个部中的内政、外交、陆、海、空三军、职团、殖民和公共工程8个部的大臣，可谓集各种权力于一身。与此同时，墨索里尼开动所有的宣传机器，不遗余力地在全国和全党大树其领袖权威，开展对领袖绝对忠诚和绝对服从的教育。在法西斯党内进行大规模的清党运动，排斥异己分子，使法西斯党成为墨索里尼手中的驯服工具。

到1929年世界性经济危机爆发前，墨索里尼集党权、政权和财政经济大权于一身，控制了意大利的一切方面，成了意大利的最高主宰者，法西斯极权统治已经全面确立和巩固。

夺权！进军罗马

我的政治天赋告诉我，随同真理的增加与法西斯活动的扩张，意大利新历史的一线曙光将慢慢升起。

——墨索里尼

向罗马进军使意大利成为第一个由法西斯掌权的国家，该事件鼓舞了其他国家的法西斯主义的兴起，其后德国法西斯、日本法西斯先后在各自的国家掌权。

黑衫军在行动

为了夺取全国政权，法西斯党一直在密谋向罗马进军。1922年9月，墨索里尼成立了最高司令部，统一了对法西斯军队的指挥权。墨索里尼一面要求政府解散议会，一面要求元老院协助他组阁，但都遭到了拒绝。故此，墨索里尼开始专注于用武力夺权。

1922年10月20日，法西斯总部下达了全国总动员令，宣布进军罗马，并劝告沿途军警不要抵抗。他还声明保护中产阶级和工农的利益，并宣布效忠王室，从而达到减少阻力的目的。

1935年，墨索里尼视察青年黑衫军

墨索里尼召开了军事会议，决定分兵四路向罗马挺进，占领沿途军营、邮局、城市、银行、火车站等重要据点。法西斯总部设在佩鲁贾，准备就绪后，就率领10万黑衫军分四路进军罗马。在进军当天，墨索里尼以四个军团总指挥的名义，在米兰的法西斯机关报《意大利人民报》上发表了“革命宣言”。

面对黑衫军的进攻，意大利首相在同内阁商议过后，宣布实行戒严令，但是意大利国王拒绝在戒严令上签字。10月29日，墨索里尼收到了来自国王办公室打来的电话和电报，国王准备授权墨索里尼组织内阁。墨索里尼收到电报后，立即通知米兰和佩鲁贾的法西斯党总部，在《意大利人民报》上迅速将电报全文以号外的形式向全国发布。随后，墨索里尼迅速进入罗马。至此，黑衫军进军罗马的目的终于达到了。

夺权成功

国王维克多·依曼纽尔三世命令法克特和他的内阁辞职，张开双臂欢迎墨索里尼。墨索里尼进入罗马时，他只能坐敞篷汽车，因为铁轨已被政府军炸毁。墨索里尼到达后，很快被引进王宫会见国王。国王和这位新的意大利领袖登上阳台时，向人群挥手致意。他们每出现一次，人群就爆发一次狂热的欢呼。

墨索里尼在1922年的“向罗马进军”队伍中

知识链接：黑衫军

黑衫军于1919年成立。在“向罗马进军”行动时，其人数达到了20余万人。1922年，冲锋队被编入民兵并被编组成众多的旗队。1923年2月1日，黑衫军被编组为国家安全志愿民兵。二战结束后，黑衫军被解散。

墨索里尼组成了新内阁，他的法西斯分子占绝大多数，但也邀请了法西斯运动的敌人入阁。看起来墨索里尼主要靠其性格来统治意大利，这只是刚开始。这位法西斯领导人发布了一个宣言，声称：“从即刻起，墨索里尼就是意大利政府。他现在对国家安全负责。反政府机构的行为就是造墨索里尼的反。”1922年夺权成功后，作为意大利的实际统治者，墨索里尼要求尽快恢复国家秩序。随即发布命令，要求加强对军队纪律和社会秩序的管理。为了防止发生意外，墨索里尼调动了近40万军队在罗马附近守卫。为了缓和局势，他没有马上实行独裁，而是继续冷静地观察局势的演变。

对墨索里尼来说，当务之急是稳定社会秩序，需要尽快组织一个中央政府。为了排除人们对他“一党专政”的印象，墨索里尼决定组织一个在法西斯绝对领导之下的混合内阁。由他本人担任首相，兼任外交、内务部长。在各部正副部长中，有15个法西斯党员、3个国家主义派、3个自由党右派、6个天主教党、3个社会民主党。副首相、内政、外交、司法、财政等所有重要职务几乎都被法西斯党占有。陆军部长由支持法西斯夺权的前陆军上将迪亚兹担任，海军部长由亲法西斯的前海军上将达翁德·瑞维尔担任。内阁组成后，墨索里尼立即贴出布告，宣布解散他的非正规军。

墨索里尼于1922年10月31日—1943年7月25日期间在意大利执政

法西斯的野心

征服埃塞俄比亚

1915年，意大利曾不考虑危险，毅然参加战争。但是胜利后，在那令人厌恶的和平谈判桌上，却没有意大利的地位，因为它缺少其他强国拥有的许多殖民地。对于埃塞俄比亚，我们已经容忍40年了，现在已经不能再忍了！

——墨索里尼

19世纪末，意大利即对埃塞俄比亚垂涎三尺，出兵进攻埃塞俄比亚，但是却战败并赔款。墨索里尼执政后，意大利的野心再次暴露出来，凭借法西斯主义占领了埃塞俄比亚。

英法对意大利侵略的纵容

意大利自从19世纪末入侵埃塞俄比亚失败后，一直梦想着征服这个国家。法国为了寻求意大利的友谊，便纵容意大利向外侵略。1935年1月，法国外长赖伐尔访问罗马。墨索里尼答应法意结盟共同反对德国的侵略，而赖伐尔向墨索里尼保证，法国不会阻止意大利在埃塞俄比亚的行动。因此，赖伐尔访问罗马就为意大利侵略埃塞俄比亚铺平了道路。

1935年，意大利在蒙塔瓦尔基招募大量士兵，参加第二次侵略埃塞俄比亚的战争

意大利曾担心英国会反对意大利侵略埃塞俄比亚，但在1935年的斯特莱沙会议上，英法都小心避免提到埃塞俄比亚问题。墨索里尼明白英法的注意力集中在德国身上，为此他将利用英法担心德国侵略这一心理，使英法默认它对埃塞俄比亚的侵略。

1935年5月2日，法、苏两国签订了同盟条约。这一条约的签订使英国感到忧虑，它担心法苏结成联盟反对德国。而1935年6月18日缔结的“英德海军协定”则使法国十分惊恐。英、法两国领导人都急切地希望与意大利保持友好关系。墨索里尼认为在此种情况下，英国政府将会不顾公众舆论的反对，容忍意大利违反国际联盟的条约发动侵略战争。

尽管英国外交大臣在1935年9月召开的国联大会上保证英国将会履行对其集体抵抗一切侵略行动的义务，但在此前一天，他已经同法国外长赖伐尔达成以下谅解：在发生侵略行为时，英、法双方不应施行海军封锁，不应关闭苏伊士运河，不实行军事制裁，也不采取其他任何战争行动。这就明白表示英国将不会反对意大利侵略埃塞俄比亚，因此墨索里尼选择了在1935年侵略埃塞俄比亚。

1936 年，意大利炮兵在埃塞俄比亚

知识链接：埃米利奥·德·博诺

埃米利奥·德·博诺（Emilio De Bono，1866—1944 年），意大利陆军元帅。他于 1884 年从军，参加过第一次世界大战，在战争中曾与奥匈帝国作战。墨索里尼执政后，他先后担任警察总监和法西斯国民军司令，后任的黎波里塔尼亚总督。1935 年意大利入侵埃塞俄比亚时，任总司令，晋升陆军元帅。后因参与反对墨索里尼的活动而被杀。

侵略战争

1935 年 10 月，墨索里尼发动了侵略埃塞俄比亚的战争。从厄立特里亚出动的意大利军队迅速攻占了埃塞俄比亚的阿杜瓦。在早期获得了一些胜利后，意大利军队就陷入了困境。装备处于劣势的埃塞俄比亚人民进行了顽强抵抗，沉重打击了意大利侵略军。

国联迅速做出了反应，谴责意大利为侵略者，并作出了对意大利实行经济制裁的决定。不过制裁并未严格执行，并且制裁的内容不包括石油禁运。石油是意大利进行战争所必要的物资。意大利为了对付制裁，在非洲储藏了庞大数量的石油。制裁的唯一效果是使意大利人不快，并产生了强烈的对抗情绪。

墨索里尼于 1936 年 1 月恢复了军事进攻，1936 年 5 月 5 日占领了亚的斯亚贝巴，5 月 9 日正式宣布吞并埃塞俄比亚。在一个月内，意大利把埃塞俄比亚、厄立特里亚和索马里合并为意属东非。国联承认了这一既定事实，并决定于 7 月 15 日取消了对意大利的制裁。

意大利侵略埃塞俄比亚有三个最大的恶果。第一，意大利为了应对制裁，制定了反制裁计划，限制与东南欧的贸易，这就使德国与东南欧的贸易迅速增长，扩大了德国的影响。第二，意大利侵略埃塞俄比亚，在国际上受到孤立，因此意图寻求与德国更紧密的联系，这就使德意法西斯结成同盟成为可能。第三，由于意大利侵略埃塞俄比亚未受到惩罚，客观上鼓励了德国入侵莱茵兰地区。

墨索里尼（前排右）、意大利国王维克托·艾曼纽三世（前排左）和意大利高级军官在一起，该照片摄于 1936 年的埃塞俄比亚。1936 年 3 月，埃塞俄比亚军主力被击溃。5 月，意大利军队占领埃塞俄比亚首都亚的斯亚贝巴，埃塞俄比亚皇帝流亡，意大利国王宣布埃塞俄比亚成为意大利的一部分

轴心国的形成
柏林—罗马轴心

柏林和罗马的垂直线不是壁垒，而是轴心。

1936年10月23日，意大利和德国分别代表本国政府签署了一份被墨索里尼称为“轴心”的协定，史称“柏林—罗马轴心”。“柏林—罗马轴心”的形成标志着法西斯国家在国际范围内开始结成侵略阵线，全面走向第二次世界大战。

“轴心”形成的历史背景及形成过程

当意大利陷入侵略埃塞俄比亚的困境时，特别是因为受到国际制裁而造成的食品和原料的严重短缺，国内各阶层也开始对墨索里尼的侵埃行动表示不满和批评。然而，一方面英美对意大利采取了事实上的绥靖政策；另一方面，德国对意大利提供了支持，给意大利提供了大量的战略物资，这就为两国建立“轴心”关系奠定了基础。

1934年2月，埃塞俄比亚皇帝海尔·塞拉西

“柏林—罗马轴心”的形成经历了三个阶段：

第一阶段，从1936年1月到1936年9月意大利东非帝国的建立，德国给予墨索里尼政权以有限的支持，促使意大利由联合英法对抗德国的政策转为搞“均势外交”。墨索里尼接见了德国驻意大利大使，主动对德国采取了缓和措施。墨索里尼保证不参加对德国进入莱茵兰而进行的制裁，并且授意意大利新闻界进行亲德宣传。墨索里尼还支持同德国盖世太保的密切合作，支持两国的陆军参谋长举行会谈。墨索里尼向德国的靠近，也有向英、法施压，避免被孤立的意图。在这个阶段，意大利主要在英法和德国之间左右逢源，大搞双面外交。

第二阶段，墨索里尼在占领埃塞俄比亚后，对德国调整了政策，向奥地利施压，迫使奥地利同意与德国签订协定，对德国吞并奥地利的政策采取支持的态度。他还任命了亲德的外交官。英、法对意大利亲德的政策，没有采取强硬的手段，而是在绥靖主义下采取拉拢的手段，这让墨索里尼更坚定地认为亲德政策是正确的选择，认为意大利不能再在欧洲采取所谓均衡的政策，而应该公开与德国结成

1936 年，德国和意大利正式组成轴心国集团

知识链接：轴心国

轴心国是二战中形成的以德国、意大利、日本为首的法西斯联盟，“轴心国”名称源于当时的意大利首相墨索里尼的演说：“柏林和罗马的垂直线不是壁垒，而是轴心。”后来日本加入，便形成以柏林—罗马—东京为轴心的国家联盟。实际上所谓轴心国，是德国、意大利、日本为重新瓜分世界、再分配利益而形成的国家联盟。

盟友关系，利用这一关系建立地区霸权。

第三阶段，自德、意共同武装干涉西班牙内战至“轴心”协定的正式签订。这个阶段德、意关系的特点是：通过共同武装干涉西班牙内战，就划分两国在欧洲的势力范围，以及双方在政治、经济和殖民地等问题上的合作与互相支持达成一致，最后签署一个“轴心”的协议。

1936 年 10 月 23 日，齐亚诺和牛赖特签订了“柏林—罗马轴心”协定，基本内容是：两国政府承认，威胁欧洲和平与安全的最大危险是共产主义；确定双方在有关经济和财政问题的国际会议上采取联合行动；等等。

“轴心”产生的影响

1936 年 11 月，墨索里尼在米兰的一次集会上第一次把德意称之为“轴心”，向英、法施压，威胁英、法承认意大利对地中海地区的霸权。英、法不仅默认了意大利对埃塞俄比亚的占领，还对意大利步步妥协。德意结盟后，墨索里尼就开始着手控制地中海的计划：首先派意大利军队占领了巴利阿里群岛，随后在德国的支持下逼迫西班牙佛朗哥政府签署德意对西班牙港口、铁路、公路和航空体系的控制的协定。

德意协定签订后，日本也开始和德意走近，三方签订了反共产国际协定。“柏林—罗马轴心”协定所产生的影响是巨大的，它促使英法公开推行绥靖政策，企图以牺牲中小国家的利益来保护自身的安全，加速了国际法西斯侵略阵线的形成，增强了法西斯国家的战争潜力，导致了二战的全面加速爆发。

“三国友好”（1938 年）：日本发行宣传明信片庆祝意大利于 1937 年 11 月 6 日加入反共产国际协定。在明信片上，希特勒、近卫文磨和墨索里尼每人都戴了一枚勋章

走下神坛的教皇

梵蒂冈城国成立

教宗，你是屹立不动的磐石，在这磐石上建立了天主的教会。

——《教皇进行曲》

梵蒂冈是一个独立的主权国家。由于四面都与意大利接壤，故称“国中国”，同时也是全世界天主教的中心——以教皇为首的教廷的所在地，是世界1/6人口的信仰中心。

圣彼得大教堂由米开朗基罗设计，是位于梵蒂冈的一座天主教宗座圣殿，建于1506—1626年，为天主教会重要的象征之一

梵蒂冈的历史

梵蒂冈位于罗马的西北部，在罗马帝国时代，这里是人们占卜吉凶的场所。在梵蒂冈的广场上，罗马帝国皇帝有驾驭马车竞技的传统。著名的暴君尼禄皇帝还在此残酷屠杀基督徒，将基督徒浇油焚烧，把他们当作祭品。公元67年，基督教徒彼得在梵蒂冈竞技场被罗马士兵倒钉在十字架上殉道。

在君士坦丁大帝统治时期，教宗圣希尔弗斯德一世请求皇帝将梵蒂冈周围的竞技场拆掉，在场基的北面兴建圣彼得教堂。君士坦丁大帝接受了这一建议，躬亲破土，拨巨款兴建教堂。

梵蒂冈最初并非教皇的驻地，历代教皇都在拉特兰宫。为了便于罗马主教及随员到圣彼得教堂做弥撒，就在教堂附近一侧兴建了一些住宅。从5世纪开始，随着西罗马帝国的衰亡，罗马主教乘机掠夺土地。6世纪，罗马主教获得了罗马城的实际统治权，自称“教皇”，并建造了梵蒂冈宫。8世纪，梵蒂冈又新建了加洛林宫。在“丕平献土”后，教皇得到了罗马城及附近的领土，教皇的权势日益扩张，出现了教皇国。历史上著名的查理大帝曾经多次到梵蒂冈朝圣。800年，教皇在圣彼得教堂为查理大帝举行了加冕礼。1377年，随着教皇格里高利九世将教廷迁回罗马，梵蒂冈宫成为教皇的主要住所。

之后的教皇陆续在梵蒂冈兴建了一系列著名的建筑物：15世纪，兴建了梵蒂冈图书馆和西斯廷礼拜堂、梵蒂冈城墙。16—17世纪，教廷对圣彼得大教堂进行了重建，一些著名的文艺复兴时期的名人，诸如达·芬奇、米开朗基罗、拉斐尔都参与了设计、建造、修饰工作。这一时期，梵蒂冈成为罗马教会的政治、宗教中心。

在拿破仑战争时期，教皇国一度被取缔，成立了罗马共和国。

梵蒂冈的瑞士近卫队是在1506年由教宗儒略二世建立，为保护天主教会圣座罗马教廷和教皇本人的雇佣兵组织，队员原本为受雇于保护君主的佣兵，后来渐渐转变为专属于梵蒂冈城国的近卫队性质的雇佣兵组织

梵蒂冈博物馆里的壁画，绘制于16世纪。梵蒂冈博物馆是世界上最早的博物馆。博物馆总面积达5.5万平方米，前身是教皇宫廷，主要用于收集和保存稀世文物和艺术珍品，著名的西斯廷教堂就在其中

1800年又得以重建，随后又被并入法国。维也纳会议后，教皇国得以复国。20世纪中期，随着意大利统一运动在意大利半岛上兴起，教皇的权威受到了空前的挑战。教皇庇护九世于1869年12月在召开了第一次梵蒂冈宗教公会，全欧700多名主教及宗教人士参加了大会。然而，1870年9月，在会议还在召开的时候，意大利王国占领罗马，宗教公会被迫休会。

意大利统一完成后，教皇被迫退居到梵蒂冈宫中。1871年，意大利王国政府宣布愿意赔偿教皇国的土地。而庇护九世拒绝接受意大利的赔偿，并宣布自动退居梵蒂冈宫，不再离开梵蒂冈一步。从那以后，历代的教皇均对意大利王国采取敌视态度，规定一切意大利王室成员不许领受教会圣事，凡外国元首访问罗马并拜谒意大利国王者，教会一概不接待。教会禁止意大利教友信徒担任意大利王国政府的公职。

梵蒂冈城国成立

1929年2月11日，教皇庇护十一世与意大利首相墨索里尼在拉特兰宫签订了《拉特兰条约》，意大利承认梵蒂冈为主权国家，梵蒂冈于同年7月成为独立的城市国家——梵蒂冈城国。意大利政府则对意大利统一战争时期没收的教会的财产进行了赔偿。该条约的签订解决了意大利与梵蒂冈之间持续了半个多世纪的纠纷。至此，延续了1100多年的教皇国正式结束。

知识链接：《拉特兰条约》

《拉特兰条约》是意大利王国为解决与教皇之间的“罗马问题”，于1929年签订的条约。该条约主要包括以下内容：意大利王国承认梵蒂冈独立，并且对其所辖领土拥有主权，教皇宣布放弃其在意大利境内的其他领土，在梵蒂冈成立梵蒂冈城国；意大利王国承认天主教会的地位，规范天主教会与信仰在意大利国内的地位。

梵蒂冈城国是一个政教合一的神权国家。教皇是国家元首，也是天主教会的精神领袖。教皇集行政、立法、司法三权于一身。在梵蒂冈，一切权力集中于教皇，虽然教皇任职是终身的，但不能世袭。教皇的咨询机构是红衣主教团，由红衣主教、副主教和神父共145人组成。教皇死后，红衣主教团通过选举选出新教皇。教皇下设有教廷国务卿并设有10个圣部，每个圣部负责处理一项宗教专门任务。此外还有秘书处、法庭、专门办公室等。

梵蒂冈国民的生产生活必需品统统由意大利供给。这个国家没有工农业生产，也没有军队，仅有一支瑞士雇佣兵组成的卫队负责国家的安全工作和保卫教皇的安全及参加宗教仪式。梵蒂冈有自己国家的邮政、电信系统，设有国际信息通讯社和梵蒂冈广播电台。它是世界上唯一讲拉丁语的国家。它在世界上100多个国家和地区派驻有“圣使”“代理圣使”和“相当宗教代表”。

梵蒂冈在这片面积仅0.44平方公里的地区内，集中了一批举世无双的艺术品和建筑杰作，修筑在使徒圣彼得墓上的圣彼得大教堂是全城的中心，也是世界上最大的宗教建筑

战争的筹备者德国

德国在第一次世界大战后爆发了十一月革命，推翻了德意志第二帝国，建立了共和国。1919 年，德国社会党领导的政府镇压了德国共产党领导的工人起义。随后，在德国小城魏玛召开了制宪会议，通过了魏玛宪法，宣布了魏玛共和国的成立。随后，魏玛政府组织军队镇压了共产党领导的巴伐利亚起义。

德国在一战后受到国际社会的制裁，军事力量被严格限制，魏玛政府在战后承担了一战的赔款。德国因赔款问题，与法国有着深刻的矛盾，后在英美的调停下，接受了《洛迦诺公约》规定的道威斯计划以及后来的杨格计划的赔款协议。

德国在一战后就拟定了复兴军队的计划，在大力发展军事技术的同时，重建了海军、空军。德国在经济危机中也受到了沉重的打击，在这一时期，法西斯势力趁机崛起，德国建立了纳粹党，希特勒以啤酒馆政变起家，大肆宣扬法西斯主义，以希特勒为代表的法西斯纳粹党掌握了国家政权，取代了软弱的魏玛政府。德国在希特勒的带领下，突破了《凡尔赛条约》的限制，开始国民经济军事化。德国在 1937 年同意大利、日本签订了反共产国际协定，形成了柏林—东京—罗马轴心，建立了轴心国集团。1938 年吞并了奥地利，并通过慕尼黑会议，割去了捷克斯洛伐克的苏台德地区。1939 年吞并了捷克斯洛伐克，闪击波兰，拉开了战争的序幕。

走向共和的尝试

魏玛共和国

作为德国近代历史上第一个民主共和政权，它似乎受尽屈辱，社会精英的遗弃、普通大众的咒骂与怨恨。它是德意志极端民族主义的温床、纳粹主义的试验场，它容忍了一切毁灭它的力量，亦步亦趋地走向毁灭。

魏玛共和国一经建立就面临着严重的经济问题：一战后德国需要支付给战胜国高昂的赔款。同时，德国还面临着法国对德国的蓄意打压。由于共和国在处理内政外交问题上显得力不从心，纳粹的迅速崛起直接终结了德国一战后向民主共和制转型的尝试。

现今的德意志联邦共和国宪法《德国基本法》仍保留着魏玛宪法的少许条文。图为“魏玛宪法”的小册子。魏玛宪法规定在学生毕业后，要将这些小册子提供给学生

共和国成立与魏玛宪法

1919 年 2 月 6 日，在德国小城魏玛召开的国民议会的一个重要任务，就是为共和国制定一部宪法。在国民议会选举的次日，公布了宪法草案。草案的宗旨之一就是在德国建立一个实行地方分权的统一国家，因此，草案中提出把普鲁士邦打碎，把全国分成幅员大体相等的邦，它们不再具有国家的性质，仅仅是最高的自治机构。这实际上是对各邦的自治权做了较大的限制和削弱，因而引起了不少邦，尤其是南德诸邦的反对。8 月 14 日宪法经总统签署后正式公布生效。因此，德国历史上第一个共和国——德意志共和国成立。

魏玛宪法是在德国战败、霍亨索伦王朝被推翻、十一月革命行将失败的背景下产生的，这些时代因素对宪法的内容产生重要影响。魏玛宪法又是近代主要资本主义国家中产生最晚的一部民主宪法，它吸取了欧美各国宪法的民主精华，成为当时最有民主特色的宪法。在关于德国国体问题上，宪法称：“德意志是一个共和国，国家权力出自人民。”中央政府拥有一切权力。国家法律高于各邦法律。各邦仍可以有自己的邦宪法、议会和政府。由各邦政府代表组成的“联邦参政会”仅仅是咨询机构，参与国家立法与行政事务。

魏玛宪法在立法方面贯彻了三权分立的原则，

基尔水兵起义是德国十一月革命的起点，同时也导致德国被迫宣布停战，第一次世界大战结束。图为德国基尔水兵起义中的水兵

知识链接：魏玛宪法

1918 年制定，1919 年 8 月 11 日生效。因在魏玛地方制定而得名。全文共 181 条，分两编。第一编为联邦的组织及其职责，分联邦及各邦、联邦议院、联邦总统及联邦政府、联邦参议院、联邦立法、联邦行政、司法 7 章。第二编为德国人民的基本权利及基本义务，分个人、共同生活、宗教及宗教团体、教育及学校、经济生活 5 章。魏玛宪法是德国历史上第一部实现民主制度的宪法。它建立了一个议会民主制、联邦制的共和国。

即国会、总统与政府、法院三权分立。国会是最高立法机关，国会议员由选举产生。总统是国家元首，由全体公民直接选举产生，任期七年，可以连选连任。总统有统率军队、任命总理和官员以及解散国会之权力。宪法特别授予总统“国家强制执行”权：当境内公共秩序受到扰乱时，总统在必要时可以使用武力，公民基本权利“全部或部分停止”。国家政府即内阁，由总理和内阁部长组成，由总统任免。关于司法，法官地位独立只服从于法律，最高法院解释法律，裁决各种争端。

魏玛共和国的国内政治环境

在魏玛政府执政期间，从来就没有一个政党单独执政过，组成魏玛联盟的各政党从没有一个党在议会中取得绝对多数。为了维持共和制，不得不实行两党或更多政党的联合内阁，甚至延揽右翼政党入阁。这种多党制是魏玛政治生活中的一个重要特点，也是共和国得以暂时稳定的原因所在。

社会民主党是共和国的主要缔造者，但它从来就没有在共和国的政治舞台上发挥过主导作用。共和国建立伊始，为对付来自共产党方面的冲击，社会民主党不得不与旧帝国的军事力量结盟，结果把反动的旧势力保护起来，成了共和国的隐患。

1929—1933 年的经济危机沉重地冲击了资本主义世界，为了平抑巨额财政赤字，走出经济困境，德国政府于 1930 年 3 月 27 日举行内阁会议，以求提高税收，减少社会支出。各党派争吵不休，难于统一，米勒内阁陷入困境，被迫辞职，这样由

联合国教科文组织世界遗产——魏玛共和国时期的市政厅

这是德国于 1923 年发行的 5000 万马克面额的纸币，当时能兑换 1 美元。9 年前，5000 万马克的价值约合 1200 万美元。在短短的几个星期内，通货膨胀使得德国马克大幅贬值

德国社会民主党、中央党、民主党、人民党和民族人民党组成的五党大联合政府就此垮台。此后，共和国进入了完全的总统内阁领导体制时期。从此，国家元首获得的实权比过去的皇帝还要大，总统凌驾于国会之上，有权解散国会、取代国会，有权任免总理。经济危机削弱了议会民主制政体，在德国确立了总统内阁体制，专制主义复活了，魏玛共和国的丧钟敲响了。

魏玛共和国的经济

德国在 20 世纪 20 年代以让人惊讶的速度崛起，重返欧洲强国之列。正是由于德国重新融入了西方世界，德国经济自然不可避免地追随着美国的模式，垄断资本主义得以在更广阔的舞台上表演，美国注入的资本加速了垄断集团集中的程度，使德国经济严重依赖国内几个超级卡特尔和美国金融集团，1923 年 1 月 11 日因为赔款问题，法国和比利时军队联合占领鲁尔工业区，造成德国钢铁、煤炭工业停滞、关闭，工业产值迅速下降，失业大军急剧壮大。为应对危机，政府大肆发行没有保障的纸币，以逃避赔款，暂时稳定混乱局势。这致使世界金融史上前所未有的恶性通货膨胀，如同张开翅膀的死神，扑向了已经奄奄一息的德国经济。

1924 年，由美国银行家道威斯主持的稳定德国金融和平衡德国预算的委员会提出了“道威斯计划”，使美国金融资金大量注入德国。有了美国资本的支持，沙赫特以帝国银行黄金储备为保障发行了新马克，在 1924 年 8 月就基本稳定了德国货币市场，控制了通货膨胀。1929 年，为减轻德国赔款负担，施特雷泽曼力促“杨格计划”的出台，使德国最终挣脱经济上的赔款负担，取消协约国对德国财政经济的国际监督，撤销了赔款委员会。

魏玛共和国的社会政策

战后的魏玛共和国背负着如此沉重的战败包袱，签署了《凡尔赛条约》，成为众矢之的，它没有任何帝国的荣耀，却要为帝国的战败买单，战争带来的愤怒都压到了新生的共和国肩膀上。共和国 14 年中，1924—1929 年是黄金时代，经济的壮

1928 年 6 月的米勒内阁成员合影。德国在 1928 年到 1930 年组成了以海尔曼·米勒（前排左二）为首的米勒内阁大联合政府

20 世纪 20 年代（魏玛共和国时期）是一个新思想风起云涌、新艺术异彩纷呈的时代。图为在被称为“黄金的 20 年代”的柏林，一支爵士乐队在柏林一家酒店广场的茶艺舞会上演奏

大，外交的胜利，大国地位的恢复，加入国联，甚至第三帝国的资本都是从这几年中积累起来的。但 1929 年源自美国的金融危机，使极端依赖美国资本的德国瞬间急转直下，所有社会政策均告失败，民众再次绝望。

魏玛宪法从法律角度规范了共和国实施社会政策的基本目标，确立了国家在年轻人教育、住宅、公共救济、社会保险及劳工等方面的责任。魏玛共和国的这些政策对稳定战后社会，减轻通货膨胀对民众的打击，树立民众对共和国的信心起了很大的作用。但过于繁重的社会福利负担，使政府一直赤字经营，不得不增加税收，这样就降低了企业的盈利性，削弱了企业在国际上的竞争力。同时，企业为了减少成本进行疯狂的“合理化”，结果使更多的工人失业，国家又投入更多的津贴费用，使经济陷入一种恶性循环。

大危机前，不断完善的社会福利政策骤然改变，激起了民众无限的愤怒。1932 年，国家对于失业保险的资助只有 1927 年的一半，援助的时间缩短到 7 星期，这标志着失业保险法的终结。不能承受之重的社会福利负担，使魏玛共和国走到了尽头。

知识链接：弗雷德里希·艾伯特

弗雷德里希·艾伯特（Friedrich Ebert，1871—1925 年），德国社会民主党右翼领袖，魏玛共和国第一任总统。1913 年任德国社会民主党主席。德国十一月革命爆发后，接替巴登亲王马克斯任首相。1919 年就任魏玛共和国总统，8 月 11 日签署魏玛宪法。执政期间，对内一面镇压巴伐利亚苏维埃共和国和德国汉堡起义，一面又扑灭右派民族主义分子的复辟政变（卡普政变）；对外接受《凡尔赛条约》和“道威斯计划”。

柏林是德国兴旺的 20 年代的发展中心。废除帝制后，德国进入了一个非常自由的时期，这一时期被称为“黄金的 20 年代”。这是 20 世纪 20 年代的一张图片，拍摄于勃兰登堡门前

大铁十字勋章获得者 兴登堡

虽然兴登堡是一个保皇党人，
对魏玛共和国持怀疑态度，
他依然按宪法执行他的责任，
他加强总统的权力，
总统的权力不再是象征。

兴登堡在军事生涯初期是一个出色的军人，他最为著名的成就当属一战中和鲁登道夫所形成的完美组合。步入晚年，他精神力量的衰退、陈旧的思想和狭隘的观察力使其后期的政治生涯受到损害。兴登堡任命希特勒为总理的举动，也成为日后希特勒发动第二次世界大战的诱因之一。

兴登堡早期成长经历

保罗·冯·兴登堡（Paul von Hindenburg，1847—1934 年），德国总参谋长、陆军元帅、军事家。兴登堡出生于波兹南市（今属波兰）的一个贵族家庭，父亲是军队少尉。兴登堡从小就受到了尚武精神的熏陶，立志从军。12 岁时进入军校学习，军校所教授的忠君报国思想对他产生了很大的影响。

1866 年，普奥战争爆发，时任少尉的兴登堡亲率一个排的兵力进军波西米亚，参加了著名的萨多瓦战役。1870 年，普法战争爆发，兴登堡也参与了战斗。1871 年，德意志帝国成立的时候，兴登堡作为代表参加了典礼。1872 年，兴登堡晋升为上尉。1873 年到柏林军事学院学习，毕业后在陆军参谋本部工作。他凭借出色的军事能力，得到了毛奇和施利芬的赏识，步步高升。1903 年，升任第四军军长。1911 年，兴登堡退伍。

德国总统保罗·冯·兴登堡，1925 年 5 月 12 日—1934 年 8 月 2 日任德国总统

1932 年，兴登堡的选举海报，海报上标语为“追随他”

1914 年，第一次世界大战爆发，兴登堡得以重出江湖，取得了坦能堡战役的胜利。此役以后，兴登堡在德国成为名人，兴起了“兴登堡热”。同年底，兴登堡被任命为元帅，并出任德军东线军队总司令。1916 年，兴登堡被任命为总参谋长。1918 年，兴登堡迫使苏俄签订了《布列斯特和约》。德国战败后，兴登堡被协约国列为战犯。

总统任期

1925 年，艾伯特去世。魏玛共和国举行新的总统选举，兴登堡以 1465 万票当选。但他的政策令原先的支持者大感失望，他支持与法国和解的政策，依照宪法就任总司令以控制军队，不顾民族主义分子的苛责，签署了有关德国赔偿的“杨格

1932年，时年84岁的兴登堡坐在无线麦克风前，他在竞选活动中击败了希特勒

计划”。

在1926年，德国政府不顾广大人民的抗议，决定把威廉二世和被废的德国贵族们的财产全部归还他们，并赔偿他们因革命而遭受的损失。5月5日，兴登堡发布总统令，指示各驻外公使馆和领事馆除悬挂魏玛共和国的黑红金国旗外，还要悬挂旧帝国的黑白红三色旗。

1930年3月上台的海因里希·布吕宁政府，标志着德国由议会制过渡到独裁制。布吕宁十分尊敬兴登堡总统，而对国会愈加轻视。他利用“紧急法令”绕开国会来处理国家事务。如果国会拒绝政府提出的法案，他便援引魏玛宪法第48条让兴登堡签字生效。这使得兴登堡的权力超过了皇帝，成为独裁者。兴登堡在任职期间积极复活德国军国主义，公开支持保皇组织，还曾任军国主义组织“钢盔队”的名誉会长。

1932年，兴登堡7年任期届满，已经年届八旬的兴登堡决定再次出山，他再度被提名为候选人。纳粹党提名希特勒为候选人。兴登堡以53%的得票率压过希特勒（36.8%）当选。

1932年兴登堡已臻85岁。由于年迈力衰，精力不济，兴登堡越来越依靠他自己的一小批右翼的朋友和战友顾问了。1933年1月30日，当施莱谢尔因得不到议会的支持垮台时，兴登堡随即任命希特勒为总理。德国建立了法西斯恐怖专政。1933年2月1日，在希特勒政府授意之下，兴登堡宣布解散国会，并定于3月5日重新举行选举。2月28日，根据希特勒政府的建议，兴登堡颁布紧急法令，废除了魏玛宪法中有关人身、言论、出版、结社等自由的一切条款。1934年，兴登堡去世。

知识链接：鲁登道夫

埃里希·冯·鲁登道夫（1865—1937年）是20世纪初德国最伟大的军事天才。1894年，鲁登道夫进入德军总参谋部工作，颇受施利芬赏识。1908年任陆军总参谋部处长，在总参谋长小毛奇的领导下对修改施利芬计划起到重要作用。一战爆发后，鲁登道夫成为兴登堡的得力副手。兴登堡、鲁登道夫这一对绝妙搭档，对德国产生重大影响。事实上，鲁登道夫甚至比兴登堡更受欢迎。一战末期，兴登堡、鲁登道夫“组合”获得了实际上的德国军事独裁者地位。一战后，鲁登道夫旅居瑞典，撰写文章和回忆录。他敌视魏玛共和国，成了纳粹成员。1925年参与地方选举失败后，退出政坛。1935年，他的《总体战》一书出版。1937年鲁登道夫去世，希特勒亲自率领军政首脑给他送葬。

阿道夫·希特勒于1933年3月21日在德国波茨坦会见兴登堡总统

反法西斯的无畏战士 台尔曼

我的生活和工作只有一个目标，就是为德国劳动人民献出我的智慧、知识、经验、精力，甚至整个生命，以争取德国最美好的未来，争取社会主义解放斗争的胜利，争取德意志民族新的春天！

——台尔曼

台尔曼是德国共产党的杰出领导人，在领导工人运动，从事社会主义革命，在反对德国法西斯和纳粹主义方面作出了突出贡献。

台尔曼成长经历

恩斯特·台尔曼（Ernst Telman，1886—1944年），1886年出生在汉堡的一个工人家庭。台尔曼幼年就随父母从事繁重的体力劳动。1893年，台尔曼进入小学学习。16岁时，离开家外出谋生，先后当过搬运工人、码头工人、马车夫和汽车司机。

台尔曼深感社会不公正，很早就参加了政治活动。他于1903年加入了德国社会民主党，1904年加入德国自由工会联合会所属运输工人联合会汉堡分会。台尔曼积极主动地参与工会的各种活动，还利用工作之余补习文化知识，研究政治问题和工会问题，很快成为一名工会积极分子。1909年，他当选为工人联合会汉堡分会副主席，后来当选为分会主席和汉堡工会运输工人联合会理事。同时，他还积极参加社会民主党的活动。1908年，曾担任党的区委书记，后来成为汉堡党组织的领导成员。1915年，台尔曼被迫应征入伍，在军中积极从事反战宣传。1918年，台尔曼加入了德国独立社会民主党。在德国十一月革命期间，他参加了汉堡工人士兵代表苏维埃的活动。

恩斯特·台尔曼在加里宁格勒的纪念碑。加里宁格勒原为德国的哥尼斯堡，属于东普鲁士的一部分，在二战后被苏联占领，改名为加里宁格勒，现为俄罗斯飞地

战后从政经历和反法西斯斗争

1919年，台尔曼当选德国独立社会民主党汉堡地区组织主席，他主张同德国共产党合并，并加

1932年3—4月，台尔曼再次被提名为总统候选人，同兴登堡和希特勒较量。在竞选中德国共产党提出“谁选兴登堡，就是选希特勒，谁选希特勒，就是选择战争！”的口号。此后不久，台尔曼向社会民主党提出建立反法西斯联合战线以共同对抗纳粹。图为1932年的台尔曼

图为台尔曼在向工人演讲

知识链接：布痕瓦尔德集中营

布痕瓦尔德集中营是纳粹在德国图林根州魏玛附近所建立的集中营，也是德国最大的劳动集中营，建于1937年7月。希特勒纳粹势力在攫取政权后开始在德国各地大举兴建集中营，布痕瓦尔德集中营是建立最早和最臭名昭著的集中营之一。截至1945年，预计共有56000人遇害，其中大约有11000名犹太人。

入列宁领导的共产国际。1920年，在台尔曼的努力下，独立社会民主党左派和德国共产党合并，成立了统一的德国共产党，台尔曼任共产党汉堡地区组织主席。1921年，台尔曼作为德国共产党代表参加了莫斯科召开的共产国际第三次代表大会。

1923年台尔曼领导了汉堡工人起义。1923年，法国联合比利时入侵德国鲁尔，使德国陷入了深重的危机之中，德共中央指示台尔曼筹备汉堡起义。台尔曼指挥工人纠察队袭击了汉堡的警察哨所，缴获了枪支弹药，利用有利地形同德国国防军展开了激战，顽强战斗了三天三夜后，毫发无损地撤离了工人武装。

1924年，台尔曼在德共九大上作了关于党的任务的报告，他批判了党内右倾主义倾向，总结经验，确定了新的斗争方向。1924年，台尔曼参加了共产国际五大，当选为共产国际执行委员会主席团委员。1925年10月举行的德国统一共产党代表大会上，台尔曼当选为德共中央主席。

台尔曼领导的德国统一共产党也积极利用合法的手段参与政治，1924年，台尔曼当选为国会议员，1925年被德共党中央提名为总统候选人，他号召共产党和社会民主党要保持团结，要采取联合行动。1926年，德共同社会民主党联合请愿。1927年，台尔曼还同社会民主党商讨组建汉堡地区联合政府的问题。

1929年，台尔曼在德共十二大上要求全党一致反对法西斯主义。1931年，台尔曼在报刊撰文反对极左观点，要求全党团结社会民主党，团结广大工人，构建反法西斯统一战线。1932年，台尔曼再次被提名为总统候选人，但是在总统大选中没能取得成功。“国会纵火案”后，台尔曼被盖世太保逮捕，未经审判就先后被囚禁在柏林和汉诺威的监狱里。1944年，台尔曼在魏玛附近的布痕瓦尔德集中营里被秘密杀害，并且被焚尸灭迹，时年58岁。

台尔曼在柏林的坟墓上的纪念碑。1944年，台尔曼和德国其他共产党领导人都遭到杀害，他和罗莎·卢森堡、卡尔·李卜克内西在战后的东德受到了广泛的尊重，很多学校、街道、工厂等都以他们的名字命名

战争狂魔 希特勒

他是天才，因为他缔造了一个强大的德国；
他是疯子，因为他带给了世界巨大的灾难。

希特勒是德国纳粹党的总裁和德意志第三帝国的元首，第二次世界大战的战犯。同时，他也是一个出色伟大的演讲家、政治家和冒险的军事家。作为第二次世界大战的主要发动者，他是对20世纪世界历史产生举足轻重影响的人物。在世人眼里，希特勒被称为“战争的召唤者”“魔鬼的代言人”等，希特勒给世界带来的是灾难和灭亡，是无尽的战争和流血。

早年希特勒

阿道夫·希特勒（Adolf Hitler，1889—1945年），1889年生于奥地利，希特勒的父亲是德奥边境的一个海关税吏。希特勒14岁时父亲去世，此后由母亲抚养。由于母亲的宠爱，希特勒不习惯做一般工作，甚至在中学读书时也不用功，由于经济上由母亲供给，他根本不干什么活。他希望成为一个艺术家。他曾试图报考维也纳艺术学院，但遭到了拒绝。

1889年4月20日，希特勒出生在奥地利布劳瑙；1914年8月，参加第一次世界大战；1919年9月，加入德国工人党（纳粹党）并担任党主席团委员；1921年7月，成为德国工人党元首。1923年11月8日，希特勒发动啤酒馆政变失败。1933年上台成为元首。1938年3月11日，占领奥地利，拉开第二次世界大战欧洲战场的序幕

希特勒19岁的时候，母亲患了癌症。希特勒对母亲有着浓厚的感情，在母亲病危期间，他一直守候在家，并向给他母亲看病的一位犹太医生表示了衷心的感谢。当时，希特勒还没有强烈的反犹情绪。

母亲死后，希特勒就搬到了维也纳居住，靠父母留给他的钱及领取孤儿养育费生活。由于经济上不成问题，因此在这两年内，他就做他喜欢做的一切。他读了大量书籍，过着孤独的生活，形成了仇视人类的心理。不久，他所继承的财产花完，处于完全失望之中。但他又不愿意从事平凡的劳动，因而十分贫困。他依靠慈善机构的救济，流浪街头，但仍想成为艺术家。正是在这一时期，他吸收了在维也纳广泛存在的残酷的反犹思想和种族主义思想。

1913 年 5 月，希特勒从维也纳又搬到慕尼黑，靠在街头做素描和出售水彩画为生。希特勒的素描能准确地反映被描绘对象的特征，但他却缺乏艺术家的天赋。

希特勒从 19 岁开始，一直过着孤独的生活，他同任何人也没有深厚的友谊。相反，他心中充满了对人类的仇恨和对同胞的不满。最后，他的仇恨就完全集中到犹太人身上。

第一次世界大战的爆发使得希特勒欣喜若狂，他充满热情地参军服役，他在军队中首次获得了安全感，军队严格的纪律使他首次有了对他人的支配意识。他在战争中负过伤，获得过一等铁十字勋章，担任过传令兵的工作，后被提拔为下士。

1914 年 8 月，第一次世界大战爆发，希特勒志愿参加了德国巴伐利亚预备步兵团第 16 团，在西线与英法联军作战，先后参加了第一次伊普雷战役、索姆河战役、阿拉斯战役、巴斯青达战役。图为希特勒同战友们的合影

从政之路

一战后，希特勒回到慕尼黑的时候已经年近 30 岁，由于没有文凭和其他技能，他同千百万退伍军人一样，在就业方面存在着很大的困难。正是这种不成功的生活使他采取了一种狂热的态度去向现存制度挑战。他转而对政治产生了极大的兴趣，并参加了新建立的德国国防军，在军事教育部任

知识链接：《我的奋斗》

《我的奋斗》是由希特勒口授，由同僚鲁道夫·赫斯执笔撰写的，在初稿时被希特勒取名为《四年来同谎言、愚蠢和胆怯的斗争》。这本书是纳粹主义理论和希特勒法西斯思想的集中体现，是德国法西斯制定内外政策的思想依据，也是德国法西斯发动第二次世界大战的行动纲领。

知识链接：啤酒馆政变

1923 年 11 月 8 日，纳粹党头目阿道夫·希特勒在慕尼黑东南郊一家名叫贝格勃劳凯勒的啤酒馆发动政变，这是他的法西斯理论的第一次实践，也是他想在德国建立一个法西斯独裁政权的第一次尝试，他的这次发难，虽然没能成功，但对他后来攫取政权产生了很大影响。

知识链接：冲锋队

1921 年 8 月 3 日，作为纳粹党党属武装的冲锋队成立，最初的冲锋队人数极少，罗姆是该组织最初的负责人。冲锋队员身披褐色制服，佩戴“卐”字袖标，游走于市井之间。他们不上战场，更多的时候甚至将枪口对准德国人，他们确实是二战的罪魁祸首之一，也是希特勒崛起的“力量”。1930 年后，冲锋队的人数迅速增加，到 1934 年，冲锋队的人数已经发展到 250 万之多。随着冲锋队与德国国防军矛盾的加剧，希特勒派出大批党卫军对冲锋队大肆镇压，将罗姆和 100 多名冲锋队头目逮捕、枪决。

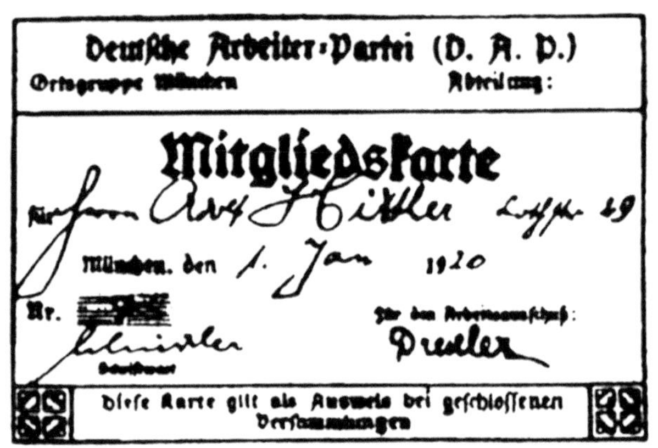

Deutsche Arbeiter-Partei (D. A. P.)

Ortsgruppe München Abteilung:

Mitgliedskarte

für Herrn Adolf Hitler

München, den 1. Jan 1920

Nr.

Für den Arbeitsausschuß: Drexler

Schriftwart

Diese Karte gilt als Ausweis bei geschlossenen Versammlungen

1919 年秋，希特勒成为德国工人党党员。1920 年 2 月 24 日，该党公布与德莱克斯勒合作起草的 25 点纲领，后改名为德意志民族社会主义工人党。图为希特勒的德国工人党的党员证

职。这一工作使他有机会接触各种政治团体，并参加了德国民族社会主义工人党。这是希特勒政治生涯的转折点。

希特勒是一个疯狂的政治鼓动家和演说家，他用歇斯底里的语言煽动听众的感情和狂热情绪。他表示要清算“犹太人布尔什维主义”“柏林罪恶的共和国”和“吸血的资本主义”。他谴责《凡尔赛条约》，认为这是日耳曼民族的耻辱，他鼓吹“民族大家庭”这个以阶级调和为标志的民族主义新动力的核心概念。

他极具煽动性的演讲吸引了很多对德国现状不满的人加入德国工人党，不久该党就从一个小俱乐部发展成为有数万人的大党。1921 年，希特勒成为该党领袖，并把该党改名为德国民族社会主义工人党，即纳粹党。

这一阶段，希特勒还没有想成为国家元首的野心，而只是想寻求让极端民族主义者鲁登道夫将军上台执政，其政治水平尚处在宣传、鼓动和幻想阶段。为此，1923 年 11 月 8 日，他和鲁登道夫以及一批狂热分子在慕尼黑发动了“啤酒馆政变”，企图夺取政权。他企图从啤酒馆集会开始，然后走上街头，发展为一次声势浩大的示威游行，从而夺取政权。但是，暴动被慕尼黑警察镇压，希特勒被逮捕。

这次失败的政变挽救了希特勒。如果政变成功，希特勒最终会被清除出德国政治舞台。其原因是，如果希特勒在慕尼黑夺取政权，然后按照计划组织向柏林进军，德军必然会出兵镇压这次政变，因为法国军队驻扎在鲁尔，他们不会容忍一个激烈反对《凡尔赛条约》的人政变成功，他们必然会进行干预。只有德军先出动镇压这次政变，才有可能制止法军干预。

政变失败后，希特勒只被判处了 5 年有期徒刑。他在狱中写了一本浮夸的自传体回忆录《我的奋斗》，同时总结了经验教训。他认识到德国现政府仍然比较强大，不太容易以武力推翻。于是改变了策略，开始走合法的议会斗争的道路。

登上政治舞台

1929 年世界经济危机的到来，使纳粹党得到了一个迅速发展的机会。纳粹分子充分利用社会的弊病和危机，进行煽动性宣传，争取群众，扩大队

啤酒馆政变中接受审判的被告。从左到右依次是：佩尔内、韦伯、弗里克、基贝尔、鲁登道夫、希特勒、布鲁克纳、罗姆、瓦格纳。从这张照片中可以看到，只有两个被告是穿便装的（希特勒和弗里克）

希特勒通过“国会纵火案”成功解散了德国共产党

伍。1929年，纳粹党人扩展到将近10万人。随着危机的加深，人们对软弱无能的魏玛政府深感失望，纳粹主张得到了越来越多的人支持。

纳粹的发展得到了大垄断财团的支持，纳粹党获得了大量的活动经费，在议会选举中赢得了议会第一大党的地位。1933年，希特勒和德国垄断资本巨头达成协议，垄断资本家负责保证纳粹党的活动经费，而纳粹党在取得政权后不触动垄断资本的利益。同年，希特勒出任德国总理。希特勒上台后，无法迫使内阁接受他的意志。在联合内阁中，希特勒的权力被限制在很小的范围内。

为了巩固纳粹党的统治，希特勒采取了一系列措施，打击政敌，迫害共产党和进步人士，拉拢军队，取消宪法，实行独裁统治。第一，他解散了国会，取消了宪法。第二，他取得了对军队的控制权。第三，他蓄意制造了“国会纵火案”，大肆镇压共产党和工人运动。第四，排除异己，清除非纳粹党员，希特勒清洗了一切反对纳粹党的人士和犹太人，还进行了文化清洗，焚毁了大量书籍。第五，在柏林设立了盖世太保，以迫害政敌，镇压人们的反抗；还建立了许多集中营，关押反纳粹人士和犹太人。

通过以上手段，希特勒巩固了法西斯独裁统治。1934年8月2日，兴登堡去世，希特勒颁布法令，兼任总统和总理的职务，从而完成了夺取全国政权的目标。希特勒推行了一些国家干预经济的政策，在五年内通过大规模重振军备和公共工程计划消灭了失业。

希特勒为了扩军备战，提出了“大炮先于黄油”的政策。1934年，纳粹政权已经巩固，希特勒于是转而向外，公然单边破坏《凡尔赛条约》，提出通过战争夺取“生存空间”，叫嚣“用德国的剑为德国的犁取得土地”，希特勒一步步把德国引向世界大战。

阿道夫·希特勒发表演讲

霍斯特威塞尔之歌
纳粹党

我向上帝发出这神圣的誓言：
我会无条件地服从阿道夫·希特勒，
服务于德国和人民，
武装部队的最高长官，
我现在作为勇敢的士兵，
已经准备好了，
为了这个誓言献出我的生命……

——纳粹党入党誓词

作为特殊时代的特殊产物，纳粹党的建立与发展有其特殊的历史背景。纳粹党所秉持的鲜明的种族主义、崇尚暴力的极端民族霸权主义，以及给世界带来灾难的军国主义，都是值得全人类所警惕和反思的。

纳粹党的创立

纳粹党前身为魏玛共和国时期于1919年创立的德国工人党，后改名为德意志民族社会主义工人党，1923年啤酒馆政变失败后纳粹党被取缔，1925年重建。重建后希特勒利用德国人民对《凡尔赛条约》的不满，大肆煽动日耳曼民族主义情绪，从而使德意志民族社会主义工人党党员人数激增。

20世纪30年代，在慕尼黑，希特勒与纳粹党成员合影

纳粹党的理论是19—20世纪各种反动思想的杂糅。法西斯主义者通过狡诈的种族蛊惑、社会煽动和民族主义与“社会主义”的欺骗宣传，散布对民主主义、马克思主义和犹太人的刻骨仇恨。纳粹党还竭力宣扬种族优劣论、个人独裁论和生存空间论，为其侵略扩张和战争政策制造“理论根据”。纳粹党的成分十分复杂，既有经历过纳粹运动早期风险的亡命之徒、种族主义空谈家，也有殷实的资产阶级，还有一般店主、职员、工人和农民。纳粹党成立伊始，便培植对领袖的崇拜，编造关于希特勒的神话，贯彻对独裁者的绝对服从。纳粹党头目除希特勒外，还有赫斯、戈林、戈培尔等。在州、区、乡设地方和基层组织，统归全国委员会领导。下辖组织有冲锋队、党卫军、国家秘密警察（盖世太保）、纳粹党外事局、希特勒青年团、纳粹妇女联合会等。宣传喉舌为《民族观察家》《进攻》《民族社会主义通讯》。纲领性的读物为希特勒的《我的奋斗》。党旗上有红底白圆心、中间是一个“卐”字的图案。纳粹党徒声称红的象征社会主义，白的象征民族主义。党徽上亦有“卐”字图案。

一张纳粹党的竞选海报“我们正在建设!”将纳粹的日常事项（建设大楼、生产面包、自由、工作）与纳粹党的竞争对手的竞选口号相对比，竞争对手们被描绘为仅仅承诺谎言、诽谤、失业、社会堕落、腐败、恐惧和减少服务

纳粹运动的迅猛发展

经济危机的爆发，为纳粹运动的迅猛发展提供了难得的机会。纳粹党乘机发动了强大的宣传运动，许诺自己执政后定能振兴德国，改善人民的生活状况。1930 年，纳粹党宣布了《农民纲领》。纲领规定取缔土地投机，禁止地产抵押和拍卖，并许诺给农业人口以经济援助，如减免捐税、提高关税、提供廉价人造肥料和电力、提供国家信贷，等等。同年 5 月 10 日，纳粹党又提出了《迅速提供就业——战胜危机纲领》，要求“修筑公路，以减少失业；由国家资助，使中、小企业继续生存；以大地产为代价，增加中、小农数量”。对失业青年，则引诱他们参加冲锋队，说“这里有你们所需要的一切”。总之，根据不同阶层的心理状态，纳粹党进行了有针对性的巧妙宣传。

经过强大的宣传攻势和周密的组织工作，在 1930 年的大选中，纳粹党从国会中最小党一跃而成为仅次于社会民主党的第二大党。纳粹党的党员人数也迅速增加。1928 年 9 月只有 8 万人，1929 年 9 月增至 15 万人，1930 年 11 月再增至 35 万人。纳粹党除了争取工农阶层，还争取到了垄断资本家和大地主阶层的支持。1932 年 11 月，大资产阶级和大地主联名上书魏玛共和国总统兴登堡，要求委任希特勒为总理，并最终于次年 1 月 30 日将希特勒推上台，纳粹党成为执政党。希特勒当权后，宣扬泛日耳曼主义，打击和取缔其他政党，确立了纳粹党一党专政的局面。

知识链接：法西斯主义

法西斯是拉丁文“束棒”的音译，是一把被绑在多根围绕在一起的木棍上的斧头，在古罗马是权力和威信的标志。法西斯主义是一种在特定历史条件下形成的国际现象。它反对资本民主主义和乌托邦思想，主张建立以超阶级相标榜的集权主义统治，鼓吹沙文主义，奉行重分世界的战争政策。

知识链接：第三帝国

第三帝国指希特勒统治下的纳粹德国，“第三帝国”一词指的是继承了中世纪的神圣罗马帝国（第一帝国）与近代的德意志帝国（第二帝国）的德国。1933 年，希特勒在纽伦堡召开的纳粹党代表大会上首度使用“第三帝国”指称纳粹统治下的德国。1939 年，德国宣传部长戈培尔正式宣布不再使用“第三帝国”作为官方名称，改称“大德意志帝国”。

1933 年 2 月，阿道夫·希特勒被任命为总理后，在柏林同一群党卫军成员合影

纳粹喉舌
戈培尔

谎言重复千遍就是真理，
报纸必须为国家服务，
报纸的任务就是把统治者的意志传递给
被统治者，使他们视地狱为天堂。
大众传播媒介只能是党的工具，
宣传的论点须粗犷、清晰和有力，
谎言要一再传播并装扮得令人相信，
必须把收音机设计得只能收听德国电台。
——戈培尔

戈培尔具有演讲天分，他积极从事摧毁进步文化的活动，并大肆造谣撒谎，蛊惑人心，宣扬种族主义，迫害犹太人，为希特勒发动侵略战争制造舆论，他被人们称为“创造希特勒的人”。

早期经历

保罗·约瑟夫·戈培尔（Paul Joseph Goebbels，1897—1945 年）德国政治家、演说家。1897 年，戈培尔出生在德国莱茵地区一个信奉天主教的职员家庭，幼年因患小儿麻痹症导致左腿萎缩，因此第一次世界大战爆发后不能服兵役。1817—1921 年，戈培尔主要依靠天主教艾尔伯特·马格努斯协会的资助，先后在波恩大学、弗莱堡大学、乌兹堡大学、慕尼黑大学和海德堡大学攻读历史和文学。

1921 年 4 月，戈培尔在海德堡大学犹太文学史家弗里德里希·贡尔夫教授的指导下，获得哲学博士学位。戈培尔担任纳粹德国时期的国民教育与宣传部部长，擅长讲演，被称为“宣传的天才”“纳粹喉舌”

步入政坛

1924 年，戈培尔受到了希特勒的感染，加入纳粹党，谋求通过政治活动而出人头地。戈培尔大肆宣扬关于德意志民族和种族主义优秀的思想。1925 年，戈培尔出任纳粹党鲁尔区党部书记，创办并编辑《纳粹通讯》。1926 年 11 月，戈培尔被

1933 年 5 月 10 日，纳粹党在焚书

任命为纳粹党柏林—勃兰登堡区党部书记，负责清党和党内机构整编，很快就使该区的纳粹党成为强有力的组织。1927 年，戈培尔为加强纳粹思想的宣传力度，创办了《进攻报》并亲自担任主编。戈培尔还组织印刷了大量的宣传画，组织纳粹党人上街游行，甚至还举行纪念“啤酒馆政变”的大型会议，在柏林体育馆举行宣传纳粹思想的大型演讲会。戈培尔还掀起了造神运动，把希特勒吹嘘成德国的救世主；他还创作了纳粹党的党歌，向民众灌输为希特勒和纳粹献身的理论。1928 年，戈培尔当选为魏玛共和国的国会议员。1929 年，戈培尔被希特勒任命为纳粹党的宣传部部长。

大约在 1935 年，德国独裁者阿道夫·希特勒同纳粹宣传家戈培尔的女儿海尔格·戈培尔坐在一把长椅子上

1931 年，在希特勒竞选总统一职中，戈培尔拼尽全力，到处发表竞选演说，煽动党徒的狂热情绪，支持希特勒。戈培尔还调动纳粹的一切力量，到处宣传纳粹的理念，四处筹集经费用以希特勒的选举。尽管最后希特勒未能当选总统一职，但是影响力却大为增加，希特勒从此更加重用戈培尔。1933 年，戈培尔策划了“国会纵火案”，并以此为借口镇压德国共产党。之后，戈培尔被任命为纳粹国民教育与宣传部部长。此后戈培尔更加疯狂宣传纳粹主义和希特勒。他还大力开展反犹排犹活动，迫害德国境内的犹太人。1945 年，戈培尔在柏林自杀身亡。

希特勒（右二）和戈培尔（右一）

知识链接：水晶之夜

1938 年 11 月 9 日至 10 日凌晨，在纳粹党的怂恿和操纵下，德国各地的希特勒青年团、盖世太保和党卫军化装成平民走上街头，他们对犹太人的住宅、商店、教堂进行疯狂的打、砸、抢、烧。许多犹太人的窗户在当晚被打破，破碎的玻璃在月光的照射下犹如水晶般发光。所以，有德国人讽刺地称之为“水晶之夜”。

知识链接：国会纵火案

1933 年 2 月 27 日 22 点，柏林消防队接到消息，国会大厦发生火灾。纳粹指控纵火者为共产党员。政府宣布共产党意图暴动，因此为非法。第二天，冲锋队占领了德国所有的共产党党部。德国共产党是第一个被迫退出议会的党派。随后工会被解散，德国共产党的报刊被禁止出版，包括德国共产党领袖恩斯特·台尔曼在内的 1.8 万名德国共产党员被捕入狱。“国会纵火案”是德国纳粹党策划的焚烧柏林国会大厦，借以打击德国共产党和其他反对纳粹主义与法西斯主义力量的阴谋事件。希特勒通过此次事件成功解散了德国共产党。

东方的军国主义日本

第一次世界大战结束不久，战争期间畸形繁荣的日本经济便陷入危机。1920年经济危机可以说是明治维新以来日本经济发展史上的转折点。整个20世纪20年代，日本经济基本上呈现萧条状态。正当经济危机期间，1923年9月1日，日本发生关东大地震，日本政府以维持治安为借口，乘机大肆逮捕社会主义者和工人运动中的积极分子，残杀无辜的朝鲜人和旅日的中国人。

从1924年到1932年，日本政府一直由议会中的多数党组阁，被称作“政党内阁时期”。政党内阁没有改变天皇制专制政体，枢密院、军部拥有决策大权，贵族院与众议院权力相等，首相须经众议员选举，这对明治宪法体制是一个重大突破，对企图建立军事独裁政权的军阀及其正在出现的法西斯势力是一道障碍。

1927年，币原重喜郎的外交政策被田中内阁认为软弱而遭否定，日本的法西斯势力越来越强势。以北一辉为代表的日本右翼法西斯主义思想家，从理论上不断为日本法西斯势力的登台做宣传。以日本军部为代表的法西斯势力则用实际行动来推动日本政权的法西斯化，日本法西斯的激进派发动了“五·一五”事件、“二·二六”兵变，妄图夺取政权；还召开了东方会议以制定侵华的战略计划。在国际上，日本法西斯还同德国、意大利法西斯勾结，结成了法西斯轴心国集团。日本法西斯将侵略目标拓展到整个亚洲和南太平洋地区，制定了南进政策和大东亚共荣圈计划，日本一步步走向战争。

异军突起
日本战争景气

欧洲列强的暂时退出
为它赢得了千载难逢的发展机遇，
战争带来的景气刺激了它的野心，
国民经济军事化成为它长期的既定国策。

在欧洲各国忙于战争的时候，日本的经济得到了充分发展的机会，日本的工业品迅速占领亚洲和欧洲的市场，日本的工业化水平得到了极大的提高，日本在这一阶段完成了相当规模的经济积累。

战争景气

第一次世界大战期间，欧洲各国因忙于战争，退出了亚洲市场。这带给日本资本主义的发展良机，不仅给日本的侵略扩张政策提供了空间，而且给日本的经济带来了“战争景气”。各种产业都有了很大的发展。对外贸易增长了3倍，工农业生产总值增长了3倍多，日本由1914年负外债11亿日元的债务国，变成了1920年对外贷款28亿日元的债权国。

大米是日本非常重要的一种农作物。图为会津的稻田

从大战第二年的夏天开始，日本的贸易出口激增，海运异常繁荣，这些给出口产业、造船工业以及包括矿业在内的基础工业和有关工业创造了发展和繁荣的契机，使得各产业部门都得到飞速扩张。整个制造业增长30倍以上，化学工业增长96倍以上，1918年下半年主要产业的利润率达到55.2%，其中个别时期更高达191.6%，造船业也达到166.6%。通过第一次世界大战，日本从明治以来的长期入超国而一跃成为出超国，产业结构也从战前的农业国转变为工业国（1914年，农业产值占国民生产总值45.1%，工业比重为44.5%，大战结束时农业产值比重降为35.1%，工业产值比重上升为56.8%），同时一批“战争暴发户”大发战争财，成长为“新财阀”，垄断资本进一步发展。“战争景气”随着大战的结束而告终，随之出现的是半年的经济萧条。战后第二年又出现了持续一年左右比战时还要好的“疯狂的繁荣”，然而这种战后繁荣并没能继续维持下去，1920年春又出现了真正的战后经济危机。

机器制造业的发展

一战前，日本的重工业与欧美列强相比明显处于劣势，由于主要原材料及制造业的生产成本过高，无法与欧美强国竞争，因此不得不依赖进口，国产化的目标难以实现。一战期间，欧洲强国唯恐

东京古称江户，明治维新后，改名东京，自此成为日本首都。后逐渐发展成为日本政治、经济、文化、交通等众多领域的枢纽中心，亦为世界经济发展程度与富裕程度最高的都市之一

自给不足，几乎完全停止了相关产品的出口，于是日本的进口压力减轻，客观上为推动重工业发展及加快国产化步伐提供了契机。例如，与1914年相比，1920年机械工业的工厂数量增加了2倍，达到3640家，职工人数增长了3倍，达到22万人；其中，钢铁工业发展异常兴旺，出现了大量的钢铁生产企业。生铁和钢铁产量都达到战前的两倍以上。

一战后，欧洲货物订单蜂拥而至，直接促进了日本造船业的兴旺发达。到1918年能够建造1000吨以上船舶的造船厂数量有53家，员工数量超过了10万人；造船总吨位达到54万吨；船台数由20个增加到157个；发动机由1.6万马力增加到4万马力。一战期间，重工业的增长速度是轻工业的2.5倍，船舶和电力机械的制造已经基本实现国内自给。

知识链接：国民经济军事化

国民经济军事化是国家极端的经济措施。在这种情况下，日用消费品被置于军需产业发展之后，国家限制奢侈品，并且可能采用中央计划的方式控制全国绝大部分的资本，劳动力集中在军事工业和军队之中。第二次世界大战爆发前夕的日本就是典型，日本政府为了摆脱经济危机，加速国民经济军事化，大力发展军事工业。国家用于发展军事工业的支出高达70亿日元，各财阀资本也迅速向军事工业方面转化。日本政府采取各种措施加强了对国民经济的管制，使整个经济为战争服务。

1853年成立的石川岛军工造船厂，现为横滨矶子火力发电厂，建在东京、横滨之间，它既能为东京供电，又能照顾到横滨的电力需求。矶子火力发电厂的一号、二号发电机组分别在1967年和1969年投产，并作为总容量为53万千瓦的以国内煤为燃料的城市电厂，向横滨及日本首都地区提供电力资源

大正民主时代

政党政治

1875年，爱国会建立，
1881年，自由党成立，
20世纪，日本出现了政党政治。

1881年10月，自由党成立，板垣退助任总理。1882年4月，以大限重信为总理的立宪改进党宣告成立。这两个政党的成立，标志着日本正式出现了组织形态较完备的政党。而真正意义上的政党政治从1918年的原敬内阁开始，由此拉开了日本政党内阁时代的序幕。

原敬于1900年加入政友会，任干事长。1914年任第三次政友会总裁

原敬内阁

从历史上讲，从日本议会发轫之初，日本就需要政党政治的思想和理论，政党成立得也很早。明治时代甚至出现过短命的“隈板内阁”那样似是而非的政党内阁，但真正意义上的政党政治是从1918年的原敬内阁开始的。原敬内阁除依照惯例，其外相、陆相和海相为职业军人或官僚外，其他的阁僚都由政友会党员担任，是真正意义上的政党内阁。

作为第一届政党内阁，原敬实施了四大政策。第一项政策是积极的财政政策。这当然是因为大战时的经济景气，使日本政府有了信心。这个积极的财政政策包括充实高等教育和实业教育，奖励完善交通通信机构的产业和充实国防。

原敬着宫廷礼服

第二项政策是反对立刻实行普选。原敬是个保守主义的政治家，他认为马上普选会给日本的社会秩序带来混乱。他使用的是将选举人的纳税资格降低到三日元以下，并且实行小选举区制。因为政友会的支持者很多都是扩大选举权后的农村有权者，小选举区制有利于政友会。

第三项政策是对欧美列强的协调外交，特别是即将取代英国成为国际领袖的美国。由此在他的任内对中国的外交政策也是追随了美国，采取了比以往要温和的做法，特别是对中国的“五四运动”，原敬内阁没有听从官僚和军部主张采取强硬手段的建议，而是采取了基本不干涉的立场。

第四项政策是原敬积极地向控制陆海军的方向努力。他曾一度兼任海相，这是日本近代史上的第一例。他对专横霸道的军部打击很大，而且在田中陆相的后任问题上，他都积极参与了。原敬凭着政友会第一大党的背景和圆滑的政治技巧，纵横捭阁，成为真正有实权的政党首相。

后原敬时代的大正政党内阁

1921 年 11 月 4 日，原敬被刺身亡。原敬死后三周，大正天皇因病引退，皇太子裕仁摄政。继原敬内阁之后的几届内阁都不是政党内阁，而是由官僚、军阀巨头组成的所谓超然内阁。他们的任期都很短暂，反映了政局的动荡。动荡的原因在于民主运动和工农群众运动的高涨。在这种形势下，宪政会、政友会、革新俱乐部接过民主势力的口号，高喊“打倒特权内阁”“实行普选”“改革贵族院和枢密院”，自称“护宪三派”，并把他们的活动称作“第二次护宪运动”。加藤高明于 1924 年在大选中获胜，组成加藤内阁，或称“护宪三派内阁”。这届内阁与此前元老推荐首相的办法不同，是由众议院中的多数党领袖担任首相，被称作“政党内阁”，由此直到 1932 年“五·一五”事件，日本政府一直由议会中的多数党组阁，被称作“政党内阁时期”。政党内阁虽未能改变天皇制专制政体，枢密院、军部仍然拥有决策大权，贵族院仍然与众议院权力相等，然而首相须经众议员选举，这是一个重大突破，对企图建立军事独裁政权的军阀及其正在出现的法西斯势力是一道重要障碍。

大正天皇是明治天皇之子，日本第 123 代天皇。“大正”一词出自《易经》第十九卦中的“临，刚浸而长。说而顺，刚中而应，大亨以正，天之道也”

知识链接：原敬

原敬（1856—1921 年），号一山，岩手县人。任日本第 19 任首相，日本第一位平民出身的首相，原敬是法律专业出身，一心学习西式民主，具有契约精神。他开启了日本的政党政治，在任内被暗杀。

知识链接：高桥是清

高桥是清（1854—1936 年），是日本第 20 任首相。1867 年留学美国。1873 年后入文部省、农商务省供职。1885 年赴欧美考察专卖商标保护制度。1892 年入职日本银行，1911 年任该行总裁。1913 年加入政友会，先后任山本内阁和原敬内阁大藏大臣。原敬被暗杀后，任政友会总裁。1924 年当选众议员，任加藤内阁农商务大臣。1927 年后历任四届内阁大藏大臣，采取延期支付令、禁止黄金出口等政策，以摆脱金融危机和经济大危机。“二·二六”事件时被法西斯军人所杀。

加藤高明是日本第 24 任首相，主张支持中国关税自主，采取对英美协调外交，坚持对华不干涉，仅维持日本之合法利益。加藤本人毕生提倡宪政。他在任期间实行男子普选，裁减大量军队，削弱军部势力，减少贵族院权力，采用温和的社会立法

军部的崛起

“五·一五”事件

少壮派终结了政党政治，
大正民主时代结束，
右翼团体迎来了春天。

1932年5月15日，一群年轻的日本海军官兵闯进首相府，时任日本首相的犬养毅被11名20岁出头的海军军官枪杀。首相临终前的遗言“听我解释”以及暴徒的答复“毋须赘言，下手!”成为著名语录。

日本内阁创设初期，首相的官邸是由太政大臣的官舍转用，为一栋西洋风格的两层木造楼房。1926年，日本首相官邸改迁于此，并于1929年3月18日完工启用，即今之旧官邸，当时的名称为“首相官舍”。图为1929年竣工的首相旧官邸

“五·一五”事件发生的背景

经历了大正民主时代后，日本的政党政治体制得到了进一步的巩固，虽然腐败丑闻不断发生，引起民众对政党内阁强烈的不信任感，但法西斯分子如果想从政党手中夺取政权也不是轻而易举的事情。所以，才有了直接诉诸武力的恐怖活动。

然而，从另一方面看，在法西斯分子实行恐怖活动之前，政党内阁就已经不稳固了，经济危机动摇了日本的经济基础，农村贫困化日益严重。政党政治的丑闻又层出不穷，民众对政党的信心日益减弱。面对日益猖獗的日本法西斯主义的恐怖活动，政党内阁显得软弱无力。

犬养毅，1931年12月13日—1932年5月15日任日本首相

事件经过及其意义

1932年5月15日凌晨4点半，在靖国神社集合的年轻日本海军官兵暗杀行动第一组开车到了首相官舍。由于当天是周日，犬养毅首相正在休息，刚刚要向这群人打招呼，却遭这些人枪击，于当夜11点死亡。袭击者还杀害了首相官舍的警察，并在日本中央银行、三菱银行、政友会本部等地扔了手榴弹，随后大部分人向东京宪兵队自首，少部分人逃亡后被抓捕归案。

这些年轻军官搞的政变，由于计划不严密，

除杀死犬养毅首相一人外，其他计划全部落空。“五·一五”事件的特点是将政变和暗杀结合在一起，该事件使得恐惧感笼罩了整个日本，是日本恐怖暗杀活动的一个高峰。

“五·一五”事件不仅是恐怖和政变活动发展的一个新阶段，而且其在政治上所造成的后果很严重，日本近代的政党政治就此结束。同时，军部利用这次事件，在政界的发言权更大了，开了军人公开参政的先河。法西斯势力与军方相互勾结，民众对政党能否管理好国家产生了严重的怀疑。

“五·一五”事件对日本政权的更迭具有重大的影响，是日本近代政治史上的一个转折点。政党内阁的软弱和军部势力的不断扩张使得日本上层统治者也感到无能为力，上层在政治问题上对法西斯势力无可奈何，上层的妥协加快了政党内阁走向死亡的速度。法西斯分子打着为农民请命的招牌，陆军提出了强硬的、必须救济农村的意见，内阁不得不对农村和农民进行一些救助。

“五·一五”事件对社会政治影响巨大，给法西斯上台制造了社会基础和舆论上的准备，社会上的右翼团体纷纷得以建立，到1933年底，日本右翼团体已达501个，其中半数以上是1932年以后成立的，日本政治右倾化日益严重。为“五·一五”事件被告减刑的请愿书竟达114万封，民众受这次事件的影响之深可见一斑。左翼势力也萎靡不振，甚至在共产党中出现了大量“转向者”。“五·一五”事件后，日本政党政治崩溃，法西斯恐怖活动也销声匿迹了。

大阪朝日新聞

未曾有の帝都大不穩事件

狙撃されて重傷の
犬養總理大臣遂に逝去

輸血も效なく昨夜十一時過

政界の巨星、兇彈に斃る

各閣僚の暇乞ひ

近親者一同の濕やかな通夜

鈴木侍從長
天機を奉伺

襲撃者の一團
憲兵隊で取調べ
自首して出た十七名

臨時首相は高橋藏相

內閣、總辭職に決る
大命再降下を期待し
一兩日中に總裁を推薦

陸、海軍側では
急遽、重大會議
慎重に對策を協議

陸軍側

陸、海兩相參內

海軍側

图为《大阪每日新闻》对犬养毅首相被暗杀的报道。犬养毅是日本护宪运动的主要领袖，他的被刺身亡终结了日本二战前政党内阁的历史

知识链接：犬养毅

犬养毅（1855—1932年），日本第29任首相，是三朝元老（明治、大正、昭和）。他是著名的政治家，绰号“鬼狐”。他在1929年继任立宪政友会总裁，1931年成为首相，其在任期间日本开始大举入侵中国，犬养毅与中国政府就“九一八”事件进行秘密谈判，拒绝承认伪满洲国，故而得罪了军部，于1932年5月15日被日本海军少壮军人为主的政变者枪杀。

知识链接：若槻礼次郎

若槻礼次郎（1866—1949年），日本政治家，东京帝国大学毕业。历任大藏省主税局长、大藏次官、大藏大臣等职。1924—1926年任加藤高明内阁内务大臣时，参与制定《普通选举法》和《治安维持法》。1926年任宪政会总裁并组阁。1930年作为首席代表出席伦敦海军裁军会议。1931年任立宪民政党总裁并再度组阁。后作为重臣活跃于政坛。著有《古风庵回忆录》。

灾难对政治的改变
关东大地震

我日本必亡之兆候，早在大正十二年（1923 年）关东大地震之后，在社会各方面就已经开始显露出来了。

——永井荷风

1923 年 9 月 1 日，日本关东地区发生了强烈地震。地震造成近 15 万人丧生，200 多万人无家可归，财产损失 65 亿日元。地震还导致霍乱流行。为此，东京都政府曾下令戒严，禁止人们进入这座城市，以防止瘟疫传播。同时，日本政府借此机会屠杀革命党人和侨居日本的中国人、朝鲜人。

浅草寺附近的地震毁坏情况

大地震

1923 年 9 月 1 日 11 时 58 分 44 秒，从相模湾浅海底掀起的大地震，震动了日本关东一带并殃及全国，东京、神奈川、千叶、埼玉、静冈、山梨、茨城，灾民达 340 多万人。史称“毁灭一府六县的关东大震灾”，震级当时定为 7.9 级。

从几幅老照片中可以看到，东京城里林立的楼房已不复存在，变成了废墟，街道两旁千疮百孔。警视厅被大火包围像是到了“世界末日”。烟尘蔽日的神奈川港被夷为平地，像是一座死城，往日的繁忙只剩下一片死寂。扭断的法恩寺桥下，河面塞满了灾后的垃圾，还有可怕的尸体，一个仰面的男子表情痛苦，旁边一个女子半卧靠在他的身边，一只手还搭在男子身上。

据说发生地震当天，突然从空中地底传来人世间从未听过的令人心悸的“嘎嘎嘎”声响，紧接着大地上下抖动左右摇晃，发狂似的把人们掀翻在地抛向空中，把一排排房屋摇晃震碎、墙倒顶塌……地震形成的海啸掀起了滔天巨浪，迅速摧毁了东京、横滨和横须贺的所有港湾、码头和船舶……山区塌方汇成泥石流，又冲向铁路埋葬了行驶的火车。

时值中午，家家户户炉火正旺，却被一下子震破了许多煤气管道。煤气遇火即燃，很快引着了传统的木结构房屋，顿时把城市变成了一片火海。灾民们只好逃向水边、海滩，可是又躲不过海边的油库爆炸，水面的石油被引燃，插上翅膀也飞不出那熊熊的火焰山。东京城 85% 的房屋毁于一旦，横滨 96% 的房屋被夷为废墟，死亡和失踪者超过 14 万人，负伤者超过 20 万人，许多人被烧死烧伤；“关东大震灾”后来被称为“世界最大火灾的地震”。

地震后日本政府的措施及政治走向

震灾发生后，日本政府像一部高速运转的机器开动起来，迅速组织、动员全社会投入抗震救灾中。根据东京都市政厅的档案资料，到9月5日，全东京能收容12000人以上的集体避难所就有160个，大多数集中在寺庙神社和各大中小学校。大正内务省震灾救护局向陆军部借用军事帐篷，在明治神宫外苑、皇宫广场等禁地设置难民营，临时住宅则早在9月4日就开始着手建造。官民协作，打破界限，纷纷投入抗震救灾活动中，关西的财团、宗教团体被动员起来，快速推进避难场所的营造。研究数据显示：灾后两个月，市、区政府管理的避难营有101所，收纳数达21367户、收容受难者86581人。另一方面，狭隘的避难场所密集化引发治安恶化，流浪者大量出现。为了加强社会管理，震灾次年，由内务省社会局、警视厅、东京府、东京市联合协作，开始拆除帐篷，将无家可归的难民有计划迁入分布东京各处的已经修建好的临时住宅群落。

知识链接：关东地区

关东地区是指日本本州中部濒太平洋的一个地区，由茨城县、栃木县、群马县、埼玉县、千叶县、东京都、神奈川县所构成。其以首都东京为中心，为日本人口最密集的地区，超过1/3的日本人口居住于此。

在这次地震和大火中，东京损失了30万幢建筑。地震中横滨倒塌的建筑有6万幢，码头和港口几乎全被损坏。道路上到处都是裂缝。城里到处都是尸体，很多人被埋在了地底下和乱石中。图为东京在地震中遭到毁坏的景象

日本关东大地震是20世纪全球最大的地震灾害之一。震灾损失惨重，引发了各种社会危机，也进一步诱发了潜藏在岛国民族心理深处的危机意识。日本国土狭隘、自然灾害频发的现实，使得开拓海外生存空间成为全民共识。关东大地震后，军部好战势力上台，法西斯主义绑架了日本政府，日本为弥补灾害的损失和资源不足，摆脱国内危机，制定了一系列对外侵略扩张政策，并把侵略的矛头对准中国东北。

地震中遇难的外国人的追悼仪式，图片中烧香的妇女是意大利驻日本大使的夫人。照片拍摄地点为东京芝公园的增上寺

第160—161页：日本皇宫

日本皇宫是天皇的起居之地，位于东京中心千代田区，也称皇居，它占地约17公顷，是天正十八年（公元1590年）由德川家康修筑。

是人不是神 昭和天皇

在开战前的最后一刻，裕仁吟诵他祖父在日俄开战前的决心诗："四海皆兄弟，何缘起风波。"批准了对美开战。

昭和天皇在位期间，指挥和策划日本相继发动侵华战争和太平洋战争，侵略和践踏了中国和东南亚以及太平洋十几个国家，导致了数千万无辜人民的死亡。

青少年时期

昭和天皇（1901—1989年），名裕仁，是最长寿以及在位时间最长的日本天皇，执政长达63年。裕仁的父亲是大正天皇，祖父是明治天皇。作为一个充斥军国主义思想国家的准皇储，裕仁从小就被有意识地培养尚武的性格。其刚刚出生70天，就被寄养在了海军中将川村纯义的家里长达4年。6岁的时候，裕仁进入"皇室"学习院，而他的院长则是日俄战争中的"肉弹将军"乃木希典陆军大将。明治天皇亲自指示乃木要努力将裕仁培养为"质实刚健"之辈。

明治四十五年（1912年）7月30日，明治天皇"崩御"，也就是所谓的驾崩，嘉仁亲王继位成为大正天皇，裕仁成为皇太子。大正三年（1914年），从学习院初等科毕业的裕仁，随即被送往了"东宫御学问所"继续学习了7年。而"东宫御学问所"的总裁则是另一位较乃木有过之而无不及的人物——东乡平八郎海军大将。至此裕仁又被拉回了军国主义的道路之上。

大正十年（1921年），裕仁刚满20岁就开始其欧洲之旅。这次访问主要是访问英、法、比、荷、意五国。访问期间，裕仁不仅学习西方的政治结构，同时也对军事表现出了极大兴趣，数次访问了一战时期的历史遗迹。这次出巡中，他接见了驻欧洲的十几位日本武官，获得了以永田铁山、小畑敏四郎、冈村宁次为首的日本青年军官的宣誓效忠，这样，他以这些人为班底，开展了向军中元老夺权的行动。

昭和天皇是日本第124代天皇(1926—1989年在位)，本名裕仁，称号迪宫，是日本最长寿以及在位时期最长的天皇，执政长达63年

天皇时代

1926年，大正天皇"崩御"，裕仁成为了日本第124代天皇，改元昭和。在1936年的所谓皇道派和统制派的对立中，显现出了裕仁对军部的控制能力。"二·二六"事件爆发40分钟后，裕仁就

1943 年 4 月 29 日，作为帝国总部首脑的昭和天皇召开军事会议

> **知识链接：《终战诏书》**
>
> 亦称《停战诏书》，是指日本昭和天皇签署表示接受《波茨坦公告》，同意无条件投降的诏书。这被看作是日本正式接受《波茨坦公告》、宣布投降的象征。《终战诏书》是在 1945 年 8 月 14 日由昭和天皇亲自宣读并录音，8 月 15 日通过日本放送协会正式对外广播。

接到报告，马上换上军装，召见陆军大臣，命令镇压。

在 1937 年 7 月 7 日，日本发动了震惊世界的七七事变，全面侵华战争由此开始。当陷入中国泥潭的 3 年后，裕仁已经开始暗地埋怨，低估了中国的军力。裕仁甚至暗自批评当时首相近卫文麿，他在阿部信行组阁的时候，亲自指令陆军大臣要从梅津美治郎或者侍从长畑俊六中挑选。1939 年 11 月 8 日，在中国战事紧张期间，裕仁于富士山附近检阅近卫师团，借以激励士气。

随着战事的吃紧，裕仁则开始关心起自己的命运，也就是日本天皇制能不能得到保留。裕仁和当时的首相铃木贯太郎主张日本投降。1945 年 8 月 15 日，最后一次的御前会议上，裕仁无可奈何地同意投降，接受《波茨坦公告》。1946 年元旦，裕仁发布《人间宣言》，否定了天皇的神圣地位，承认自己与平民百姓一样也是人，而不是神。

战后，裕仁逐步树立自己民主君主的形象：与平民会面，允许皇族成员被拍照。他还访问过灾区，视察日本的战后建设。1971 年，裕仁访问西欧，1975 年访问美国，这是他第一次以天皇的身份访问外国。裕仁晚年身体欠佳，1987 年手术后健康状况更是每况愈下。1988 年 8 月 15 日，裕仁最后一次公开露面并发表讲话，悼念战争遇害者。1989 年 1 月 7 日上午，日本政府正式发布“天皇崩御”公告，漫长的“昭和时代”落下帷幕。其子明仁的时代拉开了序幕。

昭和天皇在位期间发动了侵华战争，给中国人民带来了巨大的灾难，中国人民进行了 14 年的艰苦抗战，最终取得了抗日战争的伟大胜利。日本的全面侵华战争正是在 1937 年 7 月 7 日卢沟桥打响。图为北京卢沟桥抗日雕塑

新型外交路线
币原外交

维持和增进正当权益，尊重外交前后相承主义；以保持同外国的信任关系，改善对美苏的关系；不干涉中国内政，用经济外交代替武力争夺。

——币原外交宗旨

币原外交，是指日本外相币原喜重郎任职期间推行的外交政策。对英美以协调取代对抗，承认苏联，对中国提出了所谓“不干涉内政”的口号。币原外交其实是一战后，日本原敬内阁在国内外新形势下推行的与英美“妥协”的新型外交路线。币原外交的实质是协调外交。

知识链接：币原喜重郎

币原喜重郎（1872—1951 年）日本第 44 任首相，外交家。生于大阪府一地主家庭。帝国大学法科毕业后进入外务省工作。币原喜重郎在第一次世界大战中任外务次官，战后任驻美大使馆参事官。1924 年起任加藤高明、若槻礼次郎、浜口雄幸等内阁的外相，历经五次内阁变更，故有“币原时代”之称。以华盛顿会议为契机，币原喜重郎乃至日本整体外交呈现出了追求新理念的面貌。

协调外交

“协调外交”的精神在币原喜重郎于 1924—1927 年以及 1929—1931 年任外务大臣时得到发扬光大。币原在 1924 年 6 月就任外务大臣时的记者招待会上表示：“日本将遵循并扩充巴黎和会及华盛顿会议诸条约、诸决议等所明示或暗示的崇高精神，努力完成帝国的使命。”接着在第 49 届议会的外交演说中，阐明了他的外交原则，即：第一，维护和增进正当的权益，尊重各国正当的权益，以维持世界和平；第二，尊重外交前后相承主义，以保持同外国的信任关系；第三，改善对美对苏关系；第四，在对华政策上贯彻不干涉内政的原则。

币原喜重郎是日本 20 世纪著名的外交家，曾数次担任内阁外相，历经五次内阁变革，有“币原时代”之称

同时，币原也强调“外交不单是处理国与国之间的政治关系，谋求国家间经济关系的发展同样是外交的重要任务，特别是从我国目前情况看，更应把外交的重点放在国际关系的经济方面。目前最重

1921 年 10 月 24 日，日本代表抵达华盛顿——从左至右：罗伯特·伍兹·布列斯、币原喜重郎、孔茨上将、加藤上将、田中将军、布鲁斯特将军。币原喜重郎代表日本签订《五国海军裁军条约》《四国条约》和《九国公约》

要最紧急的任务是朝野一心，振兴对外贸易与本国人在海外的投资企业，以期改善国际借贷关系。”由此可见，币原外交的三个特点是对英美协调、经济外交和对华不干涉方针。

在“协调外交”思想的主导下，日本政府在 1928 年的日内瓦“放弃战争条约”上签了字，1930 年，滨口内阁不顾海军的强烈反对，又签署了伦敦海军裁军条约。在对华问题上，日本也表现出有限度的自我克制。1924 年 9 月直奉战争时，尽管日本在中国东北地区的权益将受到影响，但币原外相仍发表了“无意对华干涉”的声明。1925 年中国爆发“五卅运动”，币原婉言拒绝了英国提出的共同出兵镇压的建议，而是同中国政府谈判赔偿死难者损失事宜；同年 10 月，币原确定的日本在北京关税会议上的方针是，实现差等税率制，以尽可能减轻日本的损失，并通过率先承认中国关税自主权，争取主动，以使中国同意差等税率制。1927 年 3 月发生北伐军冲击英美日领事馆的“南京事件”后，币原拒绝参加英美等国出动军舰炮击南京的行动，坚持通过外交手段寻求解决等。

币原外交的局限性

但是，币原的协调外交也存在着致命的局限性。首先，它遭到来自日本内部扩张派的强烈反对。其次，它受到日益高涨的中国民族主义运动的冲击。在币原的“协调外交”中有两个重要概念，即“正当权益”和“相承主义”，前者是指日本在海外以及中国获得的各种政治经济特权，后者则是指“一国政府公开与外国所作的定约，不管是否根据条约，也不论国内内阁有何更迭，不得因此种更迭而更迭”。

另外，为保护和扩大日本的权益势必会同欧美列强发生冲突。面对其他帝国主义列强的压力，日本也只好如同 1932 年 5 月任外务大臣的内田康哉所说的那样，为解决满蒙问题，“举国一致，即使把国家化为焦土，也决心贯彻这一主张，寸步不让”。“焦土外交”的出现使与英美协调的外交政策最终陷于破产。

1921 年任驻美大使期间，币原喜重郎与加藤友三郎、德川家达一起，作为日本的全权代表，出席华盛顿会议。与田中义一扩军备战的自主外交路线不同，币原在担任外相的五年多时间里，坚持协调外交，特别强调维护日英美之间的关系。图片从左至右：币原喜重郎、加藤友三郎、德川家达

日本法西斯鼻祖
北一辉

日本是一个领土狭小的国家，作为国家生存权的侵略主义就是日本的正义。

——北一辉

北一辉早期参加过中国革命，他在上海写出《日本改造法案大纲》，决心从下层社会起对日本进行改造，得到广泛支持。最终形成“二·二六”事件。兵变失败后被日本政府所杀。但他的思想却流布于世，成为日本法西斯主义的源流。

北一辉是日本法西斯主义理论的创立者

以社会主义者自居

北一辉（1883—1937年），出生在新潟县。北一辉一生撰写的三部重要著作是：《国体论及纯正社会主义》《中国革命外史》《日本改造法案大纲》。北一辉主张通过武装政变夺取政权，继而完成国家改造，然后由改造后的日本帮助亚洲其他国家摆脱西方帝国主义的控制。他的思想既具有侵略扩张性，又有“超国家主义”色彩。特别是北一辉的《日本改造法案大纲》，更是被一些法西斯主义者奉为“圣经”。

目睹弱肉强食的残酷竞争，北一辉呼吁建立具有合理的“社会制裁”体制的“世界性的大政府”，基于“人道之大义”引导“世界万邦”。而要建立这样的大政府，首先要“增强本国国力，确立文明之基础，上下一致，君臣联合。而后，将其志向推广至全世界”。换言之，这一“大政府”当由“君子之国”日本建立。由于日本的“天皇”与“国体”之间可以画等号，因此，北一辉的“国体论”，核心是“军民一体”。用他本人的话说：“天皇是民之父母，民是天皇之子女。此乃我立国之根本，万世不变之原则。”而所谓的“纯正社会主义”，即对内对生产资料的公有、公营、公平分配；对外以消灭国际竞争为目标，但在现阶段由于竞争不可避免，故应赞同以战争手段解决国际争端。事实上，这也是北一辉主张建立世界大政府的手段。

法西斯理论体系

北一辉的超国家主义理论以《日本改造法案大纲》最为著名。1918年，北一辉在上海动笔撰写《国家改造原理大纲》。犹存社奉北一辉的思想为指导

皇太后陛下 御仁慈

有難き御言葉を賜ふ

畏くも空前の單獨賜謁に

各閣僚ただ感泣す

北一輝·西田稅等

百數十名を檢擧

憲兵隊と警視廳で取調中

今次事件に關聯

あす退京する西園寺老公

偉大な知識涵養

滯京中の生活

毎朝まづ新聞切拔き

今明日

大本

“二·二六”事件是日本近代史上最大的一次叛乱行动，也是20世纪30年代日本法西斯主义发展的重要事件。图为东京朝日新闻社3月11日关于“二·二六”事件的报道

北一辉策划参加了日本“二·二六”事件，事变失败后被处决。其撰写的《日本改造法案大纲》得到了广泛的支持，他的思想得到了广泛的流传，成为日本法西斯理论的源头。图为北一辉之墓

知识链接：皇道派

昭和初期陆军内部的一个派系，以荒木贞夫、真崎甚三郎等为核心。因荒木、真崎等主张“清君侧”，实现“国体明徵”和“天皇亲政”，故称“皇道派”。这一派实际上的首领是小畑敏四郎、秦真次、满井佐吉等。他们利用军事机密费培训企图依靠直接行动实现国内改造的青年将校。特点是，强烈主张首先进攻苏联；强烈的精神主义；缺乏具体的改造计划，盲目行动。

知识链接：统制派

统制派是当时的日本军队中的中高级官僚集团，他们既是大财阀在军队当中的代言人，也是日本帝国主义通过对外战争缓解经济危机的策划者，其基本政治思路就是军国主义和法西斯主义，试图塑造一个对内效忠财阀，控制民众，对外殖民、掠夺外国人民的军事集权政府。代表人物有永野铁山、东条英机。

思想。1923 年，改造社将《国家改造案原理大纲》做了删节，改名为《日本改造法案大纲》。

《日本改造法案大纲》主体部分由序言、结语、文本 8 卷构成。就内容概括而言，一、国家改造的内容是：(一）政治结构全面改造，即废除宪法、明确国体、废除华族制度、实行普选、建立“国家改造议会”、将皇室财产收归国有；(二）经济结构的全面改造，即限制私有财产、推行新的土地政策、完成“大资本的国家统一”；(三）社会保障体系的改造，即保障劳动者的权利、保护国民的教育权、拥护国民的人权。二、国家改造的手段是武装政变。不过，他对“武装政变”有独特的解释：“武装政变是直接发动国家权力即社会意志。”三、实行“国家改造”方案的指导思想是“超国家主义”或曰“极端国家主义”，其特征是攻击和排斥外来思想和体制，采取恐怖活动；强调民主至上主义和世界政府主义。

总之，北一辉将“军民一体”“家族国家化”“民族至上”“世界联盟”等观念融合起来。他的思想在推动日本向法西斯主义道路迈进的历史过程中，成为国民精神的整合力量。昭和初年日本发生的一系列政变和暗杀活动，都和北一辉的思想有关。1936 年，北一辉作为“二·二六”事件的幕后指导者被捕，并于 1937 年被处以死刑。

日本大陆政策的急先锋
田中义一

欲征服支那，必征服满蒙；欲征服世界，必先征服支那。倘支那完全可被我国征服，则其他如小中亚细亚及印度南洋等，异服之民族必畏我敬我而降于我，使世界知东亚为我国之东亚，永不敢向我侵犯。

田中义一是日本昭和时期军阀当政的第一人。在制定侵华政策，推行侵华谋略方面，以他为首的内阁起到了承前启后的重大作用。他主持的“东方会议”被视为日本侵华政策的一大转折——从协调走向积极对华政策的转折，属于日本大陆政策的重要部分。田中为日本军国主义武力攫取东北开辟了道路。田中积极的侵华政策，也成为日本随后发动九一八事变与全面侵华的指导信念，同时也为日本准备同美、英等大国进行大规模战争即日后的太平洋战争埋下了伏笔。

成长经历

田中义一（1864—1929年）日本陆军大将。他14岁时曾参加武士叛乱。20岁以后入陆军教导团。1886年任陆军少尉。1892年，从陆军大学毕业，获中尉衔。

1895年，任第一师团中尉参谋。随后参加了甲午中日战争，晋升大尉。战后进入参谋本部搞情报，后被派到俄国去留学，到了日俄战争前夕，成为陆军首屈一指的“俄国通”，担任俄国课课长。

1907年，田中受命试行军队教育改革，任第一师团第三联队长，改革中引进了尊重个性、联队如家、官兵协调等新式教育方针，补充了体罚、指挥刀操练的单一教育方法，在军内扩大了影响。1909年，田中升任军事课长、第二旅团长、陆军省军务局长。

1913年，他赴欧美考察，回国后创立了青年团组织，企图通过官办组织来应对第一次世界大战后思想混乱的局面。由于这个组织是针对小学毕业后到被征兵入伍之间的人员，所以和在乡军人会一样发挥着向国民传播国家意志的作用。1915年8月，作为幕后黑手，田中义一策划了向袁世凯提出臭名昭著的“二十一条”的卑劣行径。

田中义一曾任政友会总裁、日本首相，在日本军界和政界都有很大的影响。1927年因皇姑屯事件被天皇罢免

1927 年 4 月 20 日，田中义一出任政府首相，掌握了大权，成立了田中内阁。田中内阁是在若槻内阁辞职后匆忙成立的，是一个以少数执政党为基础的政权。图为田中义一内阁成员合影

登堂入室

1918 年原敬内阁成立后，山县有朋推荐田中义一入阁担任陆相。1922 年，他再次出任陆相，并晋升为大将，获男爵爵位，被列入华族。恰逢关东大地震发生，他利用陆军的设施、人员、物资为关东大地震后的复兴重建作出了贡献。1924 年，他创立了全国性青年组织“大日本联合青年团”，这个组织有 250 万成员，成为田中强有力的支持者。

1925 年 5 月，田中义一突然退出现役，投身政界。1927 年，田中义一出任政府首相，掌握了大权。田中为了赢得选举，操纵政府对一百多名知事以下的地方官吏进行更迭、调任。同时通过贿选、利诱等手段大肆干预选举活动。为此田中用大量的金钱和职位对中间派人士进行分化拉拢，谋求控制议会。最终获得 217 个议席，以微弱多数取得了议会中“不自然的多数党”地位。

田中内阁于 1927 年 6 月末到 7 月上旬召开东方会议，决定对华积极政策的《基本纲领》，特别强调维护日本在满蒙的特殊利益。1928 年 1 月民政党提出对内阁不信任案，对此，政府解散议会。2 月初根据《普选法》进行总选举，以内务大臣铃木喜三郎为中心对选举大肆干涉，但政友会仅比民政党多得两个议席。

知识链接：田中奏折

1929 年，中国《时事月报》刊登了一份名为《田中内阁侵略满蒙之积极政策》奏折，通称“田中奏折”。关于“奏折”的真伪，学术界历来有不同看法。但奏折中所说“欲征服支那，必先征服满蒙；欲征服世界，必先征服支那”的设想，则和日本帝国主义以后的侵略行动是一致的。

第五十五届议会时，田中竭力打击反对党和收买中立议员，使议会和政府的威信扫地。同年 3 月在全国逮捕共产党员（“三·一五”事件）。1928 年 5 月，为阻止中国国民革命军北上，以保护日侨为名，强行出兵山东，与国民革命军发生冲突。6 月修改《治安维持法》，7 月在全国实行特别高等警察制度，1929 年 4 月再次对共产党员进行大逮捕（“四·一六”事件），竭力增强对共产主义、社会主义的镇压。1928 年 6 月制造皇姑屯事件炸死张作霖。由于签署的《非战公约》前言中有“在各国人民的名义下”的词句，内阁受到攻击，又因对炸死张作霖事件负有责任而辞职。后由滨口内阁接替。

1928 年 6 月 4 日，张作霖的专列在皇姑屯附近被炸，张作霖伤重而死。图为爆炸现场

侵华前奏
东方会议

中国之时局现正极其紊乱，因之对实行我政府之对华政策，有予以深切考虑之必要。拟在此时此际征求驻在中国各方面而代表日本官方之诸位先生对中国时局之报告与率直、坦白之意见，以作政府之参考。本会议即是根据此种意义而召开。

——田中义一在东方会议上的致辞

在日本侵华史上，东方会议是一次决定“国策”的重要会议。田中积极的对华政策是通过召开东方会议来集中体现的。该会议在详细分析了中国政治、经济及军事形势的基础上，重点讨论确定了新的对华政策，制定了《对华政策纲领》。东方会议为即将到来的侵华战争确立了行动计划。

东方会议现场。1927 年 6 月 27 日至 7 月 7 日，日本首相田中义一（右三）在东京主持召开“东方会议”，制定《对华政策纲领》，确立优先占领中国东北、内蒙古进而侵占全中国的侵略扩张政策

东方会议召开的历史背景

20 世纪 20 年代，日本经历了经济危机、关东大地震等打击，国内出现了大面积的工农运动，面临着严重的社会危机。为了摆脱危机，转移国内矛盾，日本计划侵略中国，进而征服亚洲乃至世界。1927 年 4 月，田中义一上台组阁。田中上台后，在外交上变得愈发强硬，对中国采取“积极政策”，以“就地保护侨民”为借口出兵山东。1927 年 6 月 1 日，日军在青岛登陆。田中义一在出兵山东的同时，指示政务次官森恪着手准备一次有陆海军首脑、驻华使领、关东军司令官等参加的东方会议，他准备在这次会议上，交流情况，统一认识，从而制定出不同于“币原外交”的对华“积极政策”。

会议召开

1927 年 6 月 27 日至 7 月 7 日，田中义一将派往中国和朝鲜的军政要员召回东京，会同内阁主要

1927 年，日本“东方会议”后，确立了侵略中国的政策。1928 年 4 月侵略济南的日军在邻接济南城的商埠，以纬四路为中心线，划为东西两个警备区，构筑工事。图为日军在布防

1931 年 9 月 18 日夜，日本关东军铁道守备队炸毁沈阳柳条湖附近的南满铁路路轨，并栽赃嫁祸于中国军队。日军以此为借口，炮轰东北军沈阳北大营。九一八事变是日本帝国主义长期以来推行对华侵略扩张政策的必然结果，揭开了第二次世界大战东方战场的序幕。图为沈阳九一八历史博物馆

知识链接：滨口雄幸

滨口雄幸（1870—1931 年）高知县人，1895 年毕业于东京帝国大学法学系，进入大藏省。1915 年当选众议员。1924 年任第一次、第二次加藤高明内阁藏相。1926 年任第一次若槻礼次郎内阁内相。1927 年任立宪民政党总裁。1929 年任日本首相。1930 年遇刺负伤。1931 年去世。

知识链接：冈田启介

冈田启介（1868—1952 年），日本第 31 任首相。出生于日本福井藩。海军大学毕业，日本海军大将。参加过甲午中日战争和日俄战争。1923 年 5 月，任海军次官。1924 年，任海军大将、军事参议官。1926 年，任横须贺镇守府司令长官。1927 年，任田中义一内阁海相。1929 年，任军事参议官。"五·一五"事件后任海相。在"二·二六"事件中因兵变而倒台。

成员及陆海军方面首脑举行了一次联络会议，以统一对大陆政策的认识。这次会议就是著名的东方会议。各方汇报和以此为基础的讨论之后，田中义一作了题为《对华政策纲领》的训示。田中义一首先提出："确保远东和平，获取日支共荣成果，是我对支政策的根干。"随后，以"支那本土和满蒙对我有不同的含义"为前提，发表了被称为"当地保护主义"和"东三省分离主义"的讲话。就对"支那本土"的政策，田中义一提出："支那国内政情的安定和秩序的恢复，乃我当务之急"，"虽然这要依靠建立稳固的中央政权才能达到，但目前建立稳固的中央政权绝非易事。故需和各地方稳健政权进行适宜接洽，除此之外别无他途。因此日本政府对各政权的态度当完全一致。"最近"不逞分子"或可能搅扰治安，挑起不幸的国际问题，虽应寄希望于支那政权进行平息，但是"如果有危害帝国权益及当地侨民生命财产之虞，则当然采取必要的自卫措施予以维护。舍此别无其他选择"。关于对"满蒙地区"的政策，田中义一指出："满蒙特别是东三省地区，维系我国国防及国民之生存，于我利害关系重大，我邦必须予以特殊考虑。不仅如此，为了维持当地和平及经济发展，使之成为内外人士安居之地，作为与之接壤的邻邦，我等必须感到特殊之责任。"

1931 年 11 月 19 日，日军占领齐齐哈尔，图为日本陆军第二师团进入齐齐哈尔城

"帝都不祥事件"
"二·二六"事件

现在归复原队，仍为时不晚；
抵抗者全部是逆贼，射杀勿论；
你们的父母兄弟在为你们成为国贼而哭泣。

——《告军官士兵书》

"二·二六"事件的失败导致直接参与者多被处以死刑，间接相关人物亦被调离中央职务，皇道派因此在军中影响力削减，而同时增加了日本帝国军队主流派领导人对日本政府的政治影响力。"二·二六"事件是日本近代史上最大的一次叛乱行动。

兵变

1936年2月26日，一些年轻军官率领1473名士兵杀害了藏相高桥是清、内大臣斋藤实、教育总监渡边锭太郎。侍从长铃木贯太郎身受重伤。首相冈田启介的亲戚海军预备役大佐正巧在冈田的家中，被误认为是冈田被杀，冈田首相躲在女佣的壁橱中，第二天混在吊唁的客人中侥幸逃脱。在汤河源停留的牧野伸显伯爵虽然也遭袭，但逃过了被杀的一关。这些政变部队袭击了朝日新闻社，掀翻了装铅字的盒子，占领和控制了首相官舍、陆军省、参谋本部、警视厅、国会等要地。

这种大规模政变引起日本朝野的巨大震动。但是由于政府已经瘫痪，所以对政变部队无可奈何。只有掌握军队的军部可以处理此事。政变部队向川岛义之陆相第一次提出的要求中，指出要实行国家改造必须清除军部中央军阀的中心人物，从这可以看出"二·二六"事件很大程度上是军队内部的纷争，和"五·一五"事变有所不同。但在军人政权这一点上皇道派和统制派是一致的。

由于军队内部的派系斗争，军部对这次剧变所持的态度分为两派。荒木贞夫、真崎甚三郎等军事参议官集团以及东京警备司令香椎浩平对政变部队抱有同情，认为可以对这些部队做说服工作，让其放下武器，还发出了似乎是承认政变的告示，并将政变部队编入"警备部队"。2月27日凌晨3时实行东京地区的戒严令，整编部队变成了地区警备队，接收兵站的给养，完全是将政变部队看成是自

图为参加日本"二·二六"事件的青年军官。1936年2月26日黎明时分，以皇道派青年军官率领的近卫步兵第三联队为中心的近1500名日本军人，袭击了首相官舍等数处枢要部门，杀害了内大臣斋藤实、教育总监渡边锭太郎和大藏大臣高桥是清，重伤天皇侍从长铃木贯太郎，之后占据永田町一带达四天之久。这些人起事的目的是"尊皇讨奸"，实行"昭和维新"，实际上起事的缘由却是皇道派与统制派之间、部队军官与幕僚军官的长期倾轧，以至最终反目，酿成震惊天下的突发事件

己人。这使得政变部队认为自己安然无恙，成功在望。但统制派的参谋本部则坚持镇压的态度。军队上层两派势同水火，僵持不下。

“皇道龙王”荒木贞夫，荒木自年轻时起就爱好剑道，他经常与年轻军官一起到剑道场比赛，相互切磋剑术。他极富口才，青年军官对他普遍有好感，他们送给荒木贞夫一个绰号“大胡子龙王”。荒木贞夫性格开朗、能言善辩、不拘小节，具备领袖气质。这使得荒木贞夫后来成为陆军皇道派呼风唤雨的人物

知识链接：荒木贞夫

荒木贞夫（1877—1966年），陆军大将、俄国问题专家、皇道派领袖，历任陆军大学校长、第六师团长、教育总监、陆军大臣，“二·二六”事件后退出现役，1938年任近卫文麿内阁文部大臣，日本战败后以甲级战犯被判处无期徒刑，1955年出狱。

镇压政变

天皇对政变十分震怒，要求坚决镇压，在天皇的一再敦促下，2月29日，24000人的戒严部队将政变部队团团包围，并发出最后通牒。收音机广播和飞机撒传单配合劝说政变部队归顺。这些部队接受了通牒，并被解除了武装，下级军官和士兵回到了兵营。政变首领之一的野村自杀。其他军官因为想在法庭上陈述自己的看法而自愿束手就擒，北一辉、西田税也被逮捕。

知识链接：广田弘毅

广田弘毅（1878—1948年），日本第32任首相。生于石匠家庭。1905年毕业于东京帝国大学法学系。1933年任斋藤实内阁外相。1934年任冈田内阁外相。1935年，提出对华三原则，即“广田三原则”。1936年任首相兼外相。1937年任第一次近卫内阁外相。1940年任米内光政内阁参议。1946年作为侵华战犯接受远东军事法庭审判，1948年被处以绞刑。

之后，东京成立的临时军法会议进行审判。整个审判过程是秘密进行的，不允许有辩护人，一审定案，不许上诉。司法程序相当特殊和严厉。其目的在于隐瞒军队内部分裂成两派的真相。因为“二·二六”事件已为国民所知，国民中对这种派系斗争引起的混乱局面十分不满，为了使民众继续信赖军队，只有将所有罪行转嫁给那些下级军官来掩人耳目，同时也想掩盖政变当初陆军上层予以支持的做法及有争执的情况。

1936年7月5日，一审判决领导政变的17名军官死刑。1937年8月，北一辉和西田税也被处决。而对内支持政变的高级将领则没有受到惩罚。“二·二六”事件让人们对政党政治丧失了信心。军部对广田弘毅内阁更加干涉，实际上掌握了对日本的控制权。

1936年，广田弘毅在“二·二六”事件后上台组阁，担任日本的首相兼外相。他召开了五相会议，会议制定了主导日本对外扩张的国策。他还同德国签订了《反共产国际协定》

东西方法西斯结盟
日德共同防共协定

日耳曼军国主义同大和军国主义握手，
德国与日本结盟，
空气中弥漫着战争的气味。

日德防共协定是在日本国策“基准”和外交“方针”基础上策划制定的，而且发展到与别国签订了协定，是广田内阁期间唯一由内阁主导制定的外交政策。

协定签订前后

1936 年 11 月 25 日，日德两国在柏林签署日德防共协定，这是广田内阁在“国家政策基准”和“帝国外交方针”基础上制定的唯一一项外交政策。日德签署防共协定的背景是，当时日本面临来自苏联的威胁，并在国际上陷于孤立。所谓来自北方的威胁是指苏联在其远东地区拥有强大军事力量，对日本造成了压力，而且共产主义活动在远东地区开始普及，苏联在其远东地区的兵力和军事设施激增。由于日本的军事力量无法和远东苏军相抗衡，日本不得不寻求利用外交手段与苏联周旋。德国在西欧同样陷于孤立境地。

图为希特勒会见日本驻德大使武者小路，准备签订日德反共协定。1936 年 11 月，德日签署了《反共产国际协定》。一年后，意大利也加入这一协定，德、意、日三国轴心正式形成。此后加入该协定的还有匈牙利、西班牙、保加利亚、芬兰、罗马尼亚、丹麦以及斯洛伐克、克罗地亚傀儡政权和中国的伪满、汪伪政权

日本驻德武官大岛浩少将注意到这种情况，于 1935 年向纳粹党政权外交部长里宾特洛甫提出签署日德双边协定的意向，两国开始秘密交涉。有田八郎就任外相后马上通过驻德大使武者小路命令大岛浩试探纳粹方面的想法，在得到里宾特洛甫确实希望实现日德合作的答复后，便要求德国方面提出草案。当时并没有什么特定的内容，日本的想法是优先考虑德方希望的内容。德国方面提出了日德防共协定及附属议定书草案，内容是前一年大岛浩和里宾特洛甫之间商定的。

协定草案被送到枢密院进行审议，广田弘毅在第一次审查委员会上就此事作了说明，称苏联的军事力量在东亚对日本形成压力，并通过共产国际进行搅乱工作，对日本的国防造成直接威胁，同时阻

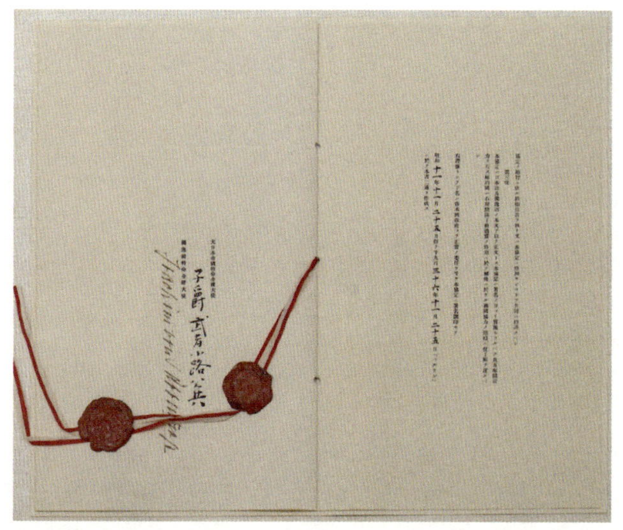

1936年11月25日，日本与德国签订的《反共产国际协定》文本。通过这个协定的签订，使日、德两国法西斯在反苏反共的旗帜下建立起公开的军事联盟，以实现其重新瓜分世界、称霸全球的野心

碍日本落实“东亚安定政策”，缔结该协定是以与德国合作、共同防卫和牵制苏联为主要目的。同时，要尽可能地邀请第三国一起形成防止赤化扩大的防卫态势。但是该协定会尽量避免使正在向前发展的日苏关系恶化，将继续进行日满苏边境划定，处理国界纠纷，继续改善日苏关系。有田外相在说明中提到苏联在欧洲造成的威胁，指出苏联和其邻国间逐个签订互不侵犯条约，而且加入了国际联盟，和法国、捷克斯洛伐克签署了相互援助条约，旨在欧洲扎实地强化其国际地位。广田弘毅和有田八郎都强调，日本和德国在挫败苏联在东亚和欧洲扩大侵略的意图和阻止共产国际在这两地区推行赤化方面有共同的利害关系。这个协定在表面上是日德两国针对共产国际制定的，而真实意图是以苏联的进攻或威胁为前提的。

国际社会对协议的反应

日德防共协定在国际上引起的反应反过来形成更大的波浪冲击着日本。日本和纳粹政权缔结协定，与东方和西方国家都产生了隔阂。日德防共协定对外发表，使得日本与英国改善关系的计划无限期拖延下去。对苏关系也受此影响，原本枢密院已经审议通过并草签的日苏渔业协定，由于苏联在向日方通告拒绝签字后而化为泡影。日德协定虽然表示非常欢迎有志于防共的国家加入该协定，但对此表示支持的仅有意大利。欧美各国也对此冷眼旁观，他们担心建立反共网将导致世界的分裂。

知识链接：诺门坎事件

诺门坎事件是第二次世界大战初期日本及苏联在远东地区发生的一场战役。诺门坎战役，起因于侵华日军和外蒙军关于诺门坎以西，直至哈拉哈河这块呈三角形地区的归属问题。日、苏双方的军队分别代表“伪满洲国”及“蒙古国”交战，战役结果以日本关东军的失败而告终。诺门坎战役的失败促使日军不得不放弃“北进政策”而选择“南进政策”。

诺门坎事件是1939年日本与苏联在中国东北和外蒙古边界附近发生的一场战役。图为1939年，诺门坎事件中的日本中岛Ki-27战斗机

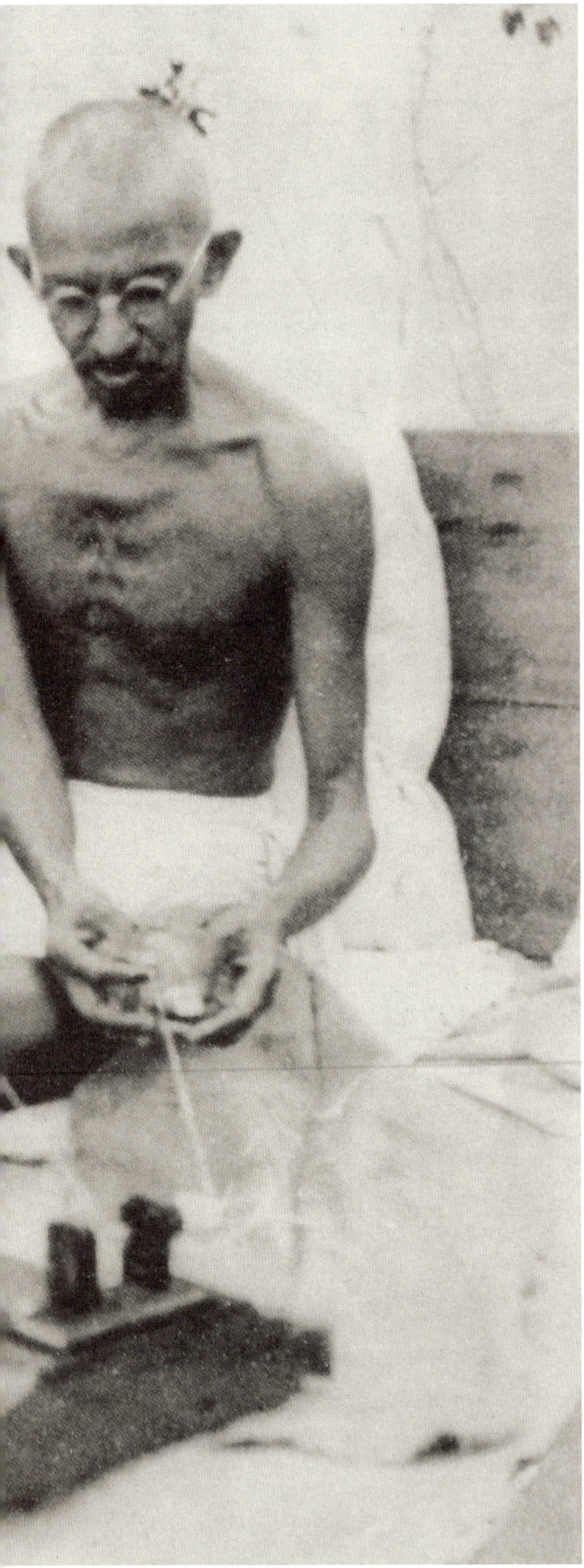

危机中的亚非拉

亚洲、非洲和拉丁美洲地区辽阔，社会经济结构、阶级结构、人口、民族、宗教的复杂性，决定了民族民主运动的多样性。在中国、印度、埃及和拉丁美洲部分国家中，资本主义生产关系有了较大发展，不仅催生了无产阶级和资产阶级，而且促使这两大阶级各自形成了政治组织。而在另一些国家中，资本主义生产关系比较薄弱，尽管资产阶级有较多政治经验，但无产阶级尚未形成为独立的政治力量。还有一些国家，经济发展更为落后，封建宗法关系、原始部落经济占主导地位，资产阶级和无产阶级都没有产生。

在历史文化传统方面，亚非拉三洲也表现出各自的特点。亚非各地区存在着儒学、伊斯兰教、印度教以及部族文化，并表现为区域文化特点。拉美数百万人的传统信仰同天主教信仰融合在一起的“民众天主教”，与坚持正统规范与习俗的“上层官方宗教”同时并存。尽管亚非拉三洲千差万别，但有一个共同点，即这一时期的绝大多数国家都是帝国主义压迫下的殖民地或半殖民地社会，即使是取得独立的国家，也没有实现经济、社会和文化方面的结构性变革。

表现各异的区域文化，恰如一道道由光谱上各种颜色组成的统一花束，都面临着西方文化的严重冲击，并且都在艰难地寻觅世俗化、现代化的出路。人民群众同帝国主义和封建主义的矛盾，仍是许多国家存在的基本矛盾，这就决定了反帝反封建的民族民主运动的日渐发展，只不过因国情不同而表现为不同的形态。

觉醒的民族意识

朝鲜三一运动

朝鲜当为吾族之朝鲜，吾族唯有对日永远血战，因此而有惨祸之发生，吾族亦不负其责。

——三一运动《决议文》

日本自明治维新之后，侵略的触角就伸向了朝鲜。甲午中日战争后，日本将朝鲜变为自己的保护国。1910 年的《日韩合并条约》将朝鲜变为日本的殖民地，朝鲜人民的反抗一直没有停止。终于，在民族解放运动思潮的影响下，朝鲜人民的民族意识觉醒了。

运动背景及运动爆发

朝鲜被日本吞并后，人民为争得民族独立的斗争接连不断。1918 年底，一些朝鲜学生开始聚集在教堂荒山上讨论恢复国权的运动。1919 年，学生运动得到了进一步发展，汉城的大中专院校学生相互联系，采取联合行动。在朝鲜李朝高宗死后，朝鲜的学生运动愈发活跃。

与此同时，留日的朝鲜学生运动也蓬勃兴起。1919 年 2 月 8 日，留日学生召开学生大会，持续了三天，留学生以朝鲜青年党的名义发表宣言书和决议文，宣布朝鲜独立。会开完后，留学生代表返回国内，与国内学生代表接触。汉城的学生代表于 2 月 10 日确定了运动的步骤，并决定起草独立宣言书。

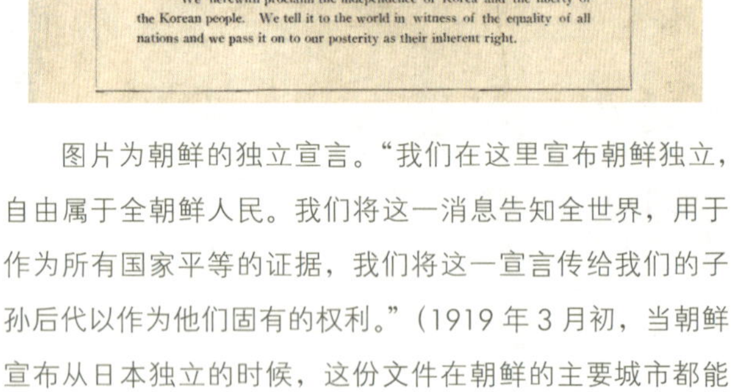

DECLARATION OF INDEPENDENCE

(This document was read in all the leading cities of Korea on the First of March, when the Koreans declared their Independence from Japan.)

"We herewith proclaim the independence of Korea and the liberty of the Korean people. We tell it to the world in witness of the equality of all nations and we pass it on to our posterity as their inherent right.

图片为朝鲜的独立宣言。“我们在这里宣布朝鲜独立，自由属于全朝鲜人民。我们将这一消息告知全世界，用于作为所有国家平等的证据，我们将这一宣言传给我们的子孙后代以作为他们固有的权利。”（1919 年 3 月初，当朝鲜宣布从日本独立的时候，这份文件在朝鲜的主要城市都能看得到。）

An immense procession of Korean demonstrators, shouting "Mansei" after presenting the declaration of independence to the American Consulate. The Consulate building appears in the background—*Seoul*

图为朝鲜示威者在美国领事馆前发表独立宣言

汉城学生按照原定计划，于 3 月 1 日在塔洞公园举行集会。学生代表高声宣读了《独立宣言书》。集会群众振臂高呼“朝鲜独立万岁！”“日本人和日本军队滚出去！”“成立朝鲜独立政府！”“朝鲜是朝鲜人民的朝鲜！”“自由平等万岁”等口号举行了示威游行，这是三一运动的开始。

日本总督府得知朝鲜游行示威的消息后马上出动军警采取镇压行动，除全部警察宪兵外，还出动驻龙山的 3 个步兵中队、1 个骑兵中队进入市区驱散示威人群，逮捕了 130 多名示威群众。图为日军在朝鲜汉城（今韩国首尔）的塔洞公园设置路障，以阻止朝鲜人民的和平示威

知识链接：太极旗

1882 年《朝美修好通商条约》签字前，朝鲜方面设计了一种无卦的太极旗，经中国外交官马建忠提示加入了八卦。同年出使日本的朝鲜大臣朴泳孝与英国船长商量后决定去掉四卦，在 1883 年被朝鲜李朝高宗选定为国旗。

示威群众分为三队，一队走向外国领事馆驻地，一队走向德寿宫，另一队走向日军司令部。示威群众冲破军警的阻挠，如潮水般向前推进。由几十万人组成的队伍，几乎湮没了整个汉城。市内交通陷入瘫痪状态。日本宪兵和警察全员出动，肆意逮捕示威群众，还指使消防队用水龙头驱散游行队伍。

3 月 1 日，除汉城和平壤外，南浦、安州、宣川、义州、元山、松禾等地，都爆发了群众性的示威游行。独立示威的浪潮很快扩散到整个朝鲜半岛，3 月 1 日至 5 日，全朝鲜的 28 个府郡都举行了示威游行。

运动发展

3 月 5 日，汉城学生按照原定计划进行了第二次示威。数以万计的群众参加了示威活动。示威群众高呼独立口号走向街头。不少学生向周围群众发表演说，宣传独立思想。平壤学生也乘火车前往汉城参加这次示威。

朝鲜的工人阶级也积极参加了这次运动。3 月 1 日，汉城许多工人参加了示威游行。3 月 7 日，汉城铁路工厂工人、电车售票员和司机举行了罢工。朝鲜农民也积极参加暴力斗争。

3 月中旬以后，运动扩展到中部和南部地区。由城市扩展到农村，由铁路沿线扩展到偏僻地区。自 3 月 1 日到 5 月 31 日，203 个府郡共爆发了 1491 起示威游行，参加的群众达 200 万人以上。斗争在 4 月中旬达到高潮。

日本殖民当局动员了朝鲜所有的宪警，又调动了日本军队，在朝鲜各地进行血腥镇压。运动最终失败了，但三一运动给予日本殖民者以沉重的打击。160 多所日本殖民统治机关被破坏或烧毁，许多日本官吏被处决，日本的统治方式也从宪警武断统治转变为“文化政治”。

随着朝鲜半岛各地的示威逐渐升级为暴动，日本政府开始对示威群众开枪射击，加大镇压力度。于是一场屠杀开始了，这也使朝鲜半岛各地的暴力冲突不断升级。图为被日本人烧毁的朝鲜人的房屋

札连瓦拉园屠杀 阿姆利则惨案

在人民还没有取得这样的资格以前，
我便号召他们发动文明的不服从运动，
这个错误在我看来像喜马拉雅山那么大。
——甘地

1919年4月13日，在印度北部城市阿姆利则发生了英国人指挥军队向印度人民开枪的屠杀事件。该事件造成数百人死亡，数千人受伤。阿姆利则惨案成为甘地于1920—1922年发动全国性非暴力不合作运动以及印度最终走向独立的直接原因之一。

阿姆利则金庙是印度锡克教最大的一个寺庙，位于印度边境城市阿姆利则市中心，整座金庙的建造共耗费了750公斤黄金。这座被誉为“锡克教圣冠上的宝石”的建筑，风格典雅，造型优美，既有伊斯兰教建筑的肃穆庄重，又有印度教建筑的绚丽璀璨

惨案发生

第一次世界大战后，协约国列强企图肢解伊斯兰教圣地土耳其的图谋，使印度伊斯兰教徒的反英情绪不断高涨起来。1918年，为保卫土耳其苏丹，反对列强肢解土耳其，印度国大党著名政治活动家、在印度穆斯林中享有很高威信的穆·阿里兄弟组织了全印哈里发委员会，由此开始了哈里发运动。该运动虽具有宗教色彩，但在本质上仍是印度民族解放运动的组成部分。

旁遮普是印度穆斯林的重要聚集区，那里的反英斗争形势愈演愈烈。锡克人也和穆斯林一样，同国大党的反英运动在一定程度上结合起来。1919年3月，在锡克教圣地阿姆利则接连出现群众性集会、示威游行和罢工斗争。4月10日，阿姆利则殖民当局以“领导最激烈的反政府宣传”的罪名，驱逐旁遮普的两位著名政治家，导致市民与警方冲突。市民于当日傍晚占领火车站、电报电话局，切断了该市与外界的联系。当天夜间，省督奥德维耶指令戴尔将军率军开进阿姆利则，接管市政管理并实行戒严。

4月13日是锡克人的宗教节日。2万名群众在阿姆利则贾利安瓦拉巴格广场集会。广场只有一个可同时进出几个人的出入口，四周是高墙和建筑物。当人们席地而坐、静听演讲时，戴尔率军堵住出入口处，在未发出任何警告的情况下向手无寸铁的群众连续射击10余分钟，之后又放任手握弯刀的廓尔喀人大肆砍杀。与会群众中几百人当场毙命。达厄尔下令不得救护伤员，同时封锁消息。这就是“阿姆利则惨案”。

惨案发生后，全印各地的反英情绪极度高涨。

子弹击中墙壁的痕迹。这些子弹的痕迹是戴尔的部队镇压阿姆利则的民众集会时留下的

知识链接：《罗拉特法》

《罗拉特法》是由英国殖民当局于 1919 年颁行的镇压印度民族解放运动的法令。由在印度供职的英国法官罗拉特为首的委员会起草，故名《罗拉特法》。该法包括《印度刑法修正案（1919 年第 1 号）》和《刑法非常权力法（1919 年第 2 号）》，统称《平时戒严法》。

国大党发表了著名的《秋季宣言》，愤怒谴责殖民者的残暴行径。

亨特委员会报告

英国置印度人民的强烈反对于不顾，公然在 1919 年底通过《豁免法案》，为戴尔之流开脱罪责。英国国内的 129 名贵族甚至联名称赞戴尔是“印度的救星”。殖民当局为平息印度人民的愤怒，成立了亨特委员会，即印度政府旁遮普骚动调查委员会。国大党独立组织了以甘地为首的调查委员会，并于 1920 年 3 月 23 日发表报告。报告要求废除赋予英国殖民当局镇压印度人民权力的《罗拉特法》，解除有关人员在政府中的一切职务，撤回不受信任的英印总督蔡姆斯福。同年 5 月，亨特委员会中的欧洲委员发表“多数派报告”，称印度人民“还没有达到与阿富汗战争相牵连的背叛程度”，但却肯定反《罗拉特法》运动是“一次非法的阴谋”，“戴尔将军开枪驱散人群的行动是正当的，持续长时间射击似乎是一种错误”。

按照亨特委员会报告的逻辑，阿姆利则惨案的元凶似乎不是英国殖民者，反而手无寸铁的民众倒是应该负有不容推卸的责任。一纸混淆黑白的报告并不能使殖民者的天下太平起来。国大党人在这种情况下清醒了一些，理解了依靠工农阶层去反抗殖民者的客观必要性。这时，甘地以国大党领袖们前所未有的姿态出现在印度的政治舞台上，用他的非暴力不合作策略把群众运动同国大党人和民族资产阶级的民族运动做了某种程度的结合。

图为阿姆利则贾利安瓦拉巴格广场大屠杀纪念碑

圣雄 甘地

我认为甘地的观点是我们这个时期所有政治家中最高明的。我们应该朝着他的精神方向努力：不是通过暴力达到我们的目的，而是不同你认为邪恶的势力结盟。

——爱因斯坦

甘地是印度国父，也是提倡非暴力抵抗的现代政治学说——甘地主义的创始人。他的精神思想引领国家迈向独立，脱离英国的殖民统治。他的“非暴力”哲学思想，影响了全世界的民族主义者和争取能以和平变革为目标的国际运动者。

甘地和甘地主义

莫罕达斯·卡拉姆昌德·甘地（1869—1948年）被誉为“圣雄甘地”。他早年生活在一个虔诚的印度教徒家庭，后就读于伦敦大学，获律师资格。1893—1914年，他在南非的印度侨民中，多次运用非暴力抵抗方式，进行颇有成效的反种族歧视活动，并形成了甘地主义理论。

“Mahatma”（一般汉译为“圣雄”）来源于梵语的敬语 mahatman，原意是伟大的灵魂。这是1915年印度著名诗人泰戈尔赠予甘地的尊称，意为集圣人与英雄于一身。图为位于伦敦的圣雄甘地的塑像

甘地是印度民族解放运动的领导人、印度国民大会党领袖

甘地主义属于“宗教道德型”民族主义。它包括四个基本内容：宗教泛爱观和资产阶级人道主义真理观相结合的政治哲学；争取印度自治、独立，进而建立以村社为基础的分治联合体的政治思想；以经济正义和经济平等为支柱的农村经济思想，以及奠基于“不占有”和“财产委托制”的经济自主思想；发扬民族文化、重视民族教育、致力于印度教徒和穆斯林团结、反对歧视“不可接触者”，以及和爱国主义结合在一起的小生产劳动者互助互爱的平等社会思想。

甘地主义作为印度的政治文化，从道德上、从个人解放的角度，争取民族独立和社会进步，把民族文化传统作为印度现代政治的基础。甘地针对英国的殖民地文化和印度西化派的影响，利用传统宗教形式宣传民族主义。他注重开发人口占绝大多数

的农民群众这一丰富政治资源，动员他们普遍参与政治，超越了西化派有限而消极的改革模式和个人恐怖主义无益而有害的行动方式，实现了印度民族民主运动的重大突破。

知识链接：非暴力不合作

非暴力不合作运动是由圣雄甘地领导的、印度人民反抗英国殖民统治的一场影响深远的运动。其特点就是非暴力和不合作，在这场运动中印度国民大会党逐渐成为领导者。在运动中，甘地倡导以和平方式抵制政府、机关、法庭、学校以及采取总罢业、抵制英货、抗税等非暴力手段进行斗争。

非暴力不合作运动

早在南非的时候，甘地就已揭开了非暴力抵抗运动的序幕。1915 年回印度后，他进行了三次非暴力抵抗运动的演习。第一次和第二次都在 1918 年。先是阿默达巴德的纺织工人罢工。甘地以绝食方式相配合，迫使资方增加工人工资。继而，甘地又组织了凯达县农民的非暴力抗税运动，取得了免缴田赋的胜利。

第三次是以“总罢业”（工人罢工、学生罢课、商人罢市、机关人员停止办公）为内容，以反对《罗拉特法》为目标的非暴力抵抗运动。甘地认为群众的行动有违非暴力原则，便到阿默达巴德宣布停止非暴力抵抗运动。

1919 年 11 月，甘地应邀在德里同穆斯林代表

在南非这块充满种族歧视的土地上，甘地对他曾经倾慕过的西方文明产生怀疑，逐渐形成了他的宗教观、人生观、社会政治观。他在南非领导的艰苦卓绝的反种族歧视斗争，为南非印度人争取到了基本平等的权利，他从中也试验成功了一种有效的“武器”——真理与非暴力学说。图为布尔战争时期（1899—1900 年）甘地（中排左五）与南非印度救护队的担架员

讨论了联合抵制英国问题。与会者都认为抵制英国并不能奏效，需要有新的思想。在讨论中，甘地提出，“进行不合作原是人民的一种不可剥夺的权利”，第一次用“不合作”一词，作为对他的“非暴力抵抗”的新补充。

1920年8月1日，为了抗议英国等战胜国强加给土耳其的《色佛尔条约》，甘地第一次发动了非暴力不合作运动。“不合作”的纲领包括：受封者退回爵位封号、抵制立法机构选举、抵制在政府机关和法院工作；拒绝在英国学校读书；提倡手工纺织运动以抵制英国商品泛滥。在运动后期，提出拒绝纳税的要求。12月，在国大党年会上通过了以自治领为目标的不合作纲领。国大党决定在工农中发展党员并支持工农运动。国大党关于不合作运动的决议，受到了印度人民的热烈响应。孟买等地工人举行了抵制性罢工。青年学生穿戴起流行的土布白帽白衣，宣传反帝自治思想。由青年组成的国民义勇军团达15万人。抵制英货热潮席卷全国。许多政府机关关门。手工纺织运动遍及城乡。在不合作运动影响下，农民运动形成三个中心：旁遮普的锡克教运动；马德拉斯的“摩普拉”（穆斯林农民）起义；奥德的农民在起义中成立了联合会，会员达10万人。

在非暴力不合作运动中，甘地号召印度人抵制英国机器生产的棉布，号召大家自己在家纺纱。图为20世纪20年代晚期，圣雄甘地在纺纱

1921年11月7日，英王继承人威尔士王子抵达孟买，全印度再一次举行抗议总罢业。这一年发生了400次罢工。英印政府开始大肆逮捕罢工者。广大爱国群众响应甘地号召，纷纷自动入狱，狱中人满为患。1922年2月4日，联合省乔里乔拉村农民火烧警察局，21名警察被烧死。甘地认为这是破坏非暴力原则，在2月12日的巴多利国大党工作委员会上，主持通过了停止非暴力不合作运动的决议。3月，甘地被捕，被判6年徒刑。

群众性文明不服从运动

1929年12月，在国大党的拉合尔年会上，甘地推荐尼赫鲁为主席。大会在群情昂扬中通过了采取行动、争取完全独立的决议，授权甘地在适当时候发动非暴力抵抗运动。大会宣布1930年1月26日为“独立节”，这一天印度各地开展了群众性的反帝活动。这次活动促使甘地决定用“文明的非暴力”形式迅速发动一次新的、不服从政府法律的运动。

1月30日，甘地向英印政府提出11条要求。主要内容是：把卢比的兑换率降低到1先令4便士，降低田赋5%；保护关税以限制外国布和服装的进口，给印度船只以沿海航行权；撤销暗探局或将它交社会监督，释放政治犯；废除食盐专卖法和盐税；减少英籍官吏薪金5%，禁止制造烈性酒类。甘地企图通过社会经济问题的途径，把印度广大阶层吸引到独立运动中来。

英印当局拒绝了甘地的所有要求。于是甘地选定反对食盐专卖法作为这次抗争的突破口。1930年3月12日，他带领80名非暴力反抗者，从阿默达巴德步行3周，到达丹地海滨，自取海水制盐，

1930 年 3 月的一天清晨，甘地带领 80 名信徒，来到一个修道院宣誓，然后排着整齐的队伍，在炎炎烈日下开始“食盐进军”。他们要到遥远的海边去煮盐，迫使殖民当局取消《食盐专营法》

以示破坏食盐专卖法。这次徒步前往西海岸，行程 240 英里的象征性挑战，被称为“食盐进军”。此后几个月期间，除城市的声势浩大的不服从运动外，农村的非暴力抗缴田赋运动也深入发展。阿拉哈巴德、联合省、孟加拉、贝拉尔等地农民、工人、小地主都参加了反对政府、高利贷者和大地主的斗争。孟加拉吉大港在 1930 年 4 月发生了武装暴动，白沙瓦发生了市民、农民和工人的起义。5 月，绍拉普尔工人的文明不服从运动转变为武装起义。

英印当局发布了镇压令。1930 年 4 月，尼赫鲁被捕。5 月，甘地被捕。1930 年的后十个月和 1931 年的一年中，被判刑者达 9 万人。1931 年 3 月初，印度总督欧文同甘地谈判，签订了《德里协定》。协定宣布：国大党停止文明不服从运动；英国废除一切戒严令，释放政治犯，实行保护关税。

二战前甘地领导下的国大党活动

1937 年，根据甘地的建议，国大党通过决议，印地语替代英语成为国语。1937 年 2 月，国大党在印度 11 省的 7 个省的选举中获得胜利。在此之前，国大党同印度共产党人合作，在 1929—1933 年的“米勒特案件”中，终于迫使英印当局释放了革命者。1938 年 4 月，国大党在甘地的支持下，违反主席鲍斯的意愿，派遣了包括柯棣华、巴苏等 5 人组成的援华医疗队，支持中国的抗日战争。这时印度已处于第二次世界大战的前夜。

知识链接：纺织土布

1940 年，印度国父甘地号召印度人民自己纺线织布，抵制英国纺织品。自己手工织出来的土布，穿着很不舒服，而英国的“洋布”则明显价廉物美，但印度人还是克服了困难，坚决抵制了英国纺织品。印度人坚决“抵制英货”的行动，让英国屈服，印度最终在二战后获得独立。

“圣雄”甘地是印度民族独立的领袖，尼赫鲁是他的追随者。图为尼赫鲁（左三）和甘地

第 186—187 页：食盐进军纪念碑

食盐进军是“圣雄甘地”领导的争取国家独立斗争中的一个重要事件。也是“圣雄甘地”领导的“非暴力不合作运动”的第二次高潮。

自由之国
泰王国

泰国的国旗有三种颜色：
红色代表民族和象征各族人民的力量与献身精神；白色代表宗教，象征宗教的纯洁；蓝色居中象征王室在各族人民和纯洁的宗教之中。

1932年6月，暹罗民党发动政变，建立君主立宪政体。1939年6月由暹罗更名为泰国，意为“自由之地”。1939年起实行民主政治制度。

一战后的暹罗

在镇压了1912年政变之后，暹罗国王拉玛六世为了强化君主专制，在加强对军队控制的同时，采取各种措施提高军政人员的素质，大力培训各类人才，进一步开办各级教育事业。1921年，颁布初级义务教育条例，增加从庶民中择优录取出国留学生名额。这些于20世纪20年代被派出国留学的学生中不少人成了1932年政变的核心人物。这些人曾经周游西方列国，了解世界变化的动因和暹罗制度的弊端，极力主张对暹罗的政治制度进行革命性的变革。他们活跃于政府的各个部门和社会的各个阶层，宣传自己的纲领。

1932年6月24日，暹罗发生政变。政变军队占领了王宫，逮捕了在首都的军政要员，解除了御林军的武装，控制了曼谷铁路局、中央车站、电台和电话电报局等重要机构，接管了兵工厂，并宣布成立军政府。图为泰国立宪革命时期街头的装甲车

1928年，暹罗出现了第一个西方意义上的政党——民党。民党的政治纲领是维护国家的政治、经济和司法独立；维护国家安全；减轻刑罚，法律面前人人平等；推翻贵族制度，建立君主立宪制国家。民党中的知识分子是暹罗西方式职业官僚的先驱，对暹罗封建制度形成了巨大的威胁。以民党为依托，一些人开始秘密集会，谋划政变。

1932年6月24日，军队以迅雷不及掩耳之势解除了王家卫队的武装。他们逮捕了内政部长、陆军参谋长、警察总监等40多名政府要员，占领了车站、警察局、电台等要害部门，成立了临时军政府。民党发表了政变宣言，阐明了政变的目的，并提出了施政纲领。

此时，国王正在外地休假，政变给了他措手不及的打击。迫于军事威胁，国王万般无奈地接受了政变人员开出的条件，签署了临时宪法，国王成了名义上的国家元首。民党任命70人的国民会议作为立法机关，行政权力机构是人民委员会，马努巴公担任了暹罗的第一任总理和民党主席。在比里·帕侬荣的主持下，制定了暹罗临时宪法，确立了暹罗的君主立宪政体。

军事政变后，国王宣布接受立宪政体。国王在曼谷签署了民党起草的临时宪法，宪法总纲规定："国家最高之权力为人民所有"；国家由"国王、人民议会、人民议会之议员、法庭"执行政权。国王是国家最高的领导，人民议会有权制定一切法律，经国王颁行后即生效力。图为1932年12月10日，暹罗国王在旧国会大厦授予暹罗"永久性"宪法

由暹罗到泰国

暹罗实行君主立宪制后，保皇派一度伺机反扑。1932年12月10日，暹罗颁布永久宪法。永久宪法取消了临时宪法对国王的限制，国王集立法、司法、行政于一身。1933年4月1日，国王发布命令解散议会，撤销国民委员会。4月19日，新政府清洗了支持比里和民党的少壮派军人，保守派实现了复辟，政权落入国王手中。1933年6月10日，一些军人再次密谋政变。6月20日黎明，配有坦克和重机枪的士兵和海军陆战队员占领了曼谷的所有战略要地，士兵冲进政府领导成员的官邸，劫持了内阁总理、国防部长和外交部长，政变取得了成功。6月22日，议会正式复会，会上决定取消国王4月1日的复辟令。6月25日，组成了以披耶帕凤为总理的新的立宪内阁。

知识链接：暹罗

暹罗，是中国对泰国的古称，主体民族为泰人，信奉上座部佛教，自公元13世纪开国，先后经历了素可泰、阿瑜陀耶、吞武里、曼谷四个时代。1939年6月24日改国号为"泰国"，1945年复名"暹罗"，1949年再度改名为"泰国"，沿用至今。

1933年6月，披耶帕凤正式就任内阁总理。他采取了亲日政策，与日本建立了非常亲密的关系。1934年9月，暹罗政府公开声称，暹罗必须摆脱对英国的依赖，转而仿效日本和德国。日本派遣了大量的专家顾问进入暹罗各级军政部门。1938年3月，暹罗与日本签订了《日暹新约》，给予日本人一系列特权。

1939年，军人銮披汶·颂堪任总理，从此暹罗开始了长时期的军人独裁统治。銮披汶独揽暹罗军政外交大权，对内推行民族沙文主义政策，鼓吹大泰族主义，强调暹罗人的种族和文化自豪感，并把国名改为泰国。

銮披汶·颂堪在泰国政坛上有巨大影响力，被人们尊称为永年宰相。作为民族主义者和宪政主义者，銮披汶维持了宪法、三权分立的存在，在泰国民族国家建设中起到了无可替代的作用，给泰国注入了鲜活的动力。图为銮披汶·颂堪，摄于1955年

越南末代天子 保大皇帝

他是越南的末代君主，
他有如此多的称谓，
大南皇帝、越南皇帝、越南元首，
他的身上深深打上了时代的烙印。

20世纪70年代末，巴黎第16区的一套两室公寓里搬进了一位年过花甲的老人。在妻子的陪伴下，他经常身着西服，面无表情地出入于各种公共场所。不知内情的人怎么能想到，这个形容憔悴的亚裔侨民竟是越南阮氏王朝的第13位，也是最后一位“真龙天子”——保大皇帝阮福晪！

“真龙天子”“有志少年”

1926年1月8日，当太阳完全升起来的时候，为新皇保大加冕的仪式终于准备就绪。这一年阮福晪只有13岁，似乎太年轻了点儿。可是预知天命的和尚道士们却看到了阮氏王朝第13代君王在这个岁数登基的吉兆。时辰一到，文武大臣在掌玺大臣的率领下，整齐地跪伏于地。各色锦缎朝服连接在一起，闪闪发光，中间留出一条大道，直通权力的顶峰——金龙宝座。当黄袍加身的阮福晪走进用印度支那最稀有的宝石装饰起来的大殿时，所有穿着华丽的披肩和耀眼的长袍的人都毫无例外地对他一叩到底。远远望去，就像起伏着一条华贵的花毯。要不是法国总督和驻军司令官手下那群穿戴刺眼的随从们也大模大样地列队其中，一切都无可挑剔。不过，尽管是在保护国的严密控制下，越南也愿意相信，一个新世纪在这个灿烂的早晨开创了。几乎人人都认为，新皇当之无愧，因为在当地语言中，新年号“保大”的含义是“重现的伟人”。顺化、河内和西贡一些有影响的人物甚至预言：一个新的黄金时代即将到来。早熟的阮福晪已长成男子汉的体魄。他身材高大，仪表堂堂，似乎真能担当起振兴越南的重任了。

保大皇帝原名阮福永瑞，是越南阮朝的第13任君主，也是越南历史上的末代君主

金笼囚雀　尴尬儿皇

越南沦为法国的保护国后，法兰西帝国索性做起了太上皇。保大心里明白，可表面上宁可装聋作哑。他一方面不离开殖民地统治者，另一方面处处提防。保大曾天真地认为，只要有了富庶的土地，再加上高度的文明和现代统治组织机构的基础，越南想摆脱保护国的控制还是有指望的。

1926 年 1 月 8 日，阮福晪在顺化皇城之太和殿举行登基大典，成为阮朝第 13 代皇帝，年号“保大”。随后，他又回到法国继续完成学业，任命一名天主教徒——阮有排执掌顺化的朝廷。图为保大皇帝在顺化皇城举行登基大典

保大皇帝的第一号政令就体现出进取精神：将摄政权从个人手上移交给枢密院。同时，他还颁布了一道准许自己赴巴黎深造的谕旨，因而从 1927 年到 1933 年得以在法国留学整整 6 年。他先后就读于孔多塞公主中学和巴黎政治学院，甫及弱冠就娶了一位毕业于瓦索女子寄宿学校的越南贵族小姐为妻，然后雄心勃勃地返回家乡，准备推行新政。然而他很快就发现，在法国主子的眼里，一个傀儡皇帝实际上一文不值。法国早就对越南采取了分而治之的策略，把它分割为南圻（交趾支那）、中圻（安南）、北圻（东京）三部分。南圻完全废除了阮朝原有的政府机构，由以统督为首的法国殖民当局直接统治，首府设在西贡；北圻的首府河内驻有法方派遣的统使，一度在名义上还允许阮朝任命一个“经略使”装装门面，不过很快又废除了，仍由法国统使执掌大权；中圻保留阮朝的统治体系，官吏由设在顺化的朝廷任免，但法国派有钦使，不经钦使同意，任免无效。

保大成了名副其实的傀儡，就连给手下的人颁发一枚勋章都必须经过法方三个有关部门批准；甚至给自己的卧车换个轮胎这样的小事，没有守库的法军军士签字认可也办不成。面对令人气愤的不平等待遇，保大无力反抗。他索性装出一副与世无争的样子，每日狩猎、打牌，或者划水，心下暗自期盼：这个世道早晚会翻过来。然而，1940 年后，越南又沦为日本的附庸，日本战败后，越盟临时政府接管了权力，废除了君主制，保大皇帝成为历史。

知识链接：北圻

指旧时越南北部十六省，越南人称之为北圻，意为“北部国土”或“北部地域”。1834 年，越南阮朝圣祖明命皇帝阮福晈将越南分为三圻。北方宁平省以北的各省统称为北圻，北圻以南至北纬 20 度之间的各省称为中圻，中圻以南各省称为南圻。

“西贡圣母正廷圣堂王宫”，俗称圣母教堂。坐落在西贡——胡志明市中心。西贡圣母教堂为法国人所建，是富有文化、历史价值的建筑杰作。其造型独特，风格类似于法国的巴黎圣母院，是胡志明市最大的天主教堂，有唱诗班，可容纳数百人做礼拜

改革中的波斯
伊朗巴列维王朝

五千年伊朗文明可以说是一曲多种文明互相激荡的交响乐，埃及文明、两河流域文明、波斯文明、希腊文明、伊斯兰文明、突厥文明、蒙古草原文明、西欧文明先后在此登台表演，彼此交汇融合。

巴列维王朝在成立之初经历了政治、经济、教育、文化等方面的改革，国力有了极大的提升。巴列维王朝努力消灭了封建割据势力，大力推行世俗化和政教分离政策，使伊朗走上了通往现代化的道路。

波斯的哥萨克旅是1879年由波斯恺加王朝建立的，哥萨克旅在19世纪末20世纪初的波斯政局中发挥着重要作用，该旅实质上是沙俄加强其在波斯影响力的重要工具。十月革命后，白俄军官控制着该旅，并以波斯为对抗苏俄的前沿阵地。1920年秋，哥萨克旅转而由英国人控制，并于1921年底被整合进新建的国民军队中。图为1909年，伊朗大不里士的波斯哥萨克旅

王朝肇建

1921年2月，礼萨·汗与亲英政客赛义德·齐亚丁合作发动军事政变，建立了以齐亚丁为首相，礼萨·汗掌握军权的新政府，暂时保留卡扎尔王朝。礼萨·汗极力总揽军事大权，1921年7月出任国防部长后，解除哥萨克旅中英国军官的职务，使其置于个人的绝对控制下。同年9月，解散为英国人控制的南波斯步枪队。1922年1月，发布统一全国军队的命令，强令政府把大部分收入用于军费。1924年10月，礼萨·汗镇压了库齐斯坦反动封建贵族的叛乱，扫平各地分裂局面。1924年，发起共和运动，打出罢黜卡扎尔王朝、建立共和国的旗号。迫于宗教压力，同年3月31日，放弃共和运动，得到伊斯兰上层分子的支持。1925年10月31日，国会决定废黜卡扎尔王朝，召开制宪会议以决定今后政府的形式。同年12月12日，制宪会议宣布建立巴列维王朝，礼萨·汗出任国王。

1941年，礼萨·汗的儿子穆罕默德·礼萨·巴列维继任国王。他在位期间，对外驱逐了苏联在伊朗的势力，在美国的支持下快速进行了现代化改革——白色革命。伊斯兰革命中断了他的改革进程，他在逃亡国外后客死他乡

王朝改革

为了使伊朗重新成为一个统一的中央集权国家，礼萨·汗全力对付地方封建势力，镇压革命运

伊朗末代巴列维国王的王冠，用了 3380 颗钻石、5 颗祖母绿、2 颗蓝宝石和 368 颗珍珠

知识链接：礼萨·汗

礼萨·汗（1876—1944 年），伊朗国王，自幼就投身军旅，1911 年他率部镇压革命，因功升为近卫军团长。1921 年 2 月，在英国支持下发动政变上台，任首相兼国防大臣。1925 年 12 月推翻卡扎尔王朝，建立巴列维王朝，出任国王。他上台后进行了一系列改革，后为了对付英法列强而与德国暗中结交。结果在英美列强的逼迫下于 1941 年退位，流亡海外。1944 年 6 月病逝。

动。1921—1924 年，礼萨·汗逐步消灭了地方割据势力，结束了多年来全国分裂的混乱局面。

1927 年，礼萨·汗以法国法典为蓝本，制定了新的商法、刑法和民法，取代以《古兰经》和伊斯兰教法为依据的法律，把宗教和司法分开，剥夺并限制了教士掌管司法的权力，使之收归政府。1928 年起，政府要求男性穿着欧式服装，确立地产强制登记制度，废除治外法权；收回关税自主权，给予同伊朗缔约的国家以最低关税率。同年成立国家银行，1929 年颁布法令废除原有头巾，改戴“巴列维帽”（一种西方式样的帽子），后来又要求妇女也穿着欧式服装。1930 年在伊朗国民银行之下设立农业银行分行，付出大笔补偿费从英国人办的帝国银行手里赎回了钞票发行权。1931 年 1 月颁布法令禁止外国人在伊朗占有农业土地，2 月接管印欧电讯公司在伊朗境内的线路。同年颁布《对外贸易专营法》，宣布国家垄断对外贸易，控制进出口商品。1935 年以后的几年中，每年工业建设投资占预算的 25%。礼萨·汗重视发展交通运输业，修建了约 17000 英里的公路。他竭全国之力，从 1927 年起开工修建纵贯全国的铁路，把富庶的北方和不太发达的南方地区连接起来，从而促进了全国经济交流，加强了中央政权对全国的控制。

1935 年，政府颁布法令禁止妇女戴面纱。为了打破传统的习惯和障碍，营造新的社会风气，礼萨·汗还让王后和公主们带头穿欧式服装、不戴面纱在公众场合抛头露面。1937 年，举行对伊朗共产党领导人和工会领导人的审判，史称“五十三人审判案”。1938 年，把全国划分为 10 个省，共辖 49 个州。为了克服地方分离主义，在划定新省界的时候，打乱了旧有的行政区划。所有重要的行政官吏，其中包括各省的总督，都由忠于礼萨·汗的人担任。礼萨·汗大力建设军队，建立海军，依靠新军镇压了各地的叛乱。

1936 年 1 月 7 日，巴列维国王的妻子和女儿们离开王宫，当时官方禁止妇女穿罩袍

幸福的沙漠

沙特阿拉伯的统一

奔向那光荣登高峰！
你向天上造物主赞颂。
举飘扬绿旗带光明象征！
真主伟大！真主伟大！
啊，我的国家，祝你长生，是全体穆斯林光荣！
国王万岁，国旗万岁，国家万岁！
——沙特阿拉伯王国国歌

沙特阿拉伯是伊斯兰教的诞生地，是伊斯兰先知穆罕默德传教的地方。统一的沙特阿拉伯的建立，使得沙特脱离了英国的殖民统治。当地大量的石油资源，使得沙特阿拉伯成为海湾石油富国。

统一阿拉伯半岛北部

第一次世界大战后，英法等国背弃诺言，以“委任托管”等形式重新在中东地区划分势力范围。英国为了继续确保其在印度和东方的殖民利益及其在海湾地区不断增长的石油权益，竭力巩固它在半岛的地位，并且仍然试图用“分而治之”的殖民手段维护半岛“多元政权”的局面，破坏半岛的团结和统一。然而，战后中东各国蓬勃发展的民族解放运动，分散并削弱了英国的力量，为沙特的统一活动创造了条件。

1941 年的费萨尔·本·阿卜杜勒–阿齐兹·阿勒沙特。他是沙特首位国王伊本·沙特第四子，沙特阿拉伯王国第三任国王，世界历史上著名的政治家。他利用石油使其国家富强起来，也凭借石油在国际上发挥重大影响

1921 年，伊本·沙特趁沙马尔国政局不稳之际，调集兵力对其首都进行了围攻，迫使沙马尔国的统治者投降。随后，内志军队继续向半岛北部的锡尔汗谷地挺进。经过激烈交战，锡尔汗谷地的大部分地区最终归属了内志，阿拉伯半岛北部地区得以统一。

汉志并入内志和《吉达条约》

1924 年，阿拉伯半岛的局势朝着有利于伊本·沙特统一活动的方向发展。是年 2 月，汉志的侯赛因自封“哈里发”称号。同时，侯赛因还发布命令禁止内志的穆斯林朝拜麦加。侯赛因的这些做法完全违背了穆斯林的传统，并且暴露了他企图称霸阿拉伯世界的野心，这引起了穆斯林世界的强烈反对。一些穆斯林组织致函伊本·沙特，建议并支持他从汉志赶走侯赛因。

1924 年 6 月，伊本·沙特决定进军汉志。内志大军兵分两路，直逼麦加。面对内志大军的进

汉志使用的西班牙硬币，原来硬币上铭文是“1820 年费尔丁七世——神的恩典”

攻，侯赛因请求英国派兵援助，阻止内志的统一战争。英国迫于内外压力，不敢对内志轻举妄动。英国一方面表示“中立”，另一方面又唆使外约旦军队占领了内志的部分领土，还胁迫内志签订了一系列不平等条约。

然而，沙特统一的历史潮流不可抗拒。1925 年 12 月，内志军队攻占了汉志的最后一个据点，汉志并入了内志。次年初，伊本·沙特被拥戴为“汉志、内志及归属地区国王”。至此，伊本·沙特 25 年来致力于重建国家的斗争取得了决定性胜利。

1927 年 5 月，英国被迫与伊本·沙特签订了《吉达条约》，承认“汉志、内志及归属地国王陛下全面、绝对的独立”，同时废除了《英国—内志条约》。《吉达条约》标志着现代沙特阿拉伯新国家的诞生。

知识链接：内志

内志苏丹国是 1921—1926 年间，存在于内志和哈萨绿洲地区的苏丹国，由沙特家族统治。内志苏丹国是原内志与哈萨酋长国埃米尔伊本·沙特进行改革的结果，他本人改称苏丹，国号也随之更改，但是新国家仍属伊本·沙特统治，因此内志苏丹国仍可算作是内志第三王国。1926 年，内志苏丹国征服了汉志王国，存在 5 年的内志苏丹国再次易名，新国号为内志与汉志王国，此国也是现代沙特阿拉伯的前身。

知识链接：汉志

1916 年 6 月，汉志地区爆发反对奥斯曼帝国统治的起义，于 1916 年 6 月 10 日宣布独立，建立汉志王国。1924 年 3 月 11 日，侯赛因宣布自己为哈里发，遭到穆斯林世界的反对。伊本·沙特称侯赛因自立为哈里发的行动违反了伊斯兰教的教义与传统，并谴责哈希姆家族对朝觐麦加者征收高额费用，号召穆斯林世界对汉志展开圣战。

1924 年 8 月，伊本·沙特统率的内志军队向汉志王国发动进攻。内志军队很快攻占了塔伊夫等城市。1924 年 10 月 13 日，内志军队攻陷麦加，汉志王国被伊本·沙特吞并，于 1932 年同内志、季赞、亚西尔一道组成了沙特阿拉伯王国。

侯赛因·伊本·阿里，麦加的谢里夫（意为“高贵者”），1916—1924 年任汉志王国国王。1916 年 6 月，汉志地区爆发反对奥斯曼帝国统治的阿拉伯大起义，哈希姆家族第 38 代族长、麦加大谢里夫侯赛因·伊本·阿里于 1916 年 6 月 10 日宣布独立，建立汉志王国

后奥斯曼时代

土耳其独立战争与凯末尔改革

军事胜利对真正解放来说是不够的，在民族的政治、社会生活中，在民族的思想教育中，我们的指南将是科学和技术，能否成为现代文明的国家，是生死存亡的问题。

——凯末尔

土耳其在凯末尔的领导下打败了外国干涉军，粉碎了协约国瓜分土耳其的野心。土耳其获得国家独立和民族解放之后，凯末尔政府立即制定新宪法，废除政教合一的制度，确立了国家的共和体制。这使得土耳其在现代化和世俗化的道路上迈出了坚实的步伐。

20世纪初，奥斯曼帝国病入膏肓，行将没落。一战结束后，土耳其被迫签订了丧权辱国的《色佛尔条约》，失去了4/5的领土。在此情况下，英国还鼓动原奥斯曼周边国家继续进攻土耳其，力图灭亡奥斯曼帝国。在此危急存亡之际，凯末尔挺身而出，力挽狂澜，带领土耳其人取得了独立战争的胜利，并通过一系列改革带领土耳其走上了现代化的道路。

1934年，为了表彰凯末尔的巨大功绩，土耳其国会向凯末尔授予“阿塔图尔克”称号，这个称号在土耳其语中是“土耳其之父”的意思。图为凯末尔纪念邮票

“加兹”的力量——拯救岌岌可危的国家

穆斯塔法·凯末尔·阿塔图尔克（1881—1938年）1881年出生于萨洛尼卡（今属希腊）。凯末尔的家庭很贫困，12岁时，他考上了免费的军事预备学校。凯末尔在校就读期间，对法国的启蒙思想产生了浓厚兴趣，阅读了大量当时被列为禁书的启蒙主义书籍。凯末尔从军校毕业后，与其他同在大马士革服役的军官一同建立了“祖国与自由协会”。一战爆发后，凯末尔两次率部成功地阻止了协约国在土耳其登陆，后被破格晋升为准将。

巴黎和会后，协约国掀起了对奥斯曼帝国的瓜分高潮，土耳其的民族独立受到了极大的威胁。1920年4月，凯末尔在安卡拉召开国民议会，成立了临时政府。国民议会宣布土耳其应该享有完全的独立、自由和领土完整，废除治外法权。他开始组建新军，并与苏俄建交，缔结了友好条约，争取尽可能多的国家的同情与支持，为独立战争的胜利

1912 年，凯末尔（左）在奥斯曼帝国的黎波里塔尼亚的德尔纳（现利比亚）。1911 年，凯末尔因批评当局而被调离伊斯坦布尔，不久参加了土耳其与意大利在的黎波里塔尼亚的战争，晋升为少校

打下了基础。

1921 年 8 月，希腊军队在英国的支持下，全面进攻土耳其。在此危急关头，凯末尔出任国民军总司令，指挥自己创建的新军以秋风扫落叶之势突破希军防线，把希军赶出了土耳其，并活捉了希腊侵略军总司令。战争胜利后，土耳其大国民议会授予凯末尔“加兹”的称号（意为“常胜将军”）。凯末尔的国民政府于 1923 年同协约国签订了《洛桑条约》，使得土耳其共和国的独立和主权得到了国际社会的认可。

宗教社会文化的世俗化改革

1923 年 10 月 29 日，土耳其宣布成立共和国，凯末尔成为第一任总统。共和国成立后最重要的任务就是完成对社会的改造，建立起与时代发展相适应的现代政治经济体制。故此，凯末尔面临的首要任务就是世俗化改革。

1924 年 3 月，大国民议会宣布，废除哈里发制度。同时，宗教与教会地产事务部都被取消，独立的宗教学校被封闭，宗教法庭被废除。凯末尔要求政府官员就职时不再向真主宣誓，而是向荣誉宣誓。凯末尔还立法打击了教会在学校里的势力，废除了学校里的宗教课程，在学校里向学生教授现代科技文化艺术知识。

从 1925 年开始，土耳其政府颁布了一系列参

知识链接：《色佛尔条约》

1920 年 8 月 10 日，协约国在色佛尔同奥斯曼帝国政府签订了《色佛尔条约》。根据条约规定，土耳其丧失约五分之四的领土，协约国建立的财政委员会全权监督土耳其的财政经济和关税，条约还对土耳其的军事力量进行了极大的限制。《色佛尔条约》是协约国旨在灭亡土耳其的条约，使土耳其完全丧失了独立国家的地位。

塔克西姆广场位于伊斯坦布尔市中心的贝伊奥卢路。广场南面矗立着环形独立纪念碑，用来纪念共和国的创建者——凯末尔。栩栩如生的青铜浮雕将这位国父当年的风采展示在世人面前。每到重大节庆日，都会有许多土耳其人自发送来花环。图为土耳其共和国塔克西姆纪念碑

照西方法律制定的法律法规。其中，参照瑞士法律制定的《民法》具有特殊的意义。法律废除了一夫多妻制、休妻制等陈规陋习。凯末尔鼓励妇女摘掉面纱，还呼吁土耳其男子“让妇女露出脸来”。1934 年，土耳其正式给予妇女选举权。

世俗化的改革也涉及人们的衣食住行。针对土耳其人喜欢戴象征穆斯林身份的红色费兹帽的现象，凯末尔发起了一场“帽子革命”，政府立法禁止戴费兹帽，要求所有男子改戴西式礼帽，违令者依法论罪。凯末尔还废弃旧历法，采用西历和国际度量衡。

1928 年，凯末尔宣布废除阿拉伯字母，代之以在国际上广泛使用简便易学的拉丁字母。他亲自向全国民众宣传使用新字母。他巡视全国，随身携带黑板，在公共场所教人们学习新字母，获得了“首席教师”的称号。新字母的推行，使民众识字率大大提高，文盲率大大下降。1931 年，凯末尔还组织学者把《古兰经》及“经注”从阿拉伯文翻译成土耳其文，并要求教徒在清真寺用土耳其文诵经，用土耳其语宣礼。

1934 年，大国民议会通过决议，要求所有土耳其人都要有姓氏，这改变了土耳其人有名无姓的历史。决议还取消了象征封建等级的旧称号和头衔，用西式的、体现人格平等的新称呼取代。凯末尔带头放弃了过去的头衔，接受大国民议会授予的姓氏——阿塔图尔克。

1928 年 9 月 20 日，凯末尔总统在开塞利向人们介绍新土耳其字母。1928 年，土耳其通过立法，将阿拉伯字母改为拉丁字母，此后又禁止使用阿拉伯字母

1930 年，凯末尔在出席土耳其共和国成立 7 周年庆典后走出议会

国家主义：经济改革

凯末尔改革的另一个方面是推行国家主义的经济改革，这被凯末尔看作是实现现代化的基础。凯末尔指出：“新土耳其的基础将是经济力量而不是刺刀。刺刀也是以经济力量为基础的。新土耳其是一个经济国家。”

在农村，政府下令废除什一税和包税制，把国有土地分给农民。成立农业银行和信贷合作社向农场主贷款；成立专门机构向农民发放种子和农业机械；自主成立农学院，建立模范农场，传授现代农业科技知识，教授农民高产种田的技能。1930—1938 年农业平均增长率达 5.1%。

在城市，凯末尔推行国家资本主义，对国民经济进行统一管理，由国家对工业、交通运输、银行等领域进行直接投资与经营。政府采取赎买的政策收回了外国资本控制的铁路、煤矿等公用事业，对烟草、军火等部门实行国家垄断经营，建立了第一批国营企业，还制定了《经济公约》，颁布了一系

凯末尔在1933年5月31日高校法重新制定后访问伊斯坦布尔大学，重新制定的高校法将男女同校教育引入土耳其的中等学校、高等学院、大学。在奥斯曼帝国时期，女学生与男学生不能同校上课

知识链接：《洛桑条约》

又称《洛桑和约》，1923年7月24日，土耳其与协约国之间签订的一份条约。此条约确立了现代土耳其的疆域。土耳其放弃了在阿拉伯世界和塞浦路斯的领土，保留了伊斯坦布尔及其附近的欧洲地区领土。

列发展工商业的法令。为促进民族工业的发展，凯末尔政府还实行了关税保护、限制进口、鼓励出口、开办国家银行援助私人企业、严格控制外汇、控制外国投资等经济政策。

从1933年起，土耳其开始实行五年经济发展计划，兴建了一批国营工厂，第一个五年计划在1937年完成，土耳其的经济建设取得了显著成效。1938年，土耳其工业总产值比1929年增长了80%，奠定了轻工业发展的基础。

凯末尔主义

1937年2月，凯末尔将自己的改革发展原则总结为六大主义，即凯末尔主义，并写进了新宪法。凯末尔主义一直是土耳其政府制定政策的指导思想和理论来源，包括以下内容：

一、共和主义：反对君主专制，坚持共和的国体原则；

二、民族主义：保障土耳其的领土完整、民族独立和国际地位的原则；

三、平民主义：国家权力属于全体公民、法律面前人人平等原则；

四、国家主义：以国营经济为基础、同时鼓励私营工商业和坚持经济独立自主的发展原则；

五、世俗主义：反对宗教势力干预国家政权、法律、教育和社会生活的原则；

六、改革主义：反对安于现状、保守和抱残守缺的思想，体现不断进行社会经济改革的原则。

凯末尔改革是一次以世俗化为核心内容的全面的现代化改革，推动土耳其走向现代化的轨道。到1938年凯末尔去世的时候，土耳其已经在一定程度上完成了传统社会经济形态的现代转型，一度濒临灭亡的“西亚病夫”由此走上了民族复兴之路。

萨姆松处在克孜勒河三角洲与耶席尔河三角洲之间，拥有条件优越且具备天然屏障的港口，是当地烟草、羊毛等农产品以及内陆铁矿的出口港和转运港。这里分布着卷烟、磷肥、纺织等工业，所出口的优质烟草——“萨姆松烟草”已成为土耳其型烟草的代名词。图为凯末尔莅临萨姆松的场景

尼罗河的觉醒 华夫脱运动

华夫脱党的任务是用和平合法的手段来实现埃及的完全独立。

——华夫脱党党纲

第一次世界大战爆发后，英国宣布埃及为英国的保护国。然而，埃及华夫脱党人要求英国撤出埃及。在英国强硬拒绝埃及人这一合理要求后，华夫脱党领导埃及人民掀起了巨大的反英浪潮，最终使得英国有条件承认了埃及独立。

埃及华夫脱党徽标

华夫脱运动的背景

第一次世界大战是埃及政治形势的新转折。埃及在一战前名义上仍然是奥斯曼帝国的一个行省，一战爆发后则沦为英国的殖民地。战后埃及民族主义运动提出了完全独立的口号和立宪的要求，并使运动变成了有工人、农民参加的民族民主运动。

1918 年，埃及民族领袖柴鲁尔组建了“埃及代表团”。“代表团”一词在阿拉伯语中发音为“华夫脱”，因而埃及现代史上称这个新兴的民族主义政治团体为“华夫脱党”。柴鲁尔领导了群众性的反帝运动，迫使亲英的埃及首相辞职。

1919 年，英国殖民当局逮捕了柴鲁尔，随后，埃及爆发了华夫脱党人领导的三月起义，华夫脱党在各地建立了民族委员会，在艾尔米亚还建立了民族政权。不同信仰的埃及人，搁置了争议，共同参加了开罗的武装起义。在埃及人民的抗议下，英国政府允许柴鲁尔去参加巴黎和会，制定了“在英国保护下的埃及自治方案”。

萨阿德·柴鲁尔（1859—1927 年），1918 年率领“埃及代表团”去见英国高级专员温盖特爵士，告知温盖特，他们认为自己（而不是埃及政府）才是埃及人民真正的代表，要求取消保护国地位和签订一份英埃同盟条约

护宪运动

1921 年，英国对华夫脱党人进行迫害，引发了全埃及的群众集会和抗议，迫使英国不得不改变殖民方式。1922 年，英国宣布埃及为独立国家，正式颁布了《埃及宪法》。

1924 年，埃及国王任命柴鲁尔组阁。柴鲁尔任首相兼内务大臣。柴鲁尔上台后，要求英国取消在埃及的多项特权。英国政府对柴鲁尔提出的一系列要求表示强烈反对，并出动军队占领了埃及议会和政府大厦，迫使柴鲁尔辞去了首相职位。

图为1919年埃及的女性民族主义者在开罗街头进行示威抗议

知识链接：华夫脱党

1918年11月13日，埃及政治代表柴鲁尔等三人以埃及的名义要求英国撤回保护权，结束战时状态，实现埃及的政治独立。因为“代表团”一词在阿拉伯语中发音为华夫脱，所以柴鲁尔为首的组织就叫华夫脱党。

1928年，华夫脱党内阁反对英国借口保护英国侨民安全而干涉埃及内政，英国以武力威胁埃及接受英国的要求。于是，埃及国王命令解散议会，宣布三年内，由国王和内阁掌握立法和行政大权，实际上是由英国操纵了一切大权。埃及又恢复了由英国高级专员指挥的国王独裁专制政权。

华夫脱党人号召人民反对破坏宪法的行为，拉开了护宪运动的序幕。1928年，英国对埃及的政策由高压转为怀柔，同意恢复宪法，并进行议会选举。1929年，华夫脱党在大选中获胜。1930年，华夫脱党再次上台执政。由于华夫脱党政府反对英国在尼罗河驻军等特权，使得英国再次唆使国王逼迫华夫脱党内阁辞职，换上了亲英的内阁。

1930年，埃及政府遵从英国意志，宣布修改埃及宪法并停止议会活动，引发民众的不满。华夫脱党人组织群众性抗议示威活动，这遭到了政府的镇压。

1934年，华夫脱党提出“英国是我们的敌人”的口号，同时反对国王践踏宪法、扼杀民主运动。英国最后被迫同意废除1930年宪法，但是禁止华夫脱党执政。1935年，华夫脱党召开全国代表大会，提出在恢复1923年宪法、重新选举的条件下，同英国合作。英国拒绝接受这些条件，并声明反对埃及恢复宪法，从而引发了新的群众性抗议活动。在华夫脱党人的号召下，开罗爆发了示威游行，群众与警察发生冲突，200多名学生死伤，引发了全国性的学生罢课。

1935年12月，华夫脱党联合另外两个在野党成立了抗英联盟。三党联合上书，要求恢复1923年宪法和直接选举，英国迫于压力，接受了他们的条件。1936年，法鲁克国王即位，举行了新的大选。华夫脱党赢得了大选的胜利。

法鲁克一世（1920—1965年）是埃及王国的最后一任国王。他既无赫赫战功，又不懂得如何治理国家。1952年被迫退位，流亡并死在意大利。图为1939年，法鲁克一世同法丽达王后以及他们的女儿法里亚尔公主在一起

战士皇帝 海尔·塞拉西

士兵们！
商人们！
老人、青年、男人和女人们，团结起来，
为保卫我们的国家共同战斗！
——1935 年海尔·塞拉西号召民众反抗意大利的侵略

海尔·塞拉西在位期间，推动国家多方面进步：消灭了奴隶制，颁布埃塞俄比亚第一部宪法，设立了国家银行。在抗击意大利法西斯入侵时，他积极组织军队抗战，并以外交手段呼吁国联和西方国家支援埃塞俄比亚，个人威望空前提升。

黑人皇帝

海尔·塞拉西（1892—1975 年），埃塞俄比亚皇帝。1906 年入新式学校读书，后来被任命为萨拉勒总督。1917 年孟尼利克二世之女佐迪图称帝后出任摄政王，后立为皇储。他主张学习西方近代科学技术和政治制度，发展经济，加强统一，缓和社会矛盾，以实现王国的“中兴”。但以女皇佐迪图为首的顽固派却盲目排斥西方近代技术和文化，反对实行任何改革。1928 年，他粉碎了得到佐迪图暗中支持的两次叛乱；1930 年，又平息了佐迪图前夫古格萨在北方发动的叛乱，势力日益强大；同年 11 月 2 日，加冕为皇帝，称海尔·塞拉西一世。

海尔·塞拉西一世即位后，全面推行改革。在政治上，1931 年颁布了帝国宪法，仿效西方设参、众两院，但同时又规定了至高无上的皇权。皇帝将任免官吏、批准预算、签订条约、宣战媾和等大权集于一身，并有权召开或解散国会。在经济上，取消了由农民供养官吏和士兵的“盖巴尔”和“德戈”等封建义务，禁止向农民征收额外税，宣布降低放债利息，还采取措施逐步废除奴隶制。为了促进本国经济的发展，采用赎买方式将原英国的阿比西尼亚银行改为国家银行。在文化上，注重发展教育事业，开办新式小学，创办女子学校，还先后派遣 200 多人到国外留学，并出版阿姆哈拉文的报纸。

海尔·塞拉西一世，埃塞俄比亚帝国末代皇帝，出生于埃塞俄比亚的贵族家庭。拥有“所罗门王和示巴女王 225 代继承者”“犹太族的雄狮”“上帝的特使”等称号。图为 1971 年海尔·塞拉西一世的照片

战士皇帝

埃塞俄比亚有着丰富的矿产资源和农业原料，早为意大利所垂涎。1935 年 7 月，墨索里尼不断发

佐迪图女皇是孟尼利克二世的私生女，1916 年埃雅苏五世被废后即位为女皇，成为埃塞俄比亚历史上唯一的女皇。后与海尔·塞拉西发生分歧，秘密策动地方叛乱，但被镇压。1930 年 4 月在惊恐中病逝。图为佐迪图女皇与她信赖的神父

知识链接：埃塞俄比亚

埃塞俄比亚是一个位于非洲东北的国家。东与吉布提、索马里毗邻，西同苏丹、南苏丹交界，南与肯尼亚接壤，北接厄立特里亚。高原占全国面积的 2/3，平均海拔近 3000 米，素有“非洲屋脊”之称，首都是亚的斯亚贝巴。经济以农牧业为主，工业基础薄弱。

出战争叫嚣，战争一触即发。海尔·塞拉西在议会发表演说，向全国人民发起保卫祖国的号召。两天后，海尔·塞拉西以政府名义，向国际联盟发出照会，表达了埃塞俄比亚抗击侵略者的决心。

海尔·塞拉西的讲话赢得了全国各阶层的广泛支持。战争爆发后，海尔·塞拉西亲自来到前线，设立指挥中心，召开军政官员会议，为各省划分固定的防线，制定作战计划。在保卫德西埃的战役中，当意大利大批战机低空扫射造成惨重伤亡时，海尔·塞拉西不顾卫兵劝告亲自上阵，端起机枪对意机开火。1936 年 3 月的梅丘战役中，他亲自指挥作战，在战斗激烈时深入战士班组，俯卧在潮湿阴冷的壕沟里，开动机枪扫射敌军。因此，他得到了人们的赞颂，称其为“战士皇帝”。

后来，海尔·塞拉西在军事战略上做出了误判，放弃了游击战术，急切地想要亲自指挥埃军向意大利军队进攻。由于叛徒出卖，行动失败，意大利吞并了埃塞俄比亚。1936 年，海尔·塞拉西前往日内瓦，在国际联盟大会上痛斥国际联盟的虚伪，重申了埃塞俄比亚人民抗战的决心。

在国外的海尔·塞拉西不断同国内抗战领导人进行联系，鼓励他们坚持斗争，并表示他在将来会回国领导抗战。他还同流亡海外的爱国者保持密切来往，并在物质上大力资助。国内的许多抗意组织继续尊奉海尔·塞拉西为自己的领袖。1937 年夏天，国内各游击队组织联合成立了领导机构“团结合作委员会”，也将他列为自己的领袖。

当埃塞俄比亚反抗意大利入侵看起来注定要失败的时候，海尔·塞拉西前往拉利贝拉岩石教堂祈祷。12 世纪时，埃塞俄比亚第七代国王拉利贝拉在埃塞俄比亚北部海拔 2600 米的岩石高原上，动用 5000 名工人，花了 30 年的时间凿出了 11 座岩石教堂，人们将这里称为拉利贝拉。从此，拉利贝拉成为埃塞俄比亚人的圣地。至今，每年 1 月 7 日埃塞俄比亚圣诞节，信徒们都将汇集于此

柏柏尔人的辉煌
里夫共和国

这是一次使欧洲和基督教世界胆战心惊的辉煌的军事胜利，
它树立了一个榜样，
并鼓舞了穆斯林世界所有被压迫的人民。
——阿尔及利亚作家梅萨里·哈吉

摩洛哥里夫共和国抗争西班牙和法国殖民者的斗争有着重要的历史意义，以柏柏尔原始部族武装为主力的军队同西班牙和法国的正规军作战，顽强斗争了将近 10 年，对马格里布地区的民族解放事业是一剂强心剂。

里夫共和国是西属摩洛哥的柏柏尔人建立的国家，1921 年宣布独立建国，1926 年在西班牙和法国的联合进攻下，共和国灭亡。图为里夫共和国国旗

里夫共和国的建立、发展及衰亡

1921 年初，西班牙殖民军入侵摩洛哥里夫山区，里夫人民在克里姆领导下抗击侵略者。为了巩固和发展取得的胜利成果，促使里夫各部落进一步联合起来，9 月，克里姆召集里夫地区 12 个大部落的首领开会，通过了《民族宣言》。1923 年 2 月，12 个大部落首领签署文件确认克里姆为埃米尔，里夫共和国成立。

1924 年 8 月，里夫军民粉碎了西班牙 10 万军队的进犯和封锁，几乎解放了西属摩洛哥的全部国土。1925 年 5 月，里夫军民击败了法国殖民军的突然袭击，并发起反攻，解放了大片国土。

柏柏尔人主要集中在摩洛哥和阿尔及利亚。图为 1924 年柏柏尔人手持从西班牙军队中偷来的毛瑟步枪

里夫共和国的斗争，得到了法国人民和世界进步人士的同情和支持。法国工人举行大罢工和示威游行表示支持，有些法国士兵拒绝向摩洛哥人民开枪，还同里夫军民联欢。印度和北非其他地区的穆斯林，纷纷举行支持里夫共和国的群众大会。在世界进步舆论的压力下，法国被迫于 1926 年 4 月同里夫共和国谈判。而后，法国和西班牙联军发动新的进攻，5 月，克里姆向法国投降，里夫共和国灭亡。但仍有些部落同法国、西班牙殖民军进行斗争，坚持了近 10 年。

里夫共和国的军事斗争

1921 年春，西班牙殖民军包围西部起义军主

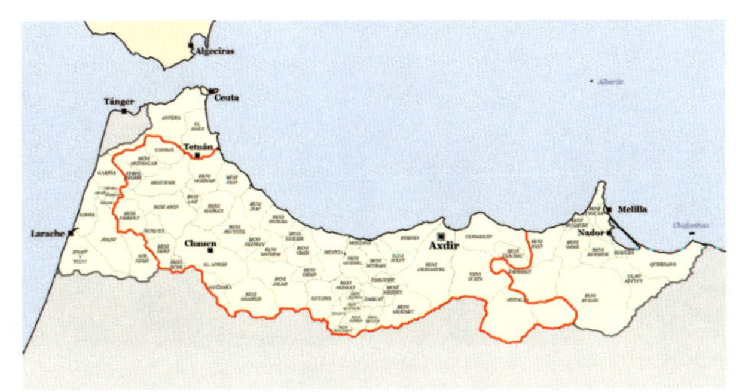

图为在西属摩洛哥的领土上，里夫共和国实际控制的领土

知识链接：柏柏尔人

柏柏尔人是西北非洲的一个说闪含语系柏柏尔语的民族。实际上柏柏尔人并不是一个单一的民族，它是众多在文化、政治和经济生活相似的部落族人的统称。在北非有约1400万—2500万说柏柏尔语的人，他们主要集中在摩洛哥和阿尔及利亚，其他地区如埃及、布基纳法索等国也有分布。

力。1921年9月，里夫各部族在东部地区成立以克里姆为首的里夫共和国。里夫军在坚持进攻战术的同时，还善于运用诸如迂回和包围等机动形式，对敌军结合部实施突击，并经常袭击敌军后方。

1924年6月，里夫军转入进攻，并于11月底将全部占领军从共和国腹地赶出国土。西班牙占领军损失惨重，处于全军覆没的边缘。尽管西班牙军动用了飞机、装甲车和海军，但在东西各部族不断加强团结的情况下，战局并未好转。西班牙已无力将战争继续下去。里夫共和国的声势几乎传遍西班牙在摩洛哥的整个保护区。法国深怕里夫共和国得到巩固，进而使摩洛哥法国保护区以及北非其他殖民地各部族受其影响，遂于1924年5月开始入侵共和国南部地区。

1925年4月，里夫军对法国占领军发起进攻，在格扎瓦和桑哈贾两部族起义军协助下，将战争推向法国保护区。法军虽拥兵10万，并装备有重炮、坦克和飞机，但损失惨重，被迫后撤。在这种形势下，西法两国于1925年六七月间在马德里举行了谈判，双方达成封锁摩洛哥海岸和对里夫共和国联合作战的协议。法国远征军兵力增至32.5万人。西班牙占领军的兵力为14万人。敌军在两个战场上均占绝对优势。殖民军实行“焦土”政策造成各起义部族人力物力资源枯竭，这迫使里夫军于1925年9月底退回到1924年的阵地。尔后，西班牙军队占领了共和国首都艾季迪尔城。共和国在这种困难情况下，继续英勇抗战，拒绝了英国政府通过暗中调停而强加给它的旨在巩固殖民统治的“自治”。

1926年5月，法西联军在克尔特河地区转入进攻，合围了里夫军主要集团，并对其总部实施突击。里夫军被分割成几部，遂于5月27日停止抵抗。克里姆被俘，后被流放留尼汪岛。然而，武装斗争在很多地区继续进行。直到1934年武装斗争的最后根据地才被摧毁。

西班牙军队登陆胡塞马湾。1925年9月8日，在米格尔·普里莫·德里维拉（1870—1930年）将军的指挥下，西班牙军队结束了与摩洛哥里夫共和国的战争。图为站在22米鱼雷艇甲板上的米格尔·普里莫·德里维拉将军

反美英雄 桑地诺

我们甘愿做一个爱国者在战斗中死去，
也不能像奴隶那样活着。
——桑地诺

桑地诺于1927年开始率领尼加拉瓜人民起义，反抗美国占领军。虽然被当时的美国政府描绘为一名匪徒，但是他坚决而顽强的抵抗意志，使得他成为拉丁美洲诸国反抗美国控制的标志性英雄人物之一。他率领的游击战最终迫使美国从尼加拉瓜撤军。

青年桑地诺

奥古斯托·塞萨尔·桑地诺（Augusto Cesar Sandino，1893—1934年），出生在尼加拉瓜的商人家庭，从小目睹美国对尼加拉瓜的统治，具有强烈的反美情绪。桑地诺在中美洲各国漂泊流浪，曾经参加墨西哥的资产阶级革命。1926年，桑地诺回到尼加拉瓜。10月，他在尼加拉瓜北部一个美国人控制的金矿中举行起义。随后，在拉斯赛格威亚斯山区建立了游击战争的根据地，举起了象征“自由和死亡”的红黑两色战旗，揭开了抗美游击战争的序幕。

1928年1月3日，领导尼加拉瓜革命的奥古斯托·塞萨尔·桑地诺。桑地诺为了民族独立挺身抗击侵略者，英勇不屈的精神树立起一座永远不朽的丰碑

桑地诺在得知萨卡沙成为尼加拉瓜立宪政府总统以后，便率军队去投奔萨卡沙。萨卡沙让他归国防部长蒙卡达指挥。他在首都停留了40多天，在美军占领首都后，抢回了许多枪支弹药，返回游击队根据地。桑地诺的游击队是立宪战争中最积极同保守党和占领军进行战斗的军队。他在很多战役中都取得了胜利，还缴获了数千支步枪和上百万发子弹。

1927年5月，尼加拉瓜自由党领袖蒙卡达同美国占领者签订关于解除所有立宪武装的投降协定之后，桑地诺便秘密率部撤回拉斯赛格威亚斯山区。5月12日，桑地诺发表了《致尼加拉瓜各地方政府宣言》，明确提出用革命武装驱逐美国侵略者的斗争目标。

抗美游击斗争

1927年7月1日，桑地诺在尼加拉瓜东北部发表起义者的政治宣言。宣言明确将武装斗争确立为解决尼加拉瓜人民与美国占领者矛盾的核心手段，提出以革命方式恢复国家的主权和独立。

美国指使尼加拉瓜政府打击桑地诺，桑地诺武

桑地诺（左三）、托尼·爱德华多·邓德华（左四）、邓德华的保镖（左五）在去墨西哥的路上

知识链接：桑地诺民族解放阵线

尼加拉瓜民族解放运动组织。1961年7月23日成立，首任总书记卡洛斯·丰塞卡·阿马多尔。最初称民族解放阵线或桑地诺运动，后改为现名。该组织以尼加拉瓜民族英雄桑地诺命名，以示继承民族独立斗争的传统。组织成立后，立即投入反对索摩查独裁政权的游击斗争。

装同美军及尼加拉瓜政府军爆发了战争。在1927年最后几个月的激烈战斗中，美国派往尼加拉瓜的飞机达30架，计划不惜一切代价消灭游击队，摧毁根据地。

1929年，桑地诺为了获得军需品和国外的支持，在墨西哥从事外交活动。1930年，桑地诺回国。1931年，桑地诺已经拥有经过训练和精良武器的正规军，控制了全国一半以上的地区。1932年，桑地诺发出夺取国家政权的号召。

1932年，总统萨卡沙向桑地诺建议进行停止武装斗争的谈判。桑地诺表示，他进行武装斗争的目标是反对美国的军事占领，无意进行国内战争。2月2日，桑地诺冒着生命危险到了达马那瓜，同萨卡沙直接接触。当日深夜，双方签订了《和平协定》，宣布尼加拉瓜开始政治生活的复兴和主权不受侵犯，并保证双方均应该遵守宪法。在3个月内，桑地诺军队交出武器，保留100人的卫队。而桑地诺只用了20天就把武器上交给萨卡沙政府，而萨卡沙政府却背信弃义地镇压了放下武器的游击队员。

1934年，萨卡沙邀请桑地诺再次谈判，讨论了所有的争议问题。与此同时，国民警卫队司令索摩查同美国驻尼加拉瓜大使策划了杀害桑地诺的阴谋。1934年2月21日，在桑地诺坐车返回的路上，国民警卫队将其逮捕并在首都东郊杀死了桑地诺。

桑地诺领导的抗美游击战争是一次持续了6年的人民反帝革命战争。它的可贵之处在于用革命性的民族解放战争来反对美国的侵略和占领。反帝的爱国主义是这次战争的主导思想。这场战争凝聚了尼加拉瓜各阶层的抗争力量，其斗争精神激励了后来的革命者。

为消灭桑地诺游击队，美国出动了12000人的军队，几十架飞机，更换了几任司令官，前后奔波6年，仍然一筹莫展。最终，不得不从尼加拉瓜撤军。图为美国海军陆战队从桑地诺游击队中缴获的旗帜

摧毁考迪罗
卡德纳斯改革

总统府的大门将永远向工农打开。

——卡德纳斯

卡德纳斯改革打击了帝国主义势力和大地产制，促进了墨西哥社会经济的发展。改革基本上摧毁了大庄园制，并使民族资本掌握了全国最主要的经济命脉，为墨西哥资产阶级民主制度的形成和发展奠定了基础，也促进了墨西哥经济特别是纺织、食品、家具等轻工业的发展。

拉萨罗·卡德纳斯领导了20世纪30年代的墨西哥改革，改革基本上摧毁了封建大庄园制，使民族资本家掌握了全国主要经济命脉，为墨西哥民主制度的确立奠定了基础

卡德纳斯

拉萨罗·卡德纳斯（Lázaro Cárdenas，1934—1940年），墨西哥人。他积极参加了1910—1917年革命，1928年被选为州长，1930年任国民革命党主席，1931年和1933年先后任内政部长和国防部长。1934年7月，他当选为墨西哥总统。卡德纳斯在总统任期内改组了内阁、军队和州政府。他宣布工厂主必须遵守宪法和法律，反对成立为企业服务的“白色工会”，不许在“反共产主义”口号下镇压工人运动。

卡德纳斯改革措施

卡德纳斯改革主要在土地、国有化运动和教育等方面展开。卡德纳斯的土地改革和以前历届政府所进行的土地改革的不同之处，在于他敢于触动或征收封建大庄园一部分土地，废除了债役制，并且实施了废除封建大地产的法令。同时他也敢于触动外国资本家的土地，将这些土地分配给农民。他鼓励合作社组织，建立了1468万个新的集体村社。1937年，他修改了宪法，保证了个体村社的小农经济成为村社的主要形式。同年，政府设立了社会卫生和农村医疗部。1938年，享受免费医疗的农民达100多万人。

国有化运动包括三个方面内容。第一，服务业和若干企业的国有化。在工人运动的推动下，一些公司被收归国有变成了工人生产合作社或工农业合作社。第二，外国公司所属的铁路国有化。在铁路工会的要求下，1937年6月，政府颁布了关于把外国公司的铁路收归国有的法令。第三，外国石油

1929 年，由普鲁塔克·伊利亚·卡耶斯创立的帕蒂多国民革命党的徽章。这个徽标有墨西哥国旗的颜色和排列

公司国有化。石油是墨西哥最重要的矿产资源，但一向为美、英垄断资本所操纵。在石油系统工人运动的推动下，政府把 17 家美国、英国和荷兰石油公司收归国有。在国有化过程中，卡德纳斯政府支持工人组织的要求，促使他们签订了有利于工会的各种集体合同。在许多工业部门中，工人因此挣得了 40 小时工作周的胜利。政府成立劳工银行，供给工人生产合作社资金。特别是在石油国有化的运动中，卡德纳斯依靠工人的支持，利用列强之间的矛盾，排除了石油工业国有化道路上的障碍。石油工业国有化保卫了民族主权，促进了经济的发展。

教育改革的起点是扫盲教育。为了在印第安人中普及小学教育，政府专门设立印第安人事务司。政府还设立了士兵学校，在军队中进行扫盲教育。到 1938 年，文盲比 1930 年降低了 14%。政府还兴办中小学和各种职业学校，为提高文化水平和适应各种事业发展培养人才。公立小学从 1934 年的 8477 所增至 1940 年的 13016 所。1935 年，全国仅有中学 49 所，到 1940 年增至 116 所。工业、技术和商业学校，1934 年只有 19 所，1940 年增至 40 所。农业学校由 1934 年的 22 所，增至 1940 年的 55 所。

知识链接：考迪罗

考迪罗意思是首领、头领。考迪罗制是拉美地区特有的军阀、大地主和教会三位一体的本土化独裁制度。考迪罗最早产生于 19 世纪初期拉美独立暴动中。独立后，虽然部分考迪罗在人民压力下做出一些改革，但由于其和大庄园主在经济及政治上的垄断密不可分，所以未触及大地产制度，是拉美经济发展的阻碍。

卡德纳斯在 20 世纪 30 年代的改革是墨西哥护宪运动最辉煌的阶段，就其改革的深度和民主性而言，为同时代亚洲、非洲和拉丁美洲民族民主运动史上所仅有。改革促进了经济的发展。卡德纳斯实行的土地改革，使墨西哥的土地关系发生了重大变化。卡德纳斯的民族民主思想及其实践，使他成为了20世纪30年代拉丁美洲社会思潮的代表者之一。

墨西哥壁画。米却肯州出生的拉萨罗·卡德纳斯总统同当地农民在一起进行土地改革

ST MARY'S HOS
St Mary's Hospital Guide

突飞猛进的科学技术

20世纪前半期，科学技术发生了一系列广泛而深刻的革命性变化。19世纪末20世纪初开始的物理学革命，带动了化学、天文学、生物学、地理学等学科的发展，从而形成了以相对论和量子力学为代表的进步。随着以电力的发明和利用为标志的第二次技术革命不断深化，电力、汽车工业蓬勃发展。在第二次世界大战的刺激下，原子能技术、计算机技术和航天技术发展迅速，成为第三次技术革命兴起的标志。20世纪前半期科学技术的重大突破又引起社会经济、产业结构、生活方式等方面的重大变化，并为战后第三次技术革命的深入发展奠定了基础。

20世纪以来，科学技术与经济社会的关系日益密切，并且相互制约、相互影响。科学技术的迅猛发展已使社会生活的各个方面发生了深刻的变化：科学技术直接转化为生产力，从根本上决定了一个国家的经济实力，促使经济迅速发展；科学技术的发展使资本主义国家的产业结构发生了重大变化；科学技术的发展对人民的生活水平、生活方式、文化教育等方面的影响是极为深刻的。

总之，科学技术的飞速发展一方面为创造人类的幸福提供了前所未有的能力，另一方面也使人类掌握了可以毁灭地球上一切生命的能力。如果人类能把科学技术进步的成果全部应用于和平与发展的事业，那么，未来世界的前景将是十分美好的。

青霉素之父 弗莱明

没有弗莱明，不会有钱恩；没有钱恩，不会有弗洛里；没有弗洛里，不会有希特利；没有希特利，则不会有盘尼西林。

——牛津大学病理学系主任哈里斯

弗莱明于1923年发现溶菌酶，1928年首先发现了青霉素。青霉素的发现，使人类找到了一种具有强大杀菌作用的药物，结束了传染病几乎无法治疗的时代。从此出现了寻找抗菌素新药的高潮，人类进入了合成新药的新时代。

弗莱明在1928年首先发现了青霉素。在美国学者麦克·哈特所著的《影响人类历史进程的100名人排行榜》中，弗莱明名列第45位

发现青霉素

亚历山大·弗莱明（Alexander Fleming，1881—1955年），英国微生物学家。1881年8月6日出生于苏格兰基马尔诺克附近的洛克菲尔德。弗莱明的成长之路，并非一帆风顺。在他7岁时，父亲去世，由大哥和母亲将他和几个兄弟养大。他在山野长大，这锻炼了他的观察能力，算是为日后的细菌研究积累了初步的基础。他13岁时随其兄（开业医师）去伦敦做工。1901年，在弗莱明20岁时，他的一个终身未婚的舅舅去世，留下了一笔较为可观的遗产，弗莱明分到了250英镑。弗莱明同父异母的哥哥汤姆敦促他善加利用这笔财富，建议他学习医学。7月，弗莱明通过16门功课的考试，获得进入圣玛丽医院附属医学院的资格。1906年毕业后留在母校的研究室，帮助其导师赖特博士进行免疫学研究。他通过了一系列测试，获得了独立开诊所的资格。1909年，他通过了测试，获得外科医生资格。

1918年弗莱明返回圣玛丽医学院，加紧进行细菌的研究工作。1921年11月，弗莱明发现了滕黄微球菌。1922年，他发现了一种叫“溶菌酶”的物质，发表了《皮肤组织和分泌物中所发现的奇特细菌》的报告。同年，弗莱明发表了第一篇研究溶菌酶的论文。1929年，弗莱明在《不列颠实验病理学杂志》上，发表了《关于霉菌培养的杀菌作用》的研究论文，但未引起人们的注意。弗莱明指出，青霉素将会有重要的用途，但他自己无法发明

伦敦帕丁顿的圣玛丽医院是一家位于英国伦敦帕丁顿的公立医院，成立于1845年。在过去，医院曾经是伦敦大学的一部分，现时则成为伦敦帝国学院的一部分。弗莱明曾在此求学和工作

一种提纯青霉素的技术，致使此药十几年来一直未得以使用。

青霉素成为抗菌新药

1939年，在英国的澳大利亚人瓦尔特·弗洛里（1898—1968年）和德国出生的鲍利斯·钱恩（1906—1979年），重复了弗莱明的工作，证实了他的结果，然后提纯了青霉素，1941年给病人使用成功。在英美政府的鼓励下，科学家很快找到大规模生产青霉素的方法，1944年英美公开在医疗中使用，1945年以后，青霉素遍及全世界。1945年，弗莱明、弗洛里和钱恩共获诺贝尔生理学及医学奖。1943年弗莱明成为英国皇家学会院士，1944年被赐予爵士爵位。1955年3月11日与世长辞，安葬在圣保罗大教堂。匈牙利于1981年发行了弗莱明诞生100周年的纪念邮票。

弗莱明获得的奖章，包括他的诺贝尔奖章。同时展出的还有青霉素样品和一种早期用于装青霉素的器皿

知识链接：青霉素

青霉素又被称为盘尼西林。它是抗菌素的一种，分子中含有青霉烷，能破坏细菌的细胞壁并在细菌细胞的繁殖期起杀菌作用，从青霉菌中提炼。青霉素属于β－内酰胺类抗生素（β－lactams），是很常用的抗菌药品。

知识链接：四环素

四环素是从放线菌金色链霉菌的培养液中分离出来的抗菌物质，作为一种广谱抗生素，对很多病菌都有良好的抑制作用，但对结核菌、变形菌等无效。其作用机制是通过与核糖体的30S亚单位结合，阻止氨酰基tRNA与核糖体结合。本品为黄色片或糖衣片，无特异性拮抗剂，药物过量引起不良反应的应对方式主要是对症疗法和支持疗法，如洗胃、使用催吐药及补液等。四环素还可降低避孕药效果，增加突破性出血的风险。

哲学和社会科学的革命性的变化

20世纪上半期的哲学、社会科学和文学艺术较之上个世纪出现了革命性的变化，大胆创新、背离传统是其主要特征。进入20世纪，一方面科学技术的发展日新月异，大大拓宽了人们认识世界的视野，改变了人们的思维方式，并迅速提高了工业生产的效率，推动了生产力的发展和社会财富的增长。另一方面，资本主义从自由竞争阶段发展到垄断阶段，资本主义社会的弊端进一步暴露出来。垄断资本主义的激烈竞争，不仅导致了资本主义经济危机的频繁出现，而且还引发了两次世界大战。所有这些都深刻地影响了20世纪的哲学、社会科学和文学艺术。

20世纪以来，西方哲学发生了许多引人瞩目的变化，出现了两个影响最大的思潮——科学主义和人本主义。随着社会变迁的加速，生活节奏的加快，社会科学领域也呈现出多流派、多分支、多角度、多特点的局面。社会科学各学科之间、社会科学与自然科学之间的相互渗透日趋加强。同时，从不同角度对人类社会、人类文明发展的整体研究也越来越受到重视。这一时期，经济学领域的代表人物是凯恩斯。历史学开始重视科学、重视现实和未来。现代文学艺术发展也呈现出新的特征。

分析哲学的创始人之一 维特根斯坦

告诉他们，我已经有过非常精彩的人生。

——维特根斯坦

维特根斯坦是20世纪最有影响力的哲学家之一，其研究领域主要在数学哲学、精神哲学和语言哲学等方面，他的一生极富传奇色彩。

罗素和维特根斯坦师徒都是天才。罗素称维特根斯坦可谓是“天才人物的最完满范例”：热情、深刻、认真、纯正、出类拔萃

罗素门徒

路德维希·约瑟夫·约翰·维特根斯坦（Ludwig Josef Johann Wittgenstein，1889—1951年）出生于维也纳，父亲是欧洲钢铁工业巨头，母亲是银行家的女儿。维特根斯坦在八个兄弟姐妹中排行最小，有着四分之三的犹太血统，于纳粹吞并奥地利后转入英国籍。维特根斯坦自幼跟随兄姊在家里接受教育，少年时维特根斯坦爱好机械与技术，10岁时就制出过一台简单实用的缝纫机。1906年，维特根斯坦前往柏林学习机械工程。1908年，进入英国曼彻斯特维多利亚大学攻读航空工程空气动力学。其间，为了彻底搞清螺旋桨的原理，同时出于对数学的兴趣，维特根斯坦阅读了伯特兰·罗素与怀特海合写的《数学原理》以及戈特洛布·弗雷格的《算术基础》。在1911年夏天拜访了弗雷格后，维特根斯坦听从了这位逻辑学家的推荐，前往英国剑桥大学三一学院问学于罗素门下，后成为英国哲学家罗素的学生兼好友。

图为2001年比利时发行的维特根斯坦纪念邮票

第一次世界大战开始后，本可免服兵役的维特根斯坦作为志愿兵积极入伍，在战场上完成了《逻辑哲学论》的初稿。《逻辑哲学论》完成后他认为所谓的哲学问题已被解决，于是怀着贵族式的热忱前往奥地利南部山区，投入格律克尔倡导的奥地利学校改革运动，成为一名小学教师。有着理想主义追求的维特根斯坦在这里过着苦行僧般的生活，他对学生充满了热情，却被无法理解的家长们视

剑桥大学三一学院由英国国王亨利八世于1546年创建，是剑桥大学中规模最大、财力最雄厚、名声最响亮的学院之一。这里是维特根斯坦学习、工作、长眠的地方

知识链接:《哲学研究》

《哲学研究》是维特根斯坦的代表性著作。该书认为过去的许多哲学问题都源自哲学家对语言的错误理解与使用，使哲学成为空洞的形而上学。哲学的当下任务在于，按照日常语言的规则讲话，在具体用途中考察语词的意义，来治疗这种病症。哲学因此成了某种形式的疗法。

为“疯狂的家伙”。1926年，被证明总是与成年人格格不入的维特根斯坦离开了“粗俗愚蠢的南部农民”，结束了乡村教师的生涯。

特立独行的天才

做小学教师“失败”后，维特根斯坦先是在一座修道院里做过短时间的园丁助手，后来其妹妹玛格丽特由于担心他的精神状态而设法要求其协助设计并负责建造了自己的一处宅第。这个后来曾被用作保加利亚使馆的建筑物使维特根斯坦获得了建筑师的身份。1927年，维特根斯坦结识了奉《逻辑哲学论》为主臬的“维也纳小组”成员并应邀参与一些活动，与石里克、魏斯曼等人有过交往，但拒绝加入他们的圈子。

1928年春，在听了数学家布劳维尔在维也纳有关“数学、科学和语言”的一次讲演后，维特根斯坦重新萌发了强烈的哲学探索的兴趣。1929年，维特根斯坦重返剑桥，以《逻辑哲学论》作为论文通过了由罗素和摩尔主持评审的博士答辩后，留在三一学院教授哲学，并于1939年接替摩尔成为哲学教授。1947年，坚信“哲学教授”是“一份荒唐的工作”的维特根斯坦从剑桥大学辞职，以专心思考和写作。

1951年4月29日，身患前列腺癌的维特根斯坦在好友比万医生家中与世长辞。他在逝世前的最后一句话是“告诉他们，我已经有过非常精彩的人生”。诺曼·马尔科姆形容这句话是“出奇的感人的话语”。他的家人和朋友在剑桥大学教师墓地为维特根斯坦举行了一场天主教葬礼。维特根斯坦去世后，其弟子安斯康姆和里斯出版了被认为是引导了语言哲学新的走向的《哲学研究》。

维特根斯坦的妹妹玛格丽特，始终关怀着有些怪异并好像永远长不大的哥哥

存在主义“存在先于本质”

一种独特的有关现代人的人生哲学，
一种同现代文学有着血缘关系的哲学，
一束社会危机中喷涌而出的智慧之光。

存在主义首先产生于20世纪二三十年代的德国，随后流行于法国，还传播到美国、日本等国家，成为一种国际瞩目的哲学思潮，并影响到社会政治、文学等领域，形成一种存在主义运动。从第二次世界大战结束到20世纪60年代，是存在主义在资本主义世界泛滥的时期，它流传于社会的各个阶层中间，渗透到社会生活的各个领域，不仅成为时髦的哲学和文学运动，而且变成了一种新的资产阶级社会风尚和生活方式，产生了广泛而深刻的影响。

“危机时代的危机哲学”

存在主义的主要创始人为马丁·海德格尔（Martin Heidegger，1889—1976年）、卡尔·雅斯贝尔斯（Karl Jaspers，1883—1969年）。存在主义是20世纪初资本主义社会危机的产物。第一次世界大战以德、奥为首的同盟国的失败而告终，1919年的《凡尔赛条约》使德国失去了1/8的国土和1/10的居民，被迫放弃一切海外殖民地，支付巨额赔偿，德意志帝国也瓦解了。

海德格尔是存在主义哲学的创始人和主要代表之一。他说柏拉图曾指出人人都熟悉的“存在”的意思其实并没有人真正懂得。这个问题直到2000年后的今天还没有解决，而他就是要来重新提出并解决这个问题

在社会危机面前，人们的精神支柱毁坏了，以理性力量改造世界的思想化为泡影，上帝不复存在，人生理想破灭了，只有“对不确定的茫茫未来的彷徨苦闷”。存在主义的诞生正好反映了战败的德国资产阶级所面临的逆境和由此产生的悲观、没落、绝望和垂死挣扎的心理。

第二次世界大战期间，法国处于屈辱的亡国地位，人们面对的是一个贫困的、凶恶的、绝望的世界。带有悲观色彩的德国存在主义经过改造后，很快流传到法国，受到法国知识分子的欢迎。法国存在主义哲学家和文学家让-保罗·萨特（Jean-Paul Sartre，1905—1980年）在1940年1月的日记中写道：“哲学在我生活中，足以克制战争带来的忧患、阴郁和悲苦的情绪。”法国存在主义者通过小说、戏剧和通俗讲演传播存在主义，并在青年中造成一股声势，甚至出现了存在主义的装束、发式、狂游等。

由于存在主义所探讨的是战后人们普遍关心的人生的意义、价值和命运问题，因而占有广泛的市场。它不仅在德、法两国存在，而且传播到欧洲其他一些国家，成为一种时髦的世界观和处世哲学。20世纪50年代以来，存在主义很快就在美、日等国的社会各阶层，特别是青年一代中流行起来。当时美国很多大学和神学院都开设了存在主义课，海德格尔与萨特的著作大量翻译出版，影响很大。如在美国文学青年中出现的所谓“垮掉的一代”就是以海德格尔

让－保罗·萨特是当代法国存在主义哲学家、20世纪世界思想发展史上一个里程碑式的人物。在数十年创造性的活动中，他完成了卷帙浩繁的哲学著作、政治评论和文学作品的创作。其代表作有《存在与虚无》《恶心》《苍蝇年》《自由之路》等

和萨特的存在主义为其理论依据的。他们用这一名称表示美国青年中一种复杂的心理状态，他们否定过去和未来，认为人生是处于不断的忧虑状态中，渴望知道生活的意义，但又随时感到死亡的威胁。

知识链接：存在主义文学

存在主义文学的代表作品有萨特的小说《恶心》、哲理剧《禁闭》和加缪的小说《局外人》等。存在主义文学主张哲理探索和文学创作相结合，以表现存在主义的哲学观点为己任。这些作品大多数是重大的哲理、道德和政治题材，重思想，轻形式，强调逻辑思维和哲学思辨。

从“人的存在”出发

尽管存在主义者声称自己的哲学不同于以往的哲学，在哲学的发展史上开辟了一个新的方向，但他们也不得不承认，自己的哲学思想与历史上的反理性主义思想有着密切的联系。除埃德蒙德·胡塞尔（Edmund Husserl，1859—1938年）的现象学对存在主义的创立给予了理论上的重要启示外，它主要沿袭了丹麦的神秘主义哲学家索伦·奥碧·克尔凯郭尔（Soren Aabye Kierkegaard，1813—1855年）关于存在的学说，以及费里德里希·威廉尼采（Friedrich Wilhelm Nietzsche，1844—1900年）的强力意志论。

存在主义一反西方哲学的传统，从人的个人存在出发解释现实世界。他们的主导思想是讲人生的体验，如畏、烦、沉沦、死、崩溃、恶心、虚无以及世界之荒谬等。存在主义的“存在”有特定的含义，那就是指人的自我的存在，即作为意志或行动主体的个人的存在或生存。存在主义虽然都是从“人的存在”出发批判人生，都主张“存在先于本质”，但他们对人生的状况、人的价值、命运和前途的看法又不完全一致。

海德格尔对人生持否定的态度。他散布悲观主义，认为死亡是烦恼的人得以自拔的唯一途径。雅斯贝尔斯肯定人的存在的合理性，他认为对于个人来说，存在就意味着获得知识，作出决定，采取行动，去获得对存在进行选择的自由。萨特也肯定人生，他认为人有选择的自由，主张人是“绝对自由的”，表现了乐观主义，其思想实质上是夸大了个人自由意志的作用。

上述几个存在主义的代表人物虽然对“人生”看法不尽相同，似乎并不统一。但他们关于存在主义的基本观点却是一致的，具有共同的特征：在本体论上，他们认为哲学研究的对象是“人”或“人的存在”。在认识论上，存在主义从“人的存在”出发，否认客观世界及其规律的独立存在，认为主观的纯粹意识是最可靠的存在，除此之外，世界上的一切都是不确定的、杂乱无章的、偶然出现的东西。在社会历史观上，他们把人看作纯粹生物学的人，即脱离社会、脱离阶级、脱离历史而存在的人。

索伦·克尔凯郭尔，丹麦宗教哲学心理学家、诗人、现代存在主义哲学的创始人、后现代主义的先驱，也是现代人本心理学的先驱

近世以来最伟大的历史学家 汤因比

他已成为一位世界通哲，而与爱因斯坦、史怀哲与罗素并列。

——美国《新闻周刊》

阿诺德·汤因比是英国著名历史学家，他曾被誉为“近世以来最伟大的历史学家”。汤因比对历史有其独到的眼光，他的12册巨著《历史研究》讲述了世界各个主要民族的兴起与衰落，被誉为“现代学者最伟大的成就”。

生平及国际地位

阿诺德·约瑟夫·汤因比（Arnold Joseph Toynbee，1889—1975年）出生在伦敦一个历史学世家，其父哈里·汤因比（Harry Toynbee）是一位医生，也是一位热心的社会工作者；其母莎拉·马歇尔是英国早期获得学士学位的女性之一，是一位历史学家。汤因比的伯父也是一位历史学家，专门研究经济发展史。这位伯父也叫阿诺德·汤因比（Arnold Toynbee，1852—1883年），汤因比的名字正是为了纪念他这位早逝的伯父而起的。在这样良好的家庭环境中，汤因比从小就热爱历史，并受到了很好的教育，曾就读温切斯特学院和牛津大学贝利奥尔学院。这些都为他在历史学上取得丰硕成果，并成为一代历史学巨匠奠定了基础。

汤因比相信，人类可以在一定的范围内自由地选择，可以学会如何做出选择。只要学会同超越人类的现实达成和谐关系，人类的选择不仅是自由的，而且是切实可行的

汤因比曾在牛津大学贝利奥尔学院攻读古典文学，1911年获学位。后短期在雅典的英国学院求学，此经历促成他关于文明衰落的哲学萌芽。1912年他成为贝利奥尔学院上古史教师及研究员，1915年为英国外交部情报司工作。1919年他作为英国代表团成员之一出席巴黎和会后，在伦敦大学任拜占庭及近代希腊研究教授。

他于1921—1922年希土战争期间任《曼彻斯特卫报》（*Manchester Guardian*）记者，后将此经历写成《希腊与土耳其的西方问题》于1922年发表。1925年他成为伦敦经济学院的国际史研究教授，并任伦敦皇家国际事务学会的研究部主任。汤因比曾分别于1929年和1967年两度来华访问，对中国文化有极高的评价。美国《新闻周刊》评论说：

牛津大学贝利奥尔学院是牛津大学最著名、最古老的学院之一。汤因比曾在此攻读古典文学

知识链接：《历史研究》

汤因比的一生著述很多，但能全面反映他的历史观点并使他成名的是一套12卷本的巨著《历史研究》。这部书被誉为20世纪最伟大的历史著作。汤因比列举了世界历史上的20余种存活或已经死亡的文明形态，并对它们的各自发展作了综合比较。他认为，文化是通过对环境“挑战”的应战所遭受的考验而产生的；文化的生长是由那些“退隐”和“复出”的少数伟大人物的历史活动所决定的；文化的衰落来自少数创造者丧失了创造能力，多数人相应地不再支持与模仿，整个社会失去了新的应战能力；文明的解体在于社会体系和灵魂的分裂。《历史研究》破除了西方中心论和单一历史线性发展史观，在西方历史哲学著作中具有重要地位。

“他已成为一位世界通哲，而与爱因斯坦、史怀哲与罗素并列。”

汤因比与《历史研究》

汤因比认为历史研究的最小单位是文明，6000年的世界历史中共存在过31个不同的文明，各个文明在哲学意义上是平行的。

但汤因比认为，历史是通过挑战和应战来发展的，文明的生长和衰落正是这一挑战和应战的过程决定的。西方未来的命运，取决于西方人能否对威胁西方文明生存的各种新的挑战进行成功的应战。汤因比不仅是一位出色的历史学家，也是一位出色的哲学家。他经常从哲学的视角思考宇宙人生和社会历史的诸多重大问题，有着丰富而深刻的哲学思想，尤其是在历史哲学思想方面，被视为现代西方“思辨的历史哲学”的一位主要代表。

汤因比有六部代表性著作，分别是《历史研究》《人类与大地母亲》《经受着考验的文明》《世界和西方》《人类必须抉择》《汤因比论汤因比》。

《历史研究》以“文明”作为研究对象。在书中纵览世界各大文明的兴衰，描述了已知的31种文明的起源、发展和衰落，考察各种文明在时间和空间中的碰撞、接触和融合

共时性研究
年鉴学派

年鉴学派以其 60 年孜孜不倦的、社会科学史上绝无仅有的跨学科研究，掀动了法国的史学革命，使得历史学这门学科全面改观，也使自己名闻遐迩。

——《中华读书报》

年鉴学派是 20 世纪 30 年代出现萌芽、40 年代中期开始形成的一个法国史学流派，60 年代时开始有世界性影响。年鉴学派的创始人被公认是吕西安·费弗尔和马克·布洛赫，他们在 1929 年初创办了《经济与社会史年鉴》，成为半个多世纪以来持相同主张的史学家们的主要阵地，年鉴学派便因此得名。

年鉴学派的起源

1929 年，法国斯特拉斯堡大学的两位历史学家吕西安·费弗尔（Lucien Febvre）和马克·布洛赫（Marc Bloch）创办了一份名为《经济与社会史年鉴》的杂志（后来被通称为《年鉴》，该杂志自创办以来共用过四个名字，除《经济与社会史年鉴》外还有三个名称分别是《社会史年鉴》《社会史交融》《经济、社会、文明年鉴》），围绕这个刊物聚集起的一批史学家，中心人物除费弗尔、布洛赫外，还有费尔南·布罗代尔（Fernand Braudel）、埃内斯特·拉布鲁斯（Ernest Labruosse）、皮埃尔·肖努（Pierre Chaunu）、夏尔·莫拉泽（Charles. Morazé）、乔治·杜比（Georges Duby）等，他们被称为“年鉴学派”。

年鉴学派有三个重要的历史观点：追求总体的历史、注重地理环境对人类文明发展的影响、重视社会心态和精神面貌。其中，总体史即是对政治、军事、经济贸易、社会状况、法律制度等各方面做出叙述，构成一个有机的整体；地理环境史指年鉴学派的历史学家认为环境对人类在日常生活、思想、经济方面都有一定约束力和决定性的影响；社会心态和精神面貌指年鉴学派历史学家希望可以从精神状态的研究中为社会行为做出合理的解释。

年鉴学派虽对以上观点都进行了研究和阐述，但都不是年鉴历史学家所独创或始创的，而是传

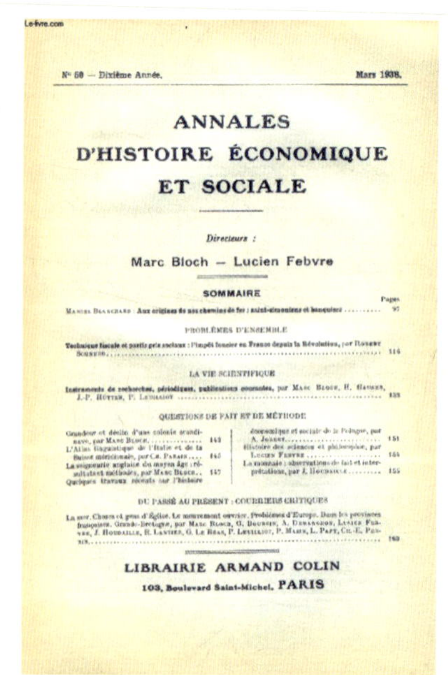

Le-livre.com

N° 50 — Dixième Année. Mars 1938.

ANNALES
D'HISTOIRE ÉCONOMIQUE
ET SOCIALE

Directeurs :

Marc Bloch — Lucien Febvre

SOMMAIRE

PROBLÈMES D'ENSEMBLE

LA VIE SCIENTIFIQUE

QUESTIONS DE FAIT ET DE MÉTHODE

DU PASSÉ AU PRÉSENT : COURRIERS CRITIQUES

LIBRAIRIE ARMAND COLIN
103, Boulevard Saint-Michel. PARIS

《法国经济社会史》是法国历史学家、年鉴学派第二代代表人布罗代尔的著作，该书主要论述了从第二次世界大战结束至 20 世纪 70 年代末期的 30 多年中法国经济与社会的变化。图为该书目录页

吕西安·费弗尔是年鉴学派的创始人。1946 年，他与布洛赫创办的《经济与社会史年鉴》杂志易名为《年鉴：经济、社会与文明》。费弗尔是公认的 20 世纪史学大师

承了法国历史学界前人的观点，继而做出延伸或提升。比如伏尔泰将总体史的编写付诸实践。到了 19 世纪，历史学家米什莱的两部著作《法国史》和《世界史导论》更加注重总体史，从而对年鉴学派历史学家有一定的影响。因此年鉴学派在当时虽是新的史学学派，但还是跟法国传统史学有一定渊源。

年鉴学派发展过程

费弗尔和布洛赫二人在学术上受到其他社会科学家鼓励，主张融合地理学、经济学、社会学、心理学、人类学、语言学等各门社会科学甚至自然科学为一体。他们认为，历史不再是政治史，而是社会的历史，是“总体史”。在费弗尔所著的《为历史而战》中，基本表明了二人的主张：重理论、重解释、重综合。这些为以后的年鉴学派史学家的研究奠定了基本方向。

知识链接：马克·布洛赫

马克·布洛赫，法国历史学家、年鉴学派创始人之一。1904—1908 年他考入巴黎高等师范学校学习，1908—1909 年在莱比锡大学和柏林大学学习。1912 年之后，在中学任教。1920 年他以题为《国王与农奴》的论文获得博士学位后，先后在斯特拉斯堡大学、巴黎大学等著名学府担任教授。1929 年 1 月布洛赫和费弗尔合作，创办《经济与社会史年鉴》杂志，标志着年鉴学派的形成。

第二次世界大战打断了第一代年鉴学派史学家的努力，布洛赫也因参加抵抗运动被德军枪杀，但他们所确定的基本方向却在战后为第二代年鉴学派

马克·布洛赫是法国历史学家，20 世纪末法国出版的《历史科学辞典》称他为“本世纪两到三位最伟大的历史学家之一，就影响而言，《封建社会》无疑是他最重要的学术作品”

费尔南·布罗代尔是法国历史学家、年鉴学派的第二代代表人物。他提出了著名的长时段理论。主要著作有《菲利普二世时代的地中海和地中海世界》《法国经济社会史》《十五至十八世纪的物质文明、经济和资本主义》《资本主义论丛》

史学家所遵循。其标志不仅是作为多学科综合研究中心的高等实验研究院第六部的建立和《年鉴》领导班子的改组，更重要的是费尔南·布罗代尔的《菲利普二世时代的地中海和地中海世界》一书的出版，其提出了关于三种历史时段（长时段、中时段、短时段）的设想，成为年鉴学派在历史认识论上的重要贡献。与此同时，心态史学和计量史学成为年鉴学派的另两项突出成就，伏维尔、阿里埃斯、芒德鲁等是心态史学的专家，而菲雷、肖努等则是计量史学的代表人物。

1969 年，《年鉴》杂志的领导班子再次改组，年鉴学派进入第三代，其主要代表人物有雅克·勒高夫、埃马努埃尔·勒华·拉迪里、马克·费罗等人。他们不仅继续发展经济史和社会史方面的研究，而且大力倡导与人类学的对话，倡导总体史，倡导跨学科合作。

进入 20 世纪 70 年代，年鉴学派出现第四代史学家，他们倡导“问题史学”，主张历史研究就是要回答现实提出的各类问题。年鉴学派的理论、方法论及史学编纂实践都在世界范围内产生了巨大影响，但逐渐也从反模式的角色转变为一种模式，亦有僵化停滞之危险。

年鉴学派的意义

年鉴学派出现的意义在于传统史学中历史的一成不变的节奏被地理时间、社会时间和个人时间三种节奏所取代，而在这三种时间中，尤其突出社会时间的重要性。“全面的历史”也就是一种“整体的历史”，它强调历史是包罗人类活动各个领域的“整体”，是在这些领域之间相互关

《菲利普二世时代的地中海和地中海世界》精辟地叙述了一个地区（地中海地区）、一个时代（菲利普二世时代）的历史。全书 150 万字，行文严谨，史料丰富，是历史学领域的经典之作。在此书中，作者从总体历史的角度出发，努力把 16 世纪后半期西班牙国王菲利普在位时期（1556—1598 年）的地中海世界作为一个整体来加以考察。在作者笔下，地中海不再是一个毫无生机的海洋，而是一个充满激情和生命的历史人物

联、彼此作用所形成的结构和功能关系中得以体现的。要反映出这个“整体”，反映出其内部的结构—功能关系，因果性的思维逻辑是不能胜任的，必须借鉴经济学、社会学等社会科学的方法，从横向关系进行研究。这种研究方法是“共时性的”，与传统史学的那种“历时性的”研究方法截然不同。因此，摒弃传统史学的观念和方法，就十分合乎逻辑。但“共时性”的研究需要一个相对静止的操作平台，“社会时间”扮演了这个角色。一方面，社会时间相对于地理时间变化较快，这使其能体现历史的流变性质；另一方面，社会时间相对于个人时间变化又较慢，这又使其能满足“整体历史学”所要求的“共时性”研究取向。

知识链接：费尔南·布罗代尔

费尔南·布罗代尔（Fernand Braudel，1902—1985 年），法国第二代年鉴学派著名的史学家，代表作品为《菲利普二世时代的地中海和地中海世界》。1920 年入巴黎大学文学院攻读历史，1937 年回国时遇上年鉴学派的创始人之一的费弗尔，开始受其影响。第二次世界大战爆发后应征入伍，1940 年被德军俘虏，关在战俘营近 5 年。在战俘营中开始写《菲利普二世时代的地中海和地中海世界》的初稿，而在 1947 年作为他的博士论文并通过考试，1949 年出版。1946 年，他加入《年鉴》杂志的编辑部，其后与费弗尔创立高等实验研究院第六部（社会科学高等学院前身）。1956—1972 年间，担任该部主任。1984 年他当选为法兰西学院的院士，翌年逝世。

年鉴学派的影响

20 世纪 50 年代以后，年鉴学派的理论和方法开始渗透到欧美各国，在一定程度上导致了整个西方史学的变革。在德国，一批战后成长起来的年轻史学家接受了年鉴学派的主张，创办《历史与社会》杂志，宣传年鉴学派的观点，倡导作为整体的社会史研究。在英国，社会史学派和年鉴学派保持了密切联系，利用计量方法研究历史人类学和社会结构史。在美国，年鉴学派的观点得到了历史学界的高度评价，著名的研究年鉴学派的著作有伊格尔斯的《欧洲史学新方向》、斯多雅诺维奇的《法国史学方法：年鉴模式》，都是在 20 世纪 70 年代出版的；在纽约州立大学还成立了布罗代尔研究中心。

斯多雅诺维奇认为，年鉴学派对史学研究和历史方法作出的重大贡献，在 20 世纪任何一个国家，没有任何一个团体能望其项背。在日本、拉美，在东欧的波兰，年鉴派都扩大了自己的影响。总之，年鉴学派所开创的新史学潮流已经遍及整个西方，乃至世界。

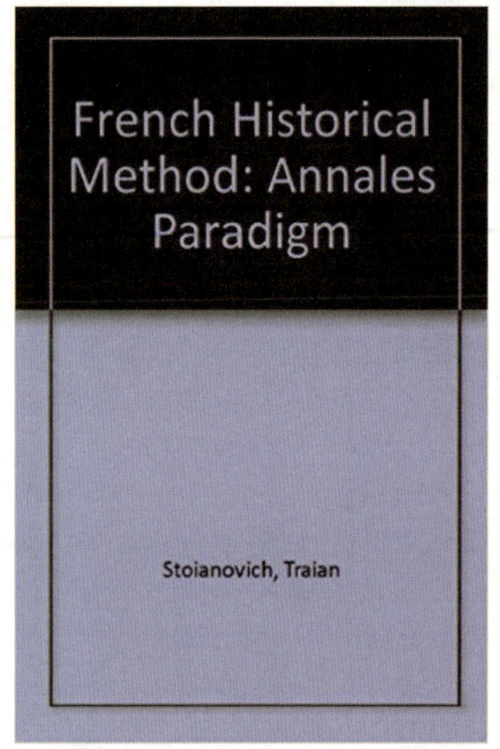

斯多雅诺维奇的著作《法国史学方法：年鉴模式》

多样化的文学艺术

文学艺术是社会生活的反映。20世纪，社会经历了战火的洗礼、科技的激励，社会面貌和人类的思想都发生了巨大变化。这一切都反映在文学作品之中。而电影的诞生，又为艺术家提供了一个新的展现领域，更加生动、形象地展现社会百态。就文学创作来说，20世纪的头十年是现实主义衰落、现代主义崛起的一个新旧交替的转折时期。但这种交替并非根本性的取代，而是在主流位置上更替了一个角色。现代美术和文学一样，也受到西方现代主义思潮的深刻影响，形成了许多令人耳目一新的画派。结合了非洲黑人文化和白人文化特点的爵士乐在这一时期也逐渐风靡一时，其即兴、摇摆的特点对20世纪的乐坛产生了极大的影响。

考察现代文学艺术，展现在我们面前的是一些风格迥异的思想流派的名字：现实主义、自然主义、象征主义、意象主义、达达主义、超现实主义、表现主义、意识流小说、存在主义、立体派、野兽派、抽象派等等。流派繁多、多元共存是现代文学艺术的一个突出特征。另一个重要特征就是，文学艺术以外的各种社会文化思潮蜂拥进入文学艺术创作领域，对固有的文学艺术观念、创作方法及作家、艺术家的创作思想和艺术形式技巧形成了强有力的冲击。这些文学艺术以外的思潮不仅冲击了传统的文学艺术观念，而且还渗透并影响到文学艺术的本体，有的甚至成为其不可分割的有机组成部分。

变形、荒诞、绝望 现代主义文学

单纯从欧洲文学史的角度看，现代主义文学可以看作是 19 世纪传统的浪漫主义文学向唯美主义文学转变，现实主义文学向自然主义文学转变，是推陈出新的结果。

现代主义文学是现代主义思潮的重要组成部分。具体来说，现代主义文学的特点主要体现在它的反思性，对西方社会的尖锐讽刺，对存在危机的深刻体悟，以及对未来的忧思和预构。在理性的进化论发展观的推动下，现代主义文学的先锋性以异彩纷呈的艺术形式得以充分的展露。

卡夫卡（1883—1924 年），捷克德语小说家，生于布拉格一个犹太商人家庭，是现代派文学的奠基人之一。主要作品有小说《审判》《城堡》《变形记》等。卡夫卡的作品风格真假、虚实交替，让你能够感受到一个现实世界里的虚幻空间，而这又似乎是真实存在的。图为卡夫卡房子里的书橱

现代主义文学的特征

现代主义文学是西方现代工业社会的产物，是动荡不安的 20 世纪时代精神的艺术表达。19 世纪中后期到 20 世纪初，欧美各国科技快速发展，对人的生活方式、思维、价值观等产生了巨大影响，使人在精神上惶恐不安。战争的爆发，进一步动摇了人的传统认知和信仰，引发人们对人类本性的怀疑，在这种情况下，非理性主义文化思潮盛行，在抛弃传统文学倾向之下，现代主义文学应运而生。

现代主义文学具有明显的反传统特征。不同于传统文学，现代主义文学创作抛弃了对传统的对客观真实的刻意追求，转向对内心世界的真实展现，人与人之间的关系被工业文明和金钱逻辑扭曲变形，社会失去了往日的和谐、宁静。因而，在现代主义作家创作的作品中，出现了一批“局外人”“流亡者”“反英雄”等人物形象，体现出一种悲观的反社会、反传统的个性主义精神，形成了全新的创作理念。

在思想上，现代主义文学表现出两种明显的特征。其一，是具有强烈的文化批判倾向。由于社会紊乱、战争压迫、道德衰败使得传统观念崩溃，人类失去了精神上的支柱，迫使人们开始思考人的价

叶芝（1865—1939 年）是爱尔兰著名诗人、剧作家和散文家，1923 年度诺贝尔文学奖得主。他一生创作丰富，备受敬仰。其诗吸收浪漫主义、唯美主义、神秘主义、象征主义和玄学诗的精华，几经变革，最终熔炼出独特的风格。其艺术被视为英语诗从传统到现代过渡的缩影。艾略特曾誉之为“20 世纪最伟大的英语诗人”

值、人类文明的发展。它从个人主体性的角度来批判整个文明体系，与现实主义文学从社会学的角度批判社会制度完全不同。从波德莱尔到卡夫卡、从未来主义到超现实主义，都表现出强烈的批判精神，这正是尼采所宣扬的“上帝死了”“重新估价一切价值的精神”。

其二是突出了异化的主题。何为异化？它是指主体发展到一定阶段，分裂出自己的对立面，成为外在的异己力量。在这一过程中：人与自然相互依存的关系被破坏，处于异化状态；社会成为个人的异己力量，人与社会的关系陷入异化；人与人之间的关系也被异化了；人与自我的关系也因对自我稳定性和可靠性的怀疑处于异化状态。西方现代主义文学中的异化主题，基本上是围绕着上面所说的四种关系来进行的，像艾略特的长诗《荒原》、乔伊斯的长篇小说《尤利西斯》都是异化主题的重要作品。

在艺术特征上存在四种特征。首先，具有主观性和内倾性，强调内心生活和心理真实。其次，普遍运用象征隐喻的神话模式。现代主义作家采用非纪实性、时空颠倒与变形、结构错乱等手段，构建一个象征性的深化艺术世界，以揭示生活中更深刻、更广泛的意蕴，使文学对生活的描写从表象走向本质。再次，提倡“以丑为美”“反向诗学”。在信仰缺失的年代，作家通过对丑的蓄意描写及揭露，通过自我的剖析，表达对美的追求。最后，作家热衷于对现代主义文学，追求“有意味形式”。他们对艺术形式和技巧进行大胆的革新与创造，敢于标新立异。

知识链接：詹姆斯·乔伊斯

詹姆斯·乔伊斯（James Joyce，1882—1941 年），爱尔兰作家、诗人，后现代文学的奠基人之一，其作品结构复杂，语言奇特，极富独创性。乔伊斯开创的“意识流”写法影响了世界现代文学的发展潮流。他一生颠沛流离，辗转于欧洲各地，靠教授英语和写作糊口，晚年饱受眼疾之痛，几近失明。他的代表作有长篇小说《尤利西斯》《芬尼根的守灵夜》。

现代主义作家

现代主义作家从本体论角度看待象征，把象征当作文学的主体，象征性意向和场景的密度大大超过前现代文学。如《荒原》中的大部分意象都有象征意义。现代主义文学的象征大多新奇别致，甚至怪诞诡异，在能指和所指之间不再具有前现代文学那样约定俗成、比较明确的关联，指称意义难以通透。如《海滨墓园》中的蛇，《驶向拜占庭》中的旋体，《尤利西斯》中的穿雨衣者等。

加洛蒂曾说：“卡夫卡的伟大在于已经懂得创造一个与现实世界统一的神话世界。”此话揭示了现代主义文学的寓言性特征。现代主义作家大多重视作品的深层意义，怀有充当先知的抱负。他们不满足于反映现实世界的局部个别图景、揭发社会某一角落的阴暗面，因而经常选择书写超现实的存在，而非聚焦于社会、政治、性等表层议题，力求抓住问题的核心，阐发一种整体性的世界观，揭示终极真理。

诺贝尔奖获得者阿尔贝·加缪的半身像，他坐在办公桌前，手里拿着香烟。加缪是法国小说家、哲学家、戏剧家、评论家，存在主义和荒诞主义的代表人物

真正的艺术家
茨威格

茨威格驾驭语言至为纯熟，他善于表达一个对象，使得它的最精致的细枝末节都变得形象鲜明具体。

——弗洛伊德

茨威格出身于富裕的犹太家庭，青年时代在维也纳和柏林攻读哲学和文学，曾周游世界，结交了罗曼·罗兰和弗洛伊德等人并深受影响。茨威格擅长创作诗、小说、戏剧、文论、传记，以传记和小说成就最为显著。

茨威格的小说被张牙舞爪的纳粹党人焚毁。图为在纳粹焚烧中幸存的一本1922年出版的茨威格小说

个人经历

斯蒂芬·茨威格（1881—1942年），出生于奥匈帝国的首都维也纳，茨威格的家族是犹太商人，家境富有。1898年，17岁的茨威格在杂志上发表第一首诗。1900年，他已有200首诗歌问世；1901年，出版第一本诗集《银弦集》；1902年，转入柏林大学攻读哲学；1904年，大学毕业，后任《新自由报》编辑，出版第一部小说集《艾利卡埃·瓦尔德之恋》；1905年，发表了专著《魏兰》；1906年，第二部诗集《早年的花环》问世；1907年，第一部诗剧《泰西特斯》发表；1910年，发表专著《艾米尔·瓦尔哈伦》。

1912年，独幕剧《变换不定的喜剧演员》问世；1914年，发表《致外国友人的信》；1916年，创作了戏剧《耶利米》；1918年，发表文章《信奉失败主义》、小说《桎梏》；1919年后长期隐居在萨尔茨堡，埋头写作；1920年，与离异并带有两个孩子的温德尼茨结婚，创作《三位大师》；1922年，出版“链条小说”的第二本小说集《热带癫狂症患者》；1926年，发表文章《匆忙的静中一瞥》；1927年，发表第三本小说集《情感的迷惘》；1929年，发表历史人物传记《约瑟夫·福煦》；1931年，出版《通过精神进行治疗》；1932年，出版历史人物传记《玛丽·安东内特》。

1933年，茨威格被纳粹驱逐出故居，开始流亡生活；创作出《日内瓦湖畔的插曲》《旧书商门德尔》《巧识新艺》等作品；1934年先后流亡英国、

斯蒂芬·茨威格是奥地利小说家、诗人、剧作家、传记作家。擅长写小说、人物传记，也写诗歌戏剧、散文和翻译作品。以描摹人性化的内心冲动，比如骄傲、虚荣、妒忌、仇恨等情感而著称

TUESDAY, FEBRUARY 24, 1942

AUTHOR AND WIFE DIE IN COMPACT

Mr. and Mrs. Stefan Zweig

ZWEIG AND WIFE COMMIT SUICIDE

1942 年 2 月 22 日，茨威格夫妇在里约热内卢近郊的佩特罗波利斯小镇的寓所内双双服毒自杀。图为 1942 年 2 月 24 日《纽约时报》报道茨威格夫妇自杀

知识链接：《一个陌生女人的来信》

《一个陌生女人的来信》是茨威格于 1922 年发表的中篇小说，是其代表作之一。这部作品讲述的是作家 R 先生在他 41 岁生日时收到了一封长信，这封信出自一个陌生女人之手，讲述了在她自 13 岁起就不可救药地爱上了这个作家。在短暂的交往中，还为他生下了孩子，最后这个孩子夭折了，她悲痛欲绝而病倒。在她生命的最后时刻，她写下了这封信，向 R 先生表露了她对他的爱恋，但 R 先生对此却一无所知，甚至都回想不出她的任何特征。

巴西；1935 年，发表《玛利亚·斯图亚特》，历史人物传记《鹿特丹人伊拉斯谟的胜利与悲哀》；1936 年，发表以中世纪的宗教改革为背景的传记《卡斯台里奥反对加尔文》，长篇小说《心灵的焦躁》；1937 年，与妻子分居，次年离婚；1938 年，奥地利并入德国后，他便加入英国籍，不久又离英赴美，与阿尔特曼结婚；1942 年，完成自传《昨天的世界》；同年，他同妻子一起服毒自杀。

茨威格作品的艺术特色

茨威格笔下人物的奇特行为常常突如其来，常常有违一般意义上的伦理道德。所以，当激情过后，当事人或羞于开口，或不屑于与世俗妥协，把自己的真实绽放暴露于世人，被世人所嘲弄甚至耻笑。但人心灵的负荷不致过重，一旦到了极限，倾诉的欲望会席卷一切，这些压抑过久长期处于失语状态的人，只要遇上合适的对象和合适的时机，语言就会排山倒海，不可阻挡。茨威格知道并且把握了这一点，几乎不让任何的插话或者无用的描写引导提示或中断倾诉者，以免削弱了表现的力量。大段连贯的、急切得近乎神经质般的告白，与其说是对人倾诉，不如说是独白，是一种游移于社会边缘的焦灼不安状态下的喃喃自语，亦是一种借助陌生人这个介质对往事的重温。

茨威格的小说有个鲜明的特点，即他的小说带有一种戏剧的味道。无论是《二十四小时》中年轻赌徒的手、《月光胡同》里那寒光闪闪的匕首，还是《一个陌生女人的来信》那影影绰绰的反复出现的白玫瑰，无不具有戏剧的夸张和悬念性质，而作品中大段甚至整篇的人物独白，正是戏剧的表现形式。

为了纪念茨威格，里约热内卢的拉兰热拉斯有一条以茨威格命名的街道。图为该街道路牌

现代主义的支流

后期象征主义、表现主义、意识流

后期象征主义、表现主义、意识流同属于现代文学主义的范畴，是20世纪上半期西方文学界最具代表性的表现形式。

后期象征主义强调世界是人的心灵的象征，广泛使用象征、暗示、隐喻等方法；重视“感应”和“通感”。表现主义运动是在反传统的思潮中兴起的，在创作方法上不再是描摹客观世界的过程，而是主观情感、意象幻想的表达，出于“内在的需要”。意识流是指一种写作方法，运用这种方法写作的作家并没有共同的组织或纲领，其创作注重描绘人物意识流动状态。

后期象征主义

后期象征主义兴起于第一次世界大战后，在20世纪20年代达到高潮，40年代渐进尾声。后期象征主义的象征多是一种理智的象征，在他们看来理智的象征才是真正的象征。后期象征主义者把波德莱尔的“通感说”奉作象征主义诗歌创作的理论基础和指导思想；把人物自我和内心的“最高真实”作为诗歌创作表现的主要内容；主张采用象征、暗示、联想等手法，创造一种扑朔迷离、朦胧恍惚的意境，来揭示人们隐秘难测的内心世界；主张以“客观对应物”，把作者“思想知觉化”；强调诗歌的音乐性，主张追求诗歌的音乐效果。英国诗人艾略特是后期象征主义的代表。其他重要诗人还有叶芝、瓦莱里、里尔克、勃洛克、庞德等人。

艾略特（1888—1965年）是在美国出生的英国诗人、剧作家和文学批评家，诗歌现代派运动领袖

保拉莫德松·贝克尔（1876—1907年）是德国的一位表现主义画家，他在沃尔普斯韦德和巴黎结识了里尔克，并在1906年为里尔克绘制了肖像。图为里尔克肖像

表现主义

表现主义是第一次世界大战前后盛行于欧美的一种现代主义文学流派。表现主义思潮最早兴起于德国绘画界，传入文学领域后，引起强烈反响，由德国迅速波及奥地利、瑞典、捷克斯洛伐克、美国等欧美国家。

表现主义是一种渗透着现实和时代精神的文艺运动，他们反对作家脱离现实生活，钻进艺术的象牙塔，倡导文艺干预生活，改造世界，推动社会的

尤金·奥尼尔（1888—1953年）是美国著名剧作家，一生共写作包括独幕剧和多幕剧在内50余部剧作，并于1936年获得诺贝尔文学奖。作为唯一一位凭借戏剧剧本四次获得普利策文学奖的美国著名剧作家，尤金·奥尼尔的多部作品曾被改编成电影

发展；认为艺术的任务不是模仿或再现，而是创造和表现——表现“本质的东西和深藏在内部的灵魂”，他们提出的口号就是艺术“是表现，不是再现”，“不是现实，而是精神”；主张不拘一格，博采众长，广泛借鉴不同艺术门类的表现手法，以增强作品的表现力。表现主义在创作上的特征是批判现实，否定传统，具有激烈的革命和反叛情绪；以表现主观为主导特征，具有鲜明的主观性和表现性特色；常常采用象征、荒诞手法，以富有象征意义的故事、人物、环境或荒诞古怪的舞台形象，对社会人生进行整体性的把握和表现。

意识流小说

意识流小说源于20世纪初，这一概念最早是美国心理学家和实用主义哲学创始人威廉·詹姆斯提出的。他认为人的意识活动不是以各部分互不相关的零散方法进行的，而是一种流，是以“思想流”“主观生活之流”和“意识流”的方法进行的。同时，他又认为人的意识中有很大一部分是非理性和无逻辑的，因此人的意识是由理性的自觉的意识和无逻辑非理性的潜意识所构成的，同时他还认为人的过去的意识会像梦一样浮现出来与现在的意识交织在一起，这就会重新组织人的时间感，形成一种在主观感觉中具有直接现实性的时间感。

知识链接：艾略特

托马斯·艾略特（T.S.Eliot，1888—1965年），英国著名现代派诗人和文艺评论家。1906年入哈佛大学学哲学和比较文学，后到英国牛津大学学习，毕业后留英教书。1908年开始创作。有诗集《普鲁弗洛克及其他观察到的事物》《诗选》《四个四重奏》等。代表作为长诗《荒原》，表达了西方一代人精神上的幻灭，被认为是西方现代文学中具有划时代意义的作品。1948年因“革新现代诗，功绩卓著的先驱”，获诺贝尔文学奖。他晚年致力于诗歌创作，1965年逝世于伦敦。

意识流打破了传统小说基本上按故事情节发生的先后次序或是按情节之间的逻辑联系而形成的基本上是单线的发展结构，故事的展开不是按时间推移依次循序渐进，而是随着人的意识活动，通过意识的自由联想，以飘忽不定、绵延不断的“流”来组织结构。意识流小说像超现实主义绘画和音乐一样，不受时间、空间或逻辑、因果关系的制约，往往表现为时间、空间的交错、颠倒、中断、跨越和幻觉，或者恍惚迷离、漫无边际，形成一个枝蔓丛生、循环反复的内心世界的立体结构。不过，混乱之流不是没有某种主导线索，其中有总体的秩序，反映出作者精心细致的筹划。

弗吉尼亚·伍尔夫（1882—1941年），是一位英国作家和女权主义者。伍尔夫也是文学批评家和文学理论家，意识流文学代表人物，被誉为20世纪现代主义与女性主义的先锋

意识流文学的先驱与大师
普鲁斯特

生命只是一连串孤立的片刻，靠着回忆和幻想，许多意义浮现了，然后消失，消失之后又浮现。

——《追忆似水年华》

马塞尔·普鲁斯特，法国作家、意识流小说大师，代表作《追忆似水年华》

普鲁斯特的观念可以精练地表述为存在着两个世界：一个是时间的世界，在那里，命运、幻景、苦难、变异、拖延和死亡是法律；另一个是永恒的世界，那里有自由、美和安宁。

走向文学之路

马塞尔·普鲁斯特（1871—1922 年）出生在巴黎的一个富裕家庭。普鲁斯特自幼体弱多病，生性敏感，富于幻想，10 岁时得哮喘病，拖累终生。

1882—1889 年，普鲁斯特在巴黎贡多塞中学求学。中学毕业后入巴黎大学文理学院法律系。曾听过柏格森的哲学课，深受影响。不久，开始涉足上流社会，出入文艺沙龙，与文学艺术界的名流广泛接触，成为一个举止文雅的时髦青年。

1892 年，与亨利·巴比塞等青年合办《宴会》杂志，1895 年获得学士学位后在一家图书馆任职。

他交友较广，并开始进入社交界，与作家法朗士和其他一些文学界名流相识，因而进入圣日耳曼区古老贵族世家的沙龙。

这时期普鲁斯特开始写作，向杂志投稿。1896 年，将各处发表的纪事、随笔、故事等汇编成第一部作品《欢乐与时日》出版。1896—1899 年，写作自传体小说《让·桑德伊》，未完成，直到 1952 年由后人根据手稿整理发表。少年和青年时代，普鲁斯特热衷于出入交际场所。但他注意观察生活，积累素材，磨炼分析、批判能力。他后来的作品基本取材于这个时期的经历。1900—1906 年，他翻译、介绍了英国艺术评论家罗斯金的作品。罗斯金的思想对他影响很大。他相信直觉胜于对客观事实的分析。1903—1905 年，普鲁斯特的父母先后去世。从 1906 年起，他的哮喘病不时发作，只能闭门写作。1908—1909 年，写过一篇阐述美学观点的论文《驳圣伯夫》，生前未发表，直到 1954 年才发表了手稿的部分内容。论文主要批驳圣伯夫的文艺批评方法，认为文艺作品和作者个人不宜联系过于密切。

宾侯是法国画家，他的很多画作都描绘了巴黎的生活，他的画是对“美好年代”日常巴黎的详细图解。普鲁斯特的《追忆似水年华》是“美好年代”的吉光片羽。所谓“美好年代”，大体对应从1871年普法战争后至1914年一战爆发前这段时期。图为宾侯的作品《巴黎康多塞中学地方出口》

知识链接：《追忆似水年华》

《追忆似水年华》全书以叙述者“我”为主体，将其所见所闻所思所感融合一体，既有对社会生活、人情世态的真实描写，又是一份作者自我追求、自我认识的内心经历的记录。除叙事以外，还包含大量的感想和议论。整部作品没有中心人物，没有完整的故事，没有波澜起伏、贯穿始终的情节线索。它大体以叙述者的生活经历和内心活动为轴心，穿插描写了大量的人物事件。这部被誉为20世纪最重要的文学作品之一的长篇巨著，以其出色的对心灵追索的描写和卓越的意识流技巧而风靡世界，并奠定了它在当代世界文学中的地位。

普鲁斯特与《追忆似水年华》

在写作《让·桑德伊》和《驳圣伯夫》的同时，普鲁斯特开始构思长篇巨著《追忆似水年华》，从1906年开始写作，到1913年，全部布局轮廓已定，分7大部分，共15册。1912年下半年，普鲁斯特完成了第一卷《逝去的时光》（后改名为《去斯万家那边》）和第二卷《寻回的时光》（后成为第七卷）的初稿，总的书名是《心灵的间歇》，法文的字面意思是“心跳间歇性停顿”。1913年3月，在遭到屡次退稿之后，他把书稿交给格拉塞出版社自费出版，先垫付1750法郎。到了5月，他在拿回校样的时候，把书名改成了《追忆似水年华》，与此同时，他将两卷分别命名为《去斯万家那边》和《盖尔芒特家那边》。1913年11月8日，第1卷《去斯万家那边》终于出版。1919年，小说《追忆似水年华》第2部《在少女们身旁》由卡里玛出版社出版，并获龚古尔文学奖，作者因而成名。1920年至1921年发表小说第3部《盖尔芒特家那边》第1、第2卷；1921—1922年发表第4部《索多姆和戈摩尔》第1、第2卷。他夜以继日地工作，终于在逝世前将作品全部完成。作品的后半部第5部《女囚》（1923年）、第6部《女逃亡者》（1925年）和第7部《重现的时光》（1927年），是在作者去世后发表的。

图为卡布尔海滩，它是法国著名的海滨度假胜地，《追忆似水年华》中的巴尔贝克海滨就是以它作为模板描述

发现人类的潜意识心理 超现实主义

超现实主义运动以其充满幻想色彩和异国情调的奇特风格，对20世纪美学产生了重要影响。

超现实主义运动对20世纪美学观念有着重要影响。超现实主义认为“下意识的领域”，如梦境、幻觉、本能等是创作的源泉，主张从潜意识的思想实际中求得“超现实”。作品主要描写潜意识领域的矛盾现象，把生与死、过去与未来、真实与幻觉统一起来，具有恐怖、离奇、怪诞的特点。

汉娜·霍克（1889—1978年）是柏林达达主义的代表人物之一，她的作品多采用集成照片的形式，汇集大量与时政息息相关的大众媒体图片，对德国魏玛共和国时期大众印刷媒介的爆炸性增长，做出了尖刻而富有见解的讽刺。她的作品也有很强的女权主义色彩，并借此维护女性的权益。图为汉娜·霍克采用达达主义“裁切拼贴”手法创作的作品

超现实主义的起源

超现实主义是在法国开始的文学艺术流派，源于达达主义，并且对于视觉艺术的影响力深远。该流派于1920—1930年间盛行于欧洲文学及艺术界中。它的主要特征，是以所谓“超现实”“超理智”的梦境、幻觉等作为艺术创作的源泉，认为只有这种超越现实的“无意识”世界才能摆脱一切束缚，最真实地显示出客观事实的真面目。这一思潮极大地冲击了传统艺术观念，因而也常被称为超现实主义运动。

超现实主义者的宗旨是离开现实，返回原始，否认理性的作用，强调人们的下意识或无意识活动。法国的主观唯心主义哲学家柏格林的直觉主义与奥地利精神病理学家弗洛伊德的下意识学说奠定了超现实主义的哲学和理论基础。

超现实主义运动是在第一次世界大战后在法国文艺及其他文化领域里兴起的对资本主义传统文化思想的反叛运动，其影响波及欧美其他国家。它的内容不仅限于文学，也涉及绘画、音乐等艺术领域。它提出了创作源泉、创作方法、创作目的等问题，以及关于社会制度和人们的生存条件等社会问题。超现实主义者自称他们进行的是一场“精神革命”。

超现实主义运动是由一群参加过第一次世界大战的法国青年发起的，他们目睹战争的荒谬与破坏，对以理性为核心的传统的理想、文化、道德产生怀疑。旧的信念失去了魅力，需要有一种新的理想来代替。

超现实主义文艺思潮的出现，反映了第一次世界大战后欧洲青年一代对现实的恐惧心理和狂乱不

伊凡·哥尔（1891—1950 年），20 世纪前半期最重要的法国现代主义诗人之一，共出版过十多卷诗作。他以自己对超现实主义的理解方式去创造“超现实”，用新的联想、意象、隐喻去写作。图为伊凡·哥尔于 1924 年写的《超现实主义宣言》

知识链接：野兽派

1905 年，在法国巴黎秋季沙龙中展出了马蒂斯等一批青年艺术家的作品。因其技法一反常规，被评论家称为“野兽般的艺术”，野兽派由此而得名，马蒂斯成为野兽派的著名代表。野兽派各个画家风格不尽相同，但他们都强调在创作中用大色块和豪放不拘的线条，来表现个人的主观感受和自由意志，画面一般都缺乏透视感，具有装饰性很强的图案效果。

安的精神状态。属于这一流派中的作家有路易·阿拉贡、保罗·艾吕雅等。第二次世界大战后，超现实主义在美国风行一时，形成了所谓“新超现实主义”流派。

超现实主义的特点

超现实主义的文学作品甚多。1921 年，布洛东和苏波合著的《磁场》，是超现实主义第一部实验性的作品，首次提出了无意识书写和自动的写作的问题。但典型的超现实主义作品则产生在 1924 年之后，如布洛东的小说《可溶解的鱼》（1924 年）和《娜嘉》（1928 年）是超现实主义的代表作。阿拉贡在 1926 年发表的散文集《巴黎的农民》，艾吕雅的诗集《痛苦的都会》《生活的内幕》均属超现实主义之作。

超现实主义的哲学意义是纯精神的无意识行动，运用这种无意识行动，可以表达思想的真正机能，并摆脱理性的控制和审美上或道德上的偏见。超现实主义者确信，一向受忽视的某种联想形式具有超现实性，这种超现实性使得思想的梦幻能自由翱翔。这是超现实主义者梦寐以求的世界。

超现实主义不是象征主义或抽象派。因为超现实主义艺术是要去创造一种新的现实，一种高于生活的现实，即超现实。超现实主义致力于探索人类经验的先验层面，力求突破合乎逻辑与真实的现实观，尝试将现实观念与本能、潜意识与梦的经验相融合，以展现一种绝对的或超然的真实情景。

1921 年，伦敦泰特博物馆展出的马克思·恩斯特的《大象岛》。超现实主义是一种现代西方文艺流派，两次世界大战之间盛行于欧洲。恩斯特是德裔法国画家、雕塑家，被誉为“超现实主义的达·芬奇”。他的作品所展现的丰富而漫无边际的想象力，对世界的荒诞之感，令全世界惊异不已。他被誉为具有颠覆性的创新艺术家

一战后的狂欢
爵士乐时代

这是一个奇迹的时代，一个艺术的时代，一个挥金如土的时代，也是一个充满嘲讽的时代。

——菲茨杰拉德

菲茨杰拉德称这个时代为“爵士乐时代”，他自己也因此被称为爵士乐时代的“编年史家”和“桂冠诗人”。

菲茨杰拉德是20世纪美国作家、编剧。1925年《了不起的盖茨比》问世，奠定了他在现代美国文学史上的地位，成了20世纪20年代“爵士乐时代”的发言人和“迷惘的一代”的代表作家之一。图为为纪念菲茨杰拉德发行的邮票

菲茨杰拉德与爵士乐时代

弗朗西斯·司各特·菲茨杰拉德（1896—1940年）于1896年9月24日出生在美国明尼苏达州圣保罗市一个商人家庭。他在中学时代就对写作产生了兴趣，在普林斯顿大学学习期间也热衷于为学校的刊物和剧社写稿，1917年辍学入伍后，更是在军营中开始了长篇小说的创作。退伍后，他继续坚持写作，终于在1920年发表了第一部长篇小说《天堂的这一边》。

《天堂的这一边》的出版让不到24岁的菲茨杰拉德一夜之间成为美国文坛一颗耀眼的新星。一个星期后，他与泽尔达在纽约结了婚。菲茨杰拉德和泽尔达年轻、迷人，拥有金钱和名望，是一对令人艳羡的金童玉女。他们活跃于纽约的社交界，纵情地享受爱情、年轻的生命以及成功的欢乐，过着夜夜笙歌、觥筹交错的生活，后来又长年在欧洲居住。但由于讲究排场，挥霍无度，他们的生活渐渐捉襟见肘。泽尔达因精神病多次发作被送进精神病院，菲茨杰拉德也染上了酗酒的恶习。1940年12月21日，菲茨杰拉德因为心脏病突发死于洛杉矶，年仅44岁。

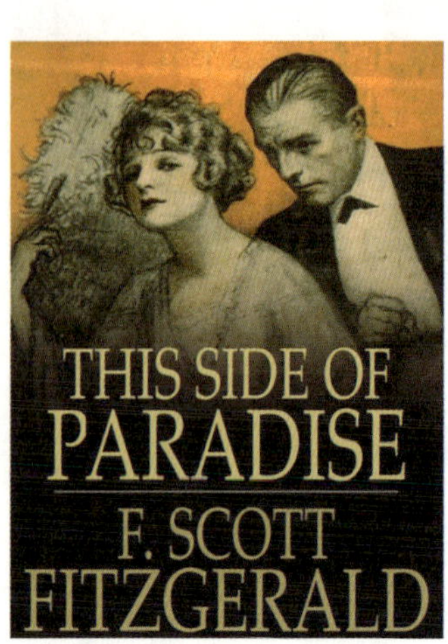

在20多年的创作生涯中，菲茨杰拉德发表了《了不起的盖茨比》《夜色温柔》和《最后一个巨头》等中长篇小说，以及160多篇短篇小说。其中1925年出版的《了不起的盖茨比》是菲茨杰拉德

《人间天堂》的问世奠定了菲茨杰拉德作为“爵士乐时代”的魁首和桂冠诗人的地位。在《人间天堂》中，菲茨杰拉德通过对艾莫里“幻想—追求—破灭”这一历程细致入微的描绘，“将青年人狂热追求‘美国梦’的幻想和注定要破灭的这一主题淋漓尽致地表现了出来”

写作生涯的顶点。这部小说入木三分地刻画了财富和成功掩盖下的未被满足的欲望，反映了20世纪20年代“美国梦”的破灭，深刻地揭示了角色性格的矛盾和内心的冲突，同时也淋漓尽致地展现了菲茨杰拉德杰出的才华和写作技巧。《了不起的盖茨比》被誉为当代最出色的美国小说之一，确立了菲茨杰拉德在文学史上的地位。

知识链接：《了不起的盖茨比》

《了不起的盖茨比》是菲茨杰拉德创作的中篇小说，出版于1925年。该小说探讨了堕落、理想意义、不愿改变、社会动荡、放纵等主题，生动描绘了一幅令人警醒的美国梦与“咆哮的爵士乐时代”的肖像画。20世纪末，美国学术界权威在百年英语文学长河中选出一百部最优秀的小说，《了不起的盖茨比》高居第二位，并被多次搬上银幕和舞台。

爵士乐时代

在美国文学史上，20世纪20年代被称为“爵士乐时代”，有爵士乐时代“桂冠诗人”之称的司各特·菲茨杰拉德在1931年回顾这一时代时写道：“这是一个奇迹的时代，一个艺术的时代，一个嘲讽的时代，一个放纵的时代。”

19世纪末20世纪初，爵士乐在美国南方逐渐兴起，爵士乐源于受白人文化影响的黑人音乐。一战结束后，经济大萧条还没到来，享乐主义和拜金主义开始在全球蔓延。人们沉溺于一夜暴富，崇尚“生活中的一切快乐”，赞颂爱情，相信奇迹。图为1921年卡特和金爵士乐团（照片摄于得克萨斯州休斯敦市）

菲茨杰拉德创造力最旺盛的时期是美国历史上一个特殊的年代。第一次世界大战结束了，经济大萧条还没有到来，传统的清教徒道德已经土崩瓦解，享乐主义开始大行其道。由于他本人也热情洋溢地投身到这个时代的灯红酒绿之中，他敏锐地感觉到了这个时代对浪漫的渴求，以及表面的奢华、背后的空虚和无奈，并在他的作品中把这些情绪传神地反映出来。在他的笔下，那些出入高尔夫球场、乡村俱乐部和豪华宅第的上流社会的年轻人之间微妙的感情纠葛是一个永恒的主题，他们无法被金钱驱散的失意和惆怅更是无处不在。他的作品经常以年轻的渴望和理想主义为主题，因为他认为这是美国人的特征；他的作品又经常涉及感情的变幻无常和失落感，因为这是那个时代的人们无法逃遁的命运。

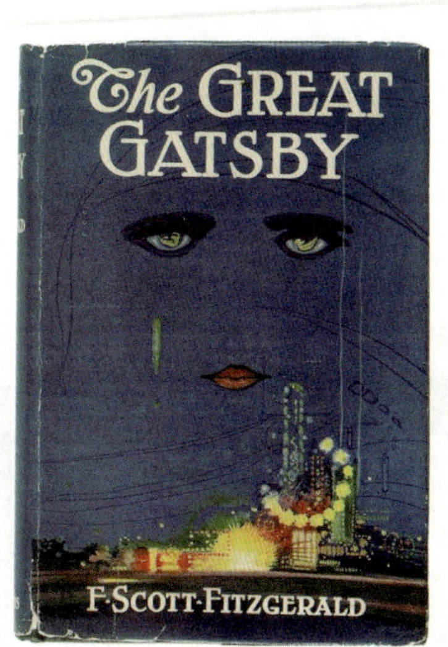

《了不起的盖茨比》是美国作家弗朗西斯·司各特·菲茨杰拉德创作的一部以20世纪20年代的纽约市及长岛为背景的中篇小说。图为1925年《了不起的盖茨比》第一版的封面

ליהדות המתקדמת
WORLD UNION FOR
RABBI C.E. CASSELL
MR. VICTOR BRASCH

宗教信仰的发展

19 世纪末 20 世纪初，基督教在各国都有了很大发展。亚洲的佛教复兴运动在持续高涨的民族解放运动中继续开展。在亚非广大地区，伊斯兰教在反对帝国主义侵略、争取民族独立的斗争中不断发展，成为一支独特的力量。

欧洲天主教在这一时期的发展较为迅速。北美一直是基督教新教占主导的地区，天主教也有相当的影响，特别是美国天主教会逐步形成美国化特色。拉美地区的天主教徒占全球的 1/3，但其数量上的优势并不能反映拉美天主教会的重要地位，这主要是因为它的殖民地背景。

基督教新教在这一时期发展迅速，特别表现在欧美的基督教新教神学思潮的发展变化，如自由主义神学、保守主义神学和新正统神学。欧美的新教教会也发展较快。

对于犹太教来说，这一时期的主要事件莫过于大屠杀。德国纳粹对犹太人的迫害随着二战的迫近越来越残酷。

在世界范围内，基督教普世合一运动也有较大发展。佛教在中国、日本及东南亚一些国家中持续发展，世界性的佛教组织相继出现，扩大了佛教文化在世界范围内的交流。伊斯兰教在亚非地区高涨的民族解放运动中，与当地民族主义相结合，为本国的独立解放运动发挥重要的作用。

近现代基督教新教神学思潮

20 世纪美国基督教自由主义神学

从信条中的基督，走向历史上的耶稣，要重建基督世界失去的社会理想。

19 世纪末至 20 世纪初，对西方影响最大的神学思潮是自由主义神学，这种思潮为资本主义的合理性和永恒性进行辩护，具有乐观主义的特点，体现出资本主义上升时期那种自信、乐观和进取的精神，与当时资本主义暂时的、表面的平静和繁荣相吻合，在欧美诸国风靡一时。

社会福音运动

1914 年爆发的第一次世界大战标志着和平时代的结束，这场残酷的战争毁灭了乐观主义者的梦想。但自由主义神学却在美国继续发展。虽然美国在战争后期参战，但是主战场远在欧洲。美国不仅避免了战争的直接破坏，而且其经济还得到了很大发展。另外，欧洲移民大量涌入美国，由于种族复杂，结果是教会、教派林立，移民中包括许多原来在欧洲受到宗教迫害的教徒，这一切必然导致彼此宽容，使原来正统观念就不太强烈的美国更富有“自由精神”。与美国的社会特点相适应，美国新教神学比较突出的特点是持有一种开放的态度，这就为自由主义神学在美国的继续发展提供了“土壤”。

1861 年 10 月 4 日，沃尔特·饶申布什出生在纽约州的罗切斯特市，图为饶申布什出生地的教堂：纽约州罗切斯特市的科尔盖特·罗切斯特·克洛泽神学院，它隶属于美国浸礼会教堂的神学院

20 世纪 40 年代，美国的新教自由主义神学主要有两个流派，一派是“社会福音派”，其代表人物有饶申布什、丘吉尔·金·布朗等；另一派则称为“经验主义与自然主义神学”，代表人物有史密斯、马修斯等，最著名的经验主义神学家是麦金托什，以及自然主义神学家魏曼。

社会福音运动是 19 世纪末至 20 世纪 30 年代基督教社会运动的一部分，在美国影响巨大。随着垄断资本主义的形成，资产阶级对工人阶级的剥削加重，阶级矛盾尖锐化，各种社会问题更加突出，这激起了基督徒对社会问题的深切关心，导致了基督教社会运动的兴起。从思想根源上分析，这种基督教社会福音运动是受到社会主义理论和自由派神学重视道德问题等多重影响而形成的。

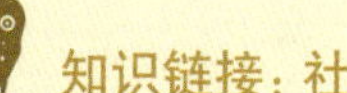

知识链接：社会福音运动

社会福音运动是19世纪末到20世纪30年代西方基督教社会运动的一部分，在欧美社会有着各种不同的思想流派，其影响在美国尤为显著。社会福音派神学相信通过宗教信仰可以改造和激发人类，改变现实世界，从而趋向于宗教人道主义与和平主义的乌托邦。

实用主义影响下的基督教神学

20世纪初至40年代，实用主义是美国最大的哲学流派之一，主要代表人物有皮尔士、詹姆斯和杜威等。这些代表人物的观点虽各有特点，但他们都把哲学局限于经验范围。概言之，实用主义意味着哲学的一种新态度——“不看最先的东西、原理、范畴、所设想的必然性等等，而看最后的东西、成果、结局、事实等等的态度”。实用主义较为突出地反映了美国中产阶级急功近利的思维方式和生活方式，当时在美国影响很广。“经验主义和自然主义神学”主要是受实用主义思潮的影响而产生。

约翰·杜威（1889—1952年）是美国哲学家、教育家，实用主义的集大成者。他的著作很多，涉及科学、艺术、宗教伦理、政治、教育、社会学、历史学和经济学诸方面，他的出现使得实用主义成为美国特有的文化现象

19世纪末20世纪初，由于科学技术迅猛发展和文化教育水平的普遍提高，人们对自然界和人类社会的认识也迅速提高，陈旧的宗教观念也无法解释新的、已变化了的社会状况，不能满足因社会巨变而给人们带来的精神上的苦闷和要求。一些神学家为了使人们更加信仰上帝，创立“经验主义和自然主义神学”，对基督教进行了新的解释。他们主张用科学方法研究宗教经验，建立可以在实践中加以验证和解释的神学体系。他们在认识论上主张用观察、试验和科学实验论证上帝的存在，避免涉及严重的社会问题。经验主义和自然主义神学，反映了神学家为了适应现代人信仰宗教，而对基督教思想所作的新解释。他们一方面不再强调自由派神学传统中对人类理想和主观价值的崇拜，另一方面却坚持现代科学世界中上帝的存在及其意义。

1839年9月10日，查尔斯·桑德斯·皮尔士出生于马萨诸塞州的剑桥市，他是美国哲学家、逻辑学家，实用主义创始人

犹太教改革派运动
走向温和的犹太教

改革派运动将正统派从中世纪沉睡的状态中唤醒，警告它如果继续保持隔绝的形式和精神状态的话，它将陷入完全的停滞和衰败之中。

——科勒

19世纪初至20世纪初，犹太教在美国经历并完成了改革运动，其改革的目标是使犹太教走向理性化、民主化和现代化，剔除神秘主义并简化烦琐的教规礼仪。

美国犹太教改革派运动中存在的问题

犹太教改革派运动发端于19世纪初的德国，19世纪后期该运动的中心转移到美国。在美国，犹太教改革派运动获得了进一步发展，并对美国犹太人在宗教观念、生活习俗等方面都产生了深远影响。美国犹太教如何进行自我调整以适应不断变化的环境，以及犹太人内部传统与现代化、宗教与世俗之间的冲突和较量等内容，都是犹太教改革派运动研究的重要方面。

就在犹太教改革派运动取得很大成绩的时候，新的挑战来临了。挑战之一是美国尤其是东部出现了大量不入会的犹太人。因此，争取这些不入会的犹太人是改革派面临的最大难题。挑战之二来自保守派，他们认为摩西律法和拉比律法是不可以改变的，因为那是上帝的律法。而更大的挑战则是来自于东欧的犹太移民。从1881年到1885年，有38000多名东欧犹太人来到美国。到了20世纪上半叶，由于改革派教徒中人口的低出生率的影响使改革派的人数明显减少，东欧移民的后代，尤其是具有经济和社会地位的东欧人，已经越来越多地充实到改革派的会众中并开始担任教职。当时美国有450万犹太人，其中至少350万人来自东欧。也就是说，移居美国的德国犹太人只占美国犹太人的少数。这些新来的移民和德国移民不同，他们由于不熟悉美国的文化、社会习俗，因而在宗教上多倾向于正统派。他们成为改革派遇到的主要障碍。如何解决移民在文化上的差异和礼拜仪式的不统一，是摆在改革派面前的第三个挑战。

随着时间的推移，改革派本身也出现了问题。一是人数下降，到了1935年，改革派成员的人数急剧地下降到令人震惊的7000人。此时的改革派对于美国犹太人来说，正在逐渐失去它的吸引力。二是改革派成员本身对改革发生了动摇，去会堂的人数越来越少，许多人只在圣日才去会堂。所以，

犹太教堂一般是由一个主要的祈祷房间和另外几个比较小的研究和学习犹太教《圣经》的房间组成。图为亚利桑那州图森市历史较久的犹太教堂

华盛顿特区历史悠久的犹太教堂

改革派需要一场彻底的运动来拯救自己。

《哥伦布纲领》

1937 年改革派拉比大会在俄亥俄州哥伦布市召开，大会通过了《哥伦布纲领》。这一纲领取代了《匹兹堡纲领》，由此带来了改革派运动的基本立场和意识形态的革命性变化。纲领分为犹太教基础、伦理、宗教实践三大部分，内容涉及犹太教的本质、犹太人关于上帝的概念、犹太教对人的看法、《托拉》的本质、犹太人、改革派和伦理、社会正义的需求、和平的必要性及宗教实践等。

美国犹太教改革派内部一直存在着温和派和激进派之分。从《哥伦布纲领》可以看出，进入 20 世纪以后，犹太教改革派中的一些激进信条被进一步修改，变得更加温和。美国的犹太教改革派运动从 19 世纪 20 年代发端到 20 世纪 40 年代的 100 多年的时间里，取得了巨大的成绩：有超过 100 万犹太人参与改革运动，有许多国内和国际组织支持该项运动，有 1000 多名拉比和众多唱诗班领唱者、犹太教会堂管理者参与其中。除了进行礼仪方面的改革外，改革派运动还注重对从年轻到年老各个年龄段的犹太人进行全面的犹太宗教教育。犹太教会堂也从艺术、建筑、音乐、仪式及集会程序等方面进行了从形式到内容上的革新。

1970 年 7 月 3 日，世界进步犹太教联盟在阿姆斯特丹召开会议

知识链接：重建派

重建派是从美国保守派中分化出来的年轻犹太教派。重建派在仪礼上接近保守派，而在理论观点上甚至比改革派还要激进。这个派别主张自由地解释传统，以会堂为犹太生活的中心，主张宗教生活的民主化，鼓励和支持以色列国的建设。重建派是犹太教中最小的派别，约占北美犹太人的 2%，它对犹太人的影响主要在意识形态方面。

20 世纪上半叶的休闲娱乐

经历第一次世界大战后，在二战之前，世界进入了一个相对稳定和平的发展阶段。这一时期，世界各地的生活娱乐活动丰富多彩且变化显著。其中，电影在 20 世纪上半期发展极为迅速，尤其在美国，出现了一系列电影行业巨头。迪士尼以及以好莱坞为代表的电影产业迅速发展壮大，成为具有世界影响力的品牌。

20 世纪 20 年代，美国政府认为酒是导致暴力犯罪的根源，故此颁布了禁酒令，全国上下掀起了禁酒风潮，禁酒运动对美国的酿酒业造成了沉重的打击，但是并没有从根本上杜绝人们喝酒的欲望和需求，反而导致美国黑社会势力的壮大，犯罪率不降反升，最终政府被迫收回了禁酒令。

自法国人顾拜旦于 1896 年推动举办第一届现代奥林匹克运动会以来，截至 1912 年，共举办了 5 届。原定于 1916 年在德国柏林举办的第 6 届奥运会因一战而取消。一战后，奥运会的举办得以恢复。1920—1932 年，分别举办了安特卫普、巴黎、阿姆斯特丹、洛杉矶奥运会。1936 年的柏林奥运会被纳粹所控制，为德国法西斯提供了宣传机会。

总之，20 世纪上半期，世界在文艺创作、体育运动、生活娱乐等方面都有了长足发展和显著进步。

宣传与粉饰 柏林奥运会

实际上，圣火传递是希特勒在 1936 年柏林奥运会时所想出的创意。实在有些讽刺，因为如今在世人眼中，奥运圣火已经成了世界和平、天下一家的象征，在开幕式上将圣火点燃已经成为奥运会正式开始的标志。

——托尼·佩罗泰特：《赤裸的奥林匹克》

这届奥运会虽然组织得比较成功，但它由始至终受纳粹的控制，为德国法西斯施放和平烟幕起了推波助澜的作用，客观上替希特勒作了粉饰和宣传，在政治上起了极坏的作用。

纳粹在筹备奥运会中的虚伪言行

1927 年，国际奥委会最后选择了由柏林举办第 11 届夏季奥林匹克运动会，一方面是想帮助德国从一战的失败中快速走出来，另一方面也为了使德国与邻国以及欧洲的其他国家保持和平的关系。希特勒发现，奥运会可以当作工具来利用。他企图借奥运会的举办，一方面向德国人炫耀，是纳粹使他们从一战失败的阴影和经济大萧条的影响中走出；另一方面，宣传自己的反犹主义。他禁止犹太人运动员进入柏林参加奥运会比赛。

1934 年，在国际奥委会雅典会议上决定，恢复部分古代奥运会旧制。规定运动会期间，从开幕日至闭幕式止，在主体育场燃烧奥林匹克圣火。火种必须来自希腊奥林匹亚，采取火炬接力方式从奥林匹亚传到主办国。从柏林奥运会起，点燃奥林匹克火焰是每届奥运会开幕式不可缺少的仪式之一。图为 1936 年“纳粹奥运会”期间，运动员高举奥运圣火接力从希腊跑到德国

针对纳粹德国存在的问题，美国还派出了一个调查委员会到德国实地考察。希特勒利用各种手段展示德国的强大，以及对和平的追求和热爱。他耗费巨资，用花岗岩、大理石兴建了一座能容纳 10 万人的大型体育场，一个能容纳两万人观看的游泳池，以及一批体操馆、篮球场等奥运场馆，此外还修建了一个比洛杉矶奥运会更豪华的奥运村。在硬件设施上，超过了之前任何一届奥运会。同时，他临时选拔五位犹太人进入奥运代表队，还专门邀请了侨居美国的德国犹太女击剑手、1928 年奥运会金牌获得者海伦娜·迈尔回国参赛。希特勒还违心地承诺，将尊重奥林匹克信条，保证不进行种族和宗教歧视。就这样，国际奥委会被希特勒的虚伪言行所欺骗，最终没有更改举办地点。

纳粹在奥运会中的丑恶行径

柏林奥运会于 1936 年 8 月 1 日如期举行。国

际奥委会决定从这次奥运会开始，恢复了古希腊奥运会上的圣火传递和点燃仪式，目的是重温古希腊的休战传统并唤醒人们停止一切争端和对抗。然而有些讽刺的是，这一神圣的仪式，再次被希特勒所利用。当圣火从奥林匹亚赫拉神庙一站一站传到柏林，进入主会场的时候，映入人们眼帘的是一幅幅遮天蔽日的纳粹旗帜。这与奥运会所倡导的和平、友谊显得格格不入。

知识链接：火炬接力

从 1936 年柏林奥运会开始，每届奥运会前，在奥林匹亚的赫拉神庙遗址前都要举行庄重的点火仪式，国际奥委会、奥运会主办地和当地的官员都要出席。身着古装的希腊少女用聚光镜采得火种，然后用火炬传到雅典，再由雅典传到主办城市。火炬接力的整个过程都是很隆重的，往往政界要员、著名运动员都亲自参加。在火炬接力途中，如遇高山峻岭、江河湖海，则可用飞机、轮船运送。火种必须在奥运会开幕前一天到达主办城市，在开幕式举行时由一人手持火炬，在人们的欢呼声中点燃位于主体育场醒目位置的“奥林匹克圣火”。

柏林奥运会参赛国运动员列队进场仪式

虽然作为传统的体育强国，当时德国队已经获得了不错的成绩，但是在野心勃勃的希特勒面前，这还远远不够。为了证明日耳曼人种优越的谎言，德国在之后的比赛中甚至不惜违背公平竞赛的原则，公开“抢夺”金牌。

德国对奥运会的宣传极为重视。他们首次对开幕式、闭幕式以及重要比赛进行电视实况转播，对 41 个国家进行电台直播。奥运会期间，德国的宣传部门还举办了各种展览会、音乐会、舞会等文化活动，尽情地表现着德国对各国参赛者和观众的热情。即便是奥运会结束以后，宣传活动也未停止。希特勒亲自出面邀请著名导演雷妮·雷芬斯塔尔为柏林奥运会拍摄纪录片，并且没有经费限制、提供超过百人的摄制组。他这么做的目的只有一个，就是极力美化德国纳粹党和自己的形象。在希特勒的精心操纵和利用下，柏林奥运会宣传与组织达到顶峰。

欧文斯是美国黑人田径明星，短跑运动员。世界冠军和奥运冠军获得者，被誉为“黑色闪电”“褐色炮弹”。1936 年在柏林举行的第 11 届奥运会上，欧文斯获 100 米跑（10 秒 3）、200 米跑（20 秒 7，奥运会纪录）、跳远（8.06 米）、4x100 米接力跑（39 秒 8，创世界纪录）4 枚金牌，并在这四个项目的预、次、复、决赛中，平、破奥运会纪录 12 次，其中创造了 10 秒 3 的百米世界纪录

从费兹帽到礼帽

凯末尔改革下的土耳其男女衣帽风俗的变化

除了对宗教集团采取必要的行动外，还必须采取更强有力的、涉及每一个人的措施，即要求普通民众必须接受现代文明，让他们意识到旧秩序一去不复返，新秩序到来了。

——凯末尔

凯末尔以激烈的手段完成了颇具象征意义的土耳其服饰革命。他颁布命令，强制所有政府人员必须穿西装、戴礼帽，同时颁布一项禁令，禁止非神职人员穿着宗教袍服或佩戴宗教徽记；强制所有男子必须戴礼帽，凡戴土耳其帽者将依律治罪。

强制力推动男子服饰改革

在土耳其走向现代化的进程中，一系列社会变革带来了服饰变化，而服饰变化也反映了社会变革，并强有力地推动了社会变革。在土耳其走向现代化的道路上，服饰改革发挥了重要作用。通过强制性手段，土耳其对具有宗教象征意义的服饰进行了规范和限制。这场改革波及所有人，尤其是普通群众。

凯末尔成为总统后，他脱去了军服，戴上大礼帽，穿着晚礼服，出现在国人中间。有一次，凯末尔在土耳其境内的一些地方视察，看到很多地方的老百姓仍然戴着土耳其传统的费兹帽，穿着旧式的长袍，感到很不好看。他在一系列演讲中讥讽这样的服装是一种浪费，穿起来不舒服，是一种野蛮的表现，不适合文明人穿戴。不久，土耳其政府的有关职能部门遵照凯末尔的指令，颁布了服饰改革法令，结束了土耳其穆斯林以传统的头饰为象征的历史。凯末尔认为，传统服饰阻碍了土耳其现代文明的发展，使得土耳其人民在形式和实质层面完全不能采取当代文明社会倡导的生活方式，所以应该彻底改变土耳其民众的外在形象。

凯末尔执政后不久，就发起了一次“帽子革命”。当时土耳其男子都戴一种红色圆筒毡帽，叫作“费兹帽”，具有宗教意义。凯末尔下令，国民要改戴欧式礼帽

凯末尔还发动了对礼拜帽的批判。当时，土耳其男子都戴一种红色圆筒形费兹毡帽，具有较浓厚的传统意味。1925 年 8 月，凯末尔戴着一顶巴拿马式礼帽出现在一些保守的城镇，表示告别传统礼拜帽，开启了“帽子革命”。9 月，大国民议会政府颁布法令，规定所有政府工作人员必须穿戴“世界文明国家所通用”的服装，即西装和礼帽；还规定，凡是没有正式宗教职务的人，一律不准穿长袍或佩戴宗教标记。11 月，政府又颁布一项新法令，要求所有男子都必须戴礼帽，凡是戴费兹帽的，将按刑事论罪。在这种强力推行下，欧式帽终于在土耳其流行起来。

知识链接：礼帽

礼帽是一种帽名，分冬夏两式，其制多用圆顶，下施宽阔帽檐。近代时，穿着中西服装都戴此帽，为男子最庄重的服饰。绅士礼帽其实早在 17 世纪时在西方国家就流行开来。随着男士时装潮流的不断革新，旧时用来显示社会阶层的帽子逐渐发展成现代男装中必不可少的配饰之一。

图为凯末尔着西装的纪念邮票

呼吁妇女服饰改革

凯末尔曾多次发表精彩的演说，以他特有的俏皮语言对土耳其传统男人服装予以抨击时，还对妇女戴面纱进行了严肃批评。他言简意赅地说道：“在有些地方，我看到妇女用一块布或一块毛巾，或类似的东西盖在头上来遮住她们的面部，还看到她们在遇到过路男人的时候，便转过身或者伏在地上缩成一团。这种做法究竟是什么意思，是何道理?”一些群众大声喊道“愚昧！落后！”“我完全同意你们的意见”，凯末尔继续演讲道：“各位先生，难道一个文明国家的母亲和女儿能够采取这种奇怪野蛮的姿势吗？这样丢人的事情，把我们的国家变成大家的笑料，这种情况必须立刻得到纠正。”

虽然在对待妇女戴面纱的问题上，凯末尔大声疾呼，严肃批评，但是在世俗化的社会改革实践中，凯末尔并没有百分之百的勇气，通过立法来禁止妇女戴面纱。因为不让妇女戴面纱，这在土耳其的大城市里，有文化的社会阶层是完全能够接受的，而在广大农村地区，将会遇到强大的阻力。

1929 年，第一位获得土耳其小姐称号的女性。凯末尔执政后，土耳其颁布新法保障妇女权利，使妇女们可以脱下黑色的长袍，穿上自己喜爱的服饰，参加选美大赛

米老鼠之父

华特·迪士尼

我希望我们永远不会忘记一件事，这一切都是由一只老鼠开始。

——华特·迪士尼

伟大的追梦人值得人一生敬仰。他跟普通大众一样，出身贫寒，没有在原生家庭获得足够的爱，却依旧通过努力把自己的兴趣变成事业，没有辜负自己的才华和梦想。

华特·迪士尼获得了 56 个奥斯卡奖提名和 7 个艾美奖，是世界上获得奥斯卡奖最多的人。图为华特·迪士尼纪念邮票

迪士尼公司成立

华特·迪士尼（Walt Elias Disney，1901—1966年），美国著名导演、制片人、编剧、配音演员和卡通设计者，迪士尼公司创办者之一。华特·迪士尼和其兄一同创办了世界著名的迪士尼公司。

1920 年，华特同别人合伙成立了伊沃克斯—迪士尼商业美术公司，但公司成立不到一个月就停业了。之后，华特加入了堪萨斯市广告公司，并在这里学到了拍摄电影和动画的基本技术。华特建立了欢笑动画公司，并成功通过电影发行人弗兰克·纽曼发行公司制作动画短片。1922 年 5 月 23 日，华特将伊沃克斯—迪士尼商业美术公司的剩余资产并入欢笑动画公司。在欢笑动画公司，华特制作了《小欢乐》动画，并卖给了堪萨斯城的发行商。在制作《爱丽丝在卡通国》的过程中，已经更名为纽曼欢笑动画的公司倒闭了。1923 年 7 月，华特·迪士尼到了洛杉矶，准备在好莱坞发展。到洛杉矶后，华特·迪士尼和哥哥罗伊·迪士尼成立了迪士尼兄弟制片厂，并接着制作《爱丽丝在卡通国》系列动画。1925 年，华特·迪士尼决定把迪士尼兄弟公司改名为华特·迪士尼制片厂，因为他认为

米老鼠是迪士尼卡通形象，是一只有着圆滚滚的大脑袋和大耳朵的小老鼠。她以随和、乐观、活跃、充满奇思妙想的性格广受世界各地观众的欢迎

单个名字比带有“兄弟”一词更有吸引力。1926 年，位于海布瑞恩的新片厂建成了。

知识链接：迪士尼乐园

迪士尼乐园由华特·迪士尼创办，1955 年 7 月开园。我们常说的“迪士尼乐园”里包含许多“主题园区”，不同主题园区内则有不同的游乐设施。截至目前，迪士尼大家庭已拥有 6 个世界顶级的家庭度假目的地，分别是加州迪士尼乐园度假区、奥兰多迪士尼乐园度假区、东京迪士尼乐园度假区、巴黎迪士尼乐园度假区、香港迪士尼乐园度假区、上海迪士尼度假区。

迪士尼动画片的发展历程

1927 年，在回好莱坞的火车上，华特·迪士尼突发灵感，创作出一个以老鼠为原型的卡通形象米奇（Mickey Mouse）。1928 年 3 月，华特开始了第一部米奇系列动画《飞机迷》的制作。随后又制作了第二部《飞奔的高卓人》。由于这两部动画的反响很有限，当时有声电影又刚刚兴起，因此华特决定给第三部米奇系列动画《威利汽船》配音，创作出世界上第一部有声动画。1928 年 11 月 18 日，《威利汽船》在纽约侨民影院进行首映，反响空前。这一天也被定为米奇的生日。

1930 年，一个名叫乔治·博格费尔特的纽约商人为了给自己的孩子送圣诞礼物，向迪士尼片厂购买了米奇和米妮形象在玩具、书籍和服装上的使用权。接着，华特·迪士尼授权纽约的拜博兰出版公司出版发行米奇的出版物。

1931 年，泰尼柯勒公司发明了一种彩色电影拍摄技术。华特开始考虑拍摄彩色动画。并利用这种技术在 1932 年 7 月 30 日，推出了世界上第一部彩色动画《花与树》。同年，为了对华特·迪士尼创作出米奇表示感谢，电影艺术与科学学院授予华特奥斯卡特别奖。1933 年，华特推出动画《三只小猪》。1934 年 6 月 9 日，华特推出动画短片《聪明的小母鸡》，唐老鸭第一次出现。1935 年 2 月 23 日，华特推出第一部彩色米奇动画《米奇音乐会》。

1937 年 12 月 21 日，华特在好莱坞卡塞剧院正式推出了影史上第一部长篇动画电影《白雪公主与七个小矮人》。影片上映后反响空前，在正式上映的第一场中，很多名人都起立鼓掌。1938 年，由于影片中的歌曲很受欢迎，华特发行了影片的原声带，这也是世界电影原声带首次问世。1939 年，华特第二次被授予奥斯卡终身成就奖（荣誉奖），而且有一座大金人加七座小金人。

加州迪士尼乐园位于美国加利福尼亚州阿纳海姆市迪士尼乐园度假区，自 1955 年 7 月开园，加州迪士尼乐园就成为世界最受欢迎的主题乐园之一，被人们誉为地球上最快乐的地方。迪士尼乐园由迪士尼创办，截至 2016 年底共在全世界开设 6 个度假区。图为 1954 年 12 月，迪士尼向当地官员展示修建迪士尼乐园的计划

伏尔斯泰得法案

美国禁酒和酒的走私

1 月 17 日正式禁酒的前一天，一个参议员说了这样一句话，他说“这一天是美国还存在个人自由的最后一天”。

图为纳撒尼尔·柯里尔为支持禁酒运动，于 1846 年 1 月创作的石版画《醉汉的步伐》

从 1920 年 1 月 17 日，美国宪法第 18 号修正案——《禁酒法案》(又称《沃尔斯特法令》) 正式生效。根据这项法律规定，凡是制造、售卖乃至运输酒精含量超过 0.5% 的饮料皆属违法。与朋友共饮或举行酒宴也属违法，最高可被罚款 1000 美元并监禁半年。21 岁以上的人才能买到酒，并需要出示年龄证明，而且只能到限定的地方购买。

禁酒令

1917 年 12 月 18 日，美国第 65 届国会以“经济、效率和道德”为由，通过了宪法第 18 条修正案，并将其提交各州审议。该修正案规定：“本条批准一年后，禁止在合众国及其管辖下的一切领土内酿造、出售和运送作为饮料的致醉酒类；禁止此类酒类输入或输出合众国及其管辖下的一切领土。”1919 年 1 月 16 日，该修正案获得足够数量州的批准。一年后的 1920 年 1 月 17 日，全美开始实施禁酒，《沃尔斯特法令》(《全国禁酒法》) 在美国生效。

1938 年 9 月，一群男女在美国路易斯安那州雷斯兰的一个酒吧喝啤酒

长期以来，舆论界强烈主张禁酒，他们认为酒是犯罪的根源，酗酒导致了许多家庭暴力问题，为保护妇女权益，实施禁酒令成为一种诉求。在宗教层面，酒常被与罪恶联系在一起，这使得宗教组织成为禁酒的坚定支持者。工业资本家也对禁酒表示支持，他们认为工人饮酒影响劳动纪律和生产效率，在他们的施压下，国会推动了禁酒的相关立法。美国基督教新教徒秉持着禁欲苦行、节俭自制的思想，禁酒令符合他们的价值理念。然而，禁酒令实施后，引发了一系列新问题。非法酿造、售卖和走私酒类饮料的犯罪行为禁而不止，而联邦及各州政府又需要以酒税补充其财政收入，1933 年国会颁布宪法第 21 号修正案废止了禁酒令。

知识链接：《大西洋帝国》

《大西洋帝国》根据同名小说改编，故事设定在 20 世纪 20 年代的大西洋城，联邦政府颁布禁酒令（1920—1933 年）后，公开售卖酒类商品成为一种违法行为。在这种背景下，各种黑帮组织为争夺黑市控制权展开了你死我活的斗争。该书的背景设定在美国的禁酒令时期，具有浓厚的时代特征。

禁酒令之下的酒水走私

上有政策，下有对策，一切政令都有漏洞可钻，在禁酒时期也不例外。宪法规定销售酒精类饮品是非法的，却不能禁止销售酿酒的原料。淡啤酒是一种酒精度刚好在 0.5%的啤酒，所以这一产品并不算违法。它提供详尽的说明书，提醒买者哪些事情“不能做”，否则就可能自己酿出高酒精度的啤酒。浓缩葡萄汁盛行于美国禁酒时期，一种经调配的浓缩葡萄汁，30 天后可自行发酵成葡萄酒。“葡萄砖”像浓缩葡萄汁一样，也是一种葡萄酒原料，以葡萄干加酵母的包装形式出售。

正规市场被禁止，带来的结果是黑市的兴起。走私、地下交易一时间成了一本万利的买卖，当时许多有组织的犯罪集团都是依靠这些非法生意得来的利润建立起来的。而这些黑帮组织依靠日渐强大的势力，把私酒生意变得越来越庞大。

为了保证宗教活动的用酒，一些小规模的葡萄酒生产依然是合法的，但它们的供应必须由政府集中管理。结果可想而知，少有官员可以抗拒近在眼前的诱惑，因此，政府内部也渐渐出现了私酒交易，官员的贪污腐败问题也日渐突出。

而在医院，威士忌可以被医生作为处方开给病人，虽然处方上有明确标注，所有除医疗之外的用途都是违法的，但实际上并没有专门的部门对此进行监管。很多医生随意发放处方，“患者数”在这段时间大量增加，医院变成了禁酒时期人们买酒的好去处。

美国禁酒运动时期，在政府的监督下，人们把酒倒入下水道

责任编辑：黄煦明　王新明
助理编辑：薛　晨
图文编辑：胡令婕
责任校对：陈艳华
封面设计：林芝玉
版式设计：汪　莹

图书在版编目（CIP）数据

危机时代 / 王新明 著 . —北京：人民出版社，2025.7
（话说世界 / 陈晓律，颜玉强主编）
ISBN 978－7－01－025534－7

I. ①危…　II. ①王…　III. ①世界史－现代史－通俗读物　IV. ① K150.9

中国国家版本馆 CIP 数据核字（2023）第 051539 号

危机时代
WEIJI SHIDAI

王新明　著

人民出版社 出版发行
（100706　北京市东城区隆福寺街 99 号）

北京华联印刷有限公司印刷　新华书店经销

2025 年 7 月第 1 版　2025 年 7 月北京第 1 次印刷
开本：889 毫米 ×1194 毫米 1/16　印张：16.25

ISBN 978－7－01－025534－7　定价：90.00 元

邮购地址 100706　北京市东城区隆福寺街 99 号
人民东方图书销售中心　电话（010）65250042　65289539